HISTORICITÉ
ET
SPATIALITÉ

DANS LA MÊME COLLECTION
PAR LES MÊMES AUTEURS

Après la fin de l'histoire. Temps, monde, historicité, édité par Jocelyn Benoist et Fabio Merlini, 1998, 280 pages

PROBLÈMES ET CONTROVERSES
Directeur : Jean-François COURTINE

HISTORICITÉ ET SPATIALITÉ

Recherches sur le problème de l'espace dans la pensée contemporaine

éditées par

Jocelyn BENOIST et Fabio MERLINI

PARIS
LIBRAIRIE PHILOSOPHIQUE J. VRIN
6, Place de la Sorbonne, Ve

2001

Imprimé in France

ISSN 0249-7875

ISBN 2-7116-1501-4

SPATIALISER, HISTORICISER

l'époque actuelle serait peut-être plutôt l'époque de l'espace[1].

Les travaux qui suivent, issus des recherches menées par le Groupe de Recherches franco-helvétique sur l'Ontologie de l'Histoire (Archives-Husserl de Paris-Université de Lausanne) durant l'année 1998-1999, sont consacrés à la crise de l'articulation de l'historicité et de la spatialité dont nous a paru témoigner la pensée contemporaine, et qui constitue certainement, aujourd'hui, un élément important de la crise du concept d'histoire même.

On entend souvent dire que notre époque serait celle de « l'espace » – ce qui semble parfois sous-entendre que la précédente aurait été celle du « temps ».

Quel que soit l'arbitraire inhérent à ce genre de diagnostic, il n'en est pas moins vrai que la pensée contemporaine (loin au delà des seules frontières de la philosophie: voir l'importance prise par des modes de penser tels que ceux de l'urbanisme ou de la sociologie des réseaux) semble caractérisée par la multiplication des références spatiales ou spatialisantes. De ce point de vue, la réflexion philosophique, dans le champ de la pensée et de la culture contemporaine, ne fait pas exception. L'espace comme tel y est souvent fait objet d'élaboration thématique dans son irréductibilité à ce que Kant avait institué l'autre grande forme *a priori* de la sensibilité – sans doute la principale à ses yeux : le temps.

Une telle inflexion, nous en ferons l'hypothèse, ne va pas sans une remise en cause du modèle de « l'Histoire » tel qu'on l'hérite de l'idéalisme

1. Michel Foucault, « Des espaces autres », repris in *Dits et écrits*, éd. Daniel Defert et François Ewald, Paris, Gallimard, 1994, t. IV, p. 752-762.

moderne. La mise en avant de modèles spatiaux impose des limites à la figure d'une épopée qui se déploierait tout uniment suivant la trajectoire de son *récit*, sans venir s'incarner et se délimiter aux points de rencontre de son réel, par définition circonscrit, hétérogène et contingent. Plus que jamais est posée à l'Histoire la question de son plan d'effectuation, un plan qu'elle ne peut se contenter de « traverser », puisqu'il y impose les contraintes de sa géographie, avec la dimension de dissémination et d'exposition qui y est essentielle.

Ce qui est en jeu alors, c'est une nouvelle expérience de la *positivité* du réel, qui a toujours aussi à voir avec son extensivité. Celle-ci peut-elle jamais faire simplement objet de narration ? Ou l'ostensivité de la carte, ou du diagramme, omniprésents aujourd'hui, ne seront-elles pas nécessaires à la représenter ?

Bien sûr, dans l'omniprésence actuelle de références spatiales, il peut y avoir quelque chose d'inquiétant : comme un effet général de *déshistoricisation*. N'est-ce pas d'ailleurs ce qu'entretient l'image du « village planétaire », qui pourrait être une autre forme du « marché-monde » prédit par Marx, et qui est enfin advenu ? Se représenter son existence purement dans l'espace, c'est se la représenter hors du temps, donc de l'histoire. Il ne faudrait pas ici qu'une critique spatialisante de la fiction de l'Histoire, comme processus se déployant exclusivement dans l'élément du sens (donc du temps), conduise purement et simplement à la *perte de toute historicité*. Trop souvent le monde contemporain, dans le plan idéal que constitue symboliquement sa représentation planisphérique, sillonnée de toutes sortes d'échanges, se représente comme anhistorique.

Il y a là une illusion qu'il faut briser, sans perdre le bénéfice d'une certaine forme de critique spatialisante des absolus historiques. Penser un temps – ou plutôt d'ailleurs *des* temps – qui ait pris la mesure de la résistance de l'espace : c'est ce que nous avons essayé de mettre au centre de nos recherches en direction d'une épistémologie de l'historicité concrète, de l'historicité d'« après la fin de l'Histoire »[1].

Cette recherche a pris une double orientation :

D'un côté, une réflexion de type plus ontologique – ou, tout au moins critique par rapport à une certaine ontologie, classique, de l'histoire, pour laquelle celle-ci a une majuscule. À ce titre, nous avons interrogé la suture « conceptuelle » entre historicité et spatialité, en déclinant également un certain nombre des figures concrètes que peut prendre, aujourd'hui, le souci de la spatialité.

1. Cf. Jocelyn Benoist, Fabio Merlini (éd.) : *Après la Fin de l'Histoire. Temps, Monde, Historicité*, Paris, Vrin, 1998.

D'un autre côté, une réflexion directement épistémologique, qui, suivant le principe initial de notre séminaire, interroge l'historicité là où elle est le plus clairement en jeu, à savoir dans le discours des historiens. Mais nous avons pris cette fois le parti de modifier la perspective, en déplaçant la question du terrain représenté par le discours historique à celui du discours géographique. Comment l'un joue-t-il par rapport à l'autre, et s'entretient-il de lui? Quel type de solidarité (et de conflit) peuvent-ils nouer? Dans ces questions se détermine aussi celle du relatif « privilège de l'espace » présent dans la pensée contemporaine, et de la crise de l'historicité qui l'accompagne. Rien, de ce point de vue, ne pouvait nous paraître plus urgent que de tenter d'élaborer[1] cette *épistémologie de la géographie* dont la philosophie a toujours si cruellement manqué, et dont elle ne découvre aujourd'hui que très progressivement la nécessité.

Deux mots encore sur l'approche « ontologique ». Interroger la notion d'espace à partir, comme nous l'avons fait ici, du déclin de l'histoire de la tradition spéculative, équivaut aussi indirectement à problématiser la façon dont la modernité, entendue proprement comme « époque de l'image *historique* du monde », a pensé le temps de la culture en son dynamisme – productif, expansif, cumulatif, progressif, dialectique. C'est, autrement dit, revenir de façon critique sur cette temporalisation de l'espace mondain qui est au centre de l'affirmation moderne de l'identité entre histoire et temps humain. Comprise comme vérité même d'un tel temps – et qu'est-ce, une philosophie de l'histoire sinon la tentative d'argumenter cette vérité ? – l'histoire comporte toujours, vis-à-vis des événements signifiants, une appropriation des contextes spatiaux y correspondant, qui dépend de leur capacité de s'ouvrir au temps téléologique de la civilisation. Inutile de souligner qu'ici le droit d'appartenance à l'histoire revient uniquement aux lieux présentant une telle qualité. Les autres tombent tout simplement en dehors du mouvement du monde. Ce qui signifie: être exclus du mouvement même de la vérité.

Les pages hégéliennes des *Leçons sur la philosophie de l'histoire* sont à cet égard absolument paradigmatique, surtout là où l'on parle de la situation de la nature comme « base géographique » (*geographische Grundlage*)[2] de l'histoire du monde. Hegel reprend ici, en la corrigeant, une longue tradition. Mais ce qu'on trouve d'exemplaire en ces pages, pour notre propos, est la subordination de l'espace à un temps conçu comme

1. Les essais réunis dans la seconde partie de ce volume ne représentent qu'une très modeste tentative dans ce sens.

2. G. W. F. Hegel, *Vorlesungen über die Philosophie der Geschichte, Werke,* réed. E. Moldenhauer – K. M. Michel, Bd. 12, Frankfurt am Main, Suhrkamp, 1970, p. 106.

détermination *historique* de la géographie : l'espace géographique tire toujours son contenu positif des exigences dictées par le plan de développement de l'histoire-esprit. L'espace, c'est la naturalité extérieure, qui seulement sous certaines conditions se présente comme le sol (*Boden*)[1] où se dégage l'esprit : le théâtre de l'histoire du monde devient ainsi un espace « choisi » – succession de lieux que le temps de l'histoire croise comme vérité toujours seulement partielle, bien que nécessaire à son développement. On voit donc ici que le temps traverse l'espace selon le vecteur d'une sélection qui introduit le monde (une partie du monde) dans une histoire orientée, celle de l'émancipation des conditionnements dus à son enracinement naturel. Faut-il comprendre cette histoire, à savoir l'histoire spirituelle, comme un effacement de la géographie ? Dans un certain sens oui.

Par contre il est douteux qu'une alternative à ce modèle puisse nous être offerte par la perspective *topologique* de l'histoire. La topologie, il est vrai, ouvre l'espace à un mouvement réfractaire à tout itinéraire préétabli, univoque, et ou la chronologie ne joue donc plus aucun rôle ordonnant. Mais de quel espace s'agit-il exactement ?

Comme il a été très bien dit, c'est un espace dans lequel « ce qui est éloigné d'un point de vue temporel et historique peut relever des proximités plus strictes que ce qui est proche d'un point de vue chronologique »[2]. C'est la suspension non pas du temps en soi, mais de l'ordre fixe de son développement. La topologie oppose, aux inévitables *sélections* du temps, la *réceptivité généreuse* de l'espace ; à la nouveauté, à l'exclusion, au dépassement, la diversité et l'inclusion. Elle est une pensée de la présence simultanée : la tentative de soustraire le temps de la culture au domaine historiciste du *dépassement*. Donc, une autre compréhension philosophique de l'histoire, qui au lieu de reproduire ce que, plus haut, nous avons appelé « temporalisation de l'espace », s'engage dans une *spatialisation du temps*, où tout chemin d'« aller-retour » devient désormais praticable. De ce point de vue, la topologie se qualifie comme autoconscience thématique d'une transformation qui a eu lieu au niveau des choses mêmes : la substitution du primat de l'espace au primat du temps – tel qu'il est possible de l'observer, par exemple, dans la pratique « citationnelle » de l'architecture contemporaine, des post-avant-gardes artistiques (surtout musicales), et aussi dans certaines tendances du *design* industriel.

1. *Ibidem*, p. 105.
2. V. Vitiello, *Topologia del moderno*, Genova, Marietti, 1992, p. 8.

Disons enfin, pour en venir au point, que du côté théorique la topologie est une lecture de l'herméneutique sans historicisme. Une lecture qui en souligne les composants irréductibles au relativisme historiciste, avec le but de leur donner un nouveau développement, à la fois méthodologique et ontologique. La succession des formes historiques n'est pas exhaustive du temps de l'histoire en son entier. Par-delà la surface des formes, il y aurait un espace stratifié de structures responsables de leur signification et de leur configuration : les *topoi* producteurs d'histoire, immuables et toujours identiques[1]. Derrière le mouvement de l'histoire, s'affirme ainsi la permanence d'une stratification immuable ; derrière le temps du *devenir*, l'espace de son être.

Or si le devenir de l'histoire est subordonné aux *topoi*, aux éléments d'un horizon éternel qui définit sa genèse et son contenu, si le temps trouve précisément dans ce plan transcendantal ses raisons d'être, l'espace dans ce cas-là n'est rien d'autre qu'espace *du* temps. Un espace indifférent à l'espace « spatial » de la géographie, exactement comme l'était le temps historique de l'idéalisme. Car ici, encore une fois, tout sens découle d'une sphère par rapport à laquelle l'espace mondain, dans sa pluralité, ne se présente que comme dimension seconde.

Nouvelle vérité de l'histoire – comme pourrait aussi le suggérer l'observation du déclin du temps progressif –, la spatialisation topologique déplie le devenir sur un plan qui, au lieu de réparer l'espace des mutilations subies en vertu de sa subordination au temps, réaffirme au contraire la priorité de celui-ci. On « spatialise » pour affirmer, au-dessous du temps empirique, la matrice d'un temps transcendantal ; au-dessous des histoires locales, une histoire totale et immuable. Nous reconnaissons là une des possibles voies qui mènent du devenir aux figures archétypes du devenir.

Si donc la vérité ne concerne plus directement le temps du devenir, c'est qu'ici elle est placée au niveau d'un espace omnicompréhensif qui préside toute transformation de surface.

Mais il est bien possible que l'espace que nous recherchons, et sur lequel se penchent les pages de ce collectif, soit au contraire exactement cette même surface.

Qu'est-ce que l'histoire ? D'abord et avant tout des histoires… Restait à leur rendre leurs chemins, leur cheminement à même des cartes, à géométrie variable, et les terrains qu'elles représentent. C'est ce que nous avons tenté ici.

1. Cf. V. Vitiello, *Elogio dello spazio. Ermeneutica e topologia*, Roma, Bompiani, 1994.

Nous remercions Raphaël Célis et Jean-François Courtine, qui nous ont toujours soutenus et guidés dans ce programme de recherches. Nous les remercions également, ainsi que tous les autres participants, pour les nombreuses et passionnantes discussions qui nous ont fait avancer ensemble et ont permis, au bout du compte, la réalisation de ce volume. Merci enfin à Alain Pernet, qui, une fois de plus, a mis en forme ce manuscrit pour la publication.

Jocelyn BENOIST
Archives-Husserl de Paris

Fabio MERLINI
Université de Lausanne

PREMIÈRE PARTIE

L'HISTOIRE À L'ÉPREUVE DE L'ESPACE

ENTRE ESPACE ET TEMPS
TRANSFORMATIONS DE L'UTOPIE

> *Il est vrai qu'on peut s'imaginer des mondes possibles sans péché et sans malheur, et on en pourrait faire comme des romans, des utopies [...] ; mais ces mêmes mondes seraient d'ailleurs fort inférieurs en bien au nôtre. Je ne saurais vous le faire voir en détail ; car puis-je connaître et puis-je vous représenter des infinis et les comparer ensemble ?*
>
> G.W. Leibniz

Pourquoi parler d'« utopie », dans un collectif consacré au rapport entre histoire et géographie, temps et espace ? Parce que soit dans ce qu'on pourrait appeler l'*ouverture utopique* – cet « exercice mental sur les possibles latéraux », selon l'expression de R. Ruyer [1] –, soit dans les transformations qu'une telle ouverture a vécues quant à sa propre localisation (l'*ailleurs* géographique, l'*ailleurs* historique, le *hic et nunc* du présent), il est toujours possible de voir à l'œuvre une façon de travailler l'*espace* qui porte aussi sur une certaine compréhension du *temps*. Quand ce n'est pas tout simplement un espace qui se redouble dans un temps ; plus précisément un espace qui tire son caractère de « non-lieu » (*ou-topos*) du fait d'appartenir au vecteur progressif et infini du temps.

Il est, certes, toujours possible d'affirmer que l'utopie s'oppose à l'histoire, par les prétentions non-médiatisées de sa géographie fantastique. Pourvu que l'expérience de ses répliques impitoyables, dues à la texture même du réel (sa « dureté »), soit traduite dans l'impossibilité de faire interagir les logiques du réel avec les logiques de l'idéal.

1. R. Ruyer, *L'utopie et les utopies*, Paris, PUF, 1950, p. 9.

Au contraire, dans ces pages, nous aborderons le cas d'un « idéal » posté au cœur même de l'histoire, là où la solution radicale des contradictions du présent devient une pure « question de temps ».

UTOPIE CONTRE HISTOIRE. UTOPIE COMME HISTOIRE

Disons avant tout que le *non-lieu* de la vision utopique a été perçu le plus souvent comme une *uchronie*, ainsi que ce qu'aurait dû être le but même de l'utopie, son *telos*, c'est à dire la transformation de la réalité historique, s'est imposé en réalité comme le principal opérateur de son invalidation. En effet, n'est ce pas toujours le pli donné au monde par un certain ensemble d'événements, ce qui permet de parler – comme ça été aussi le cas dans notre histoire récente – de la fin des utopies ? Ou pour le dire mieux : de la fin des utopies comme fin des idéologies ?

Demandons-nous alors plutôt quelle forme précise doit assumer cette facticité sans appel, pour pouvoir être jouée contre les projets « messianiques » de l'ouverture utopique.

Dans la critique marxienne de la « peinture imaginaire » du socialisme utopique[1], le passage du statut *utopique* au statut *scientifique* du socialisme, est interprétable comme l'œuvre d'une censure, opérée par une modalité de l'utopie (que j'appellerais « utopie-nécessaire ») sur une autre (que j'appellerais « utopie déracinée »).

La critique de la fausse utopie, celle qui ne peut s'*enraciner* nulle part à cause de sa méconnaissance du rapport entre vérité et conditions de son affirmation, s'appuie ici sur une compréhension de la réalité, où le discours utopique à été déjà intériorisé par le mouvement dialectique, et donc *nécessaire*, qui la supporte. Une censure, donc, mais une censure indispensable pour *sauver* l'idée d'utopie comme travail même du temps, voire pour sauver l'utopie d'elle-même, en transformant sa prétendue faiblesse – la forme *narrative* qui lui était propre dès son origine – dans la force du *concept*. C'est la raison qui explique pourquoi désormais il faut aussi passer de son discours imaginatif au langage inattaquable de la science, de la « peinture imaginaire » à la peinture objective de la réalité.

Mais de quel « réalité » s'agit-il ici exactement ? Qui peut transformer l'inconsistance d'un non-lieu idéal, dans le lourd effet d'une nécessité, sinon un réel déjà prédéterminé, *dans sa structure essentielle*, par un dynamisme historique d'ordre eschatologique ? La transformation utopique peut être soustraite aux naïvetés du récit fictif, en raison de cette autre narration qui réfléchit (prévoit) l'ordre (le cours) des choses, une narration

1. Cf. K. Marx et F. Engels, *Le Manifeste du Parti communiste*, Paris, Éditions Sociales, 1983, p. 75.

qui nous est enseignée par le développement *nécessaire* du temps historique en tant que seul récit possible à cet égard. Récit de la *raison*, et non pas de la fantaisie et de l'arbitraire : un récit conceptuel qui nous montre par la cohérence des enchaînements logiques, le mouvement d'une évolution jalonnant *par elle-même, de son intérieur*, les conditions physiques et matérielles de la transformation. Mais surtout qui nous montre le *moment* et le *lieu*, « quand » et « où » de telles conditions se présentent dans les contradictions d'une certaine réalité historique, à la fois spatiale et temporelle. Nous reconnaissons en cette réalité la géographie des lieux *essentiels* auxquels conduit, et à partir desquels reprend toujours son chemin, la dialectique historique ; à l'endroit où se donnent rendez-vous les contradictions qui mèneront dans d'autres lieux et dans d'autres temps. Jusqu'au point où leur éclatement permettra de passer de la préhistoire à l'histoire, tout en arrachant ainsi – si notre lecture est correcte – l'utopie à son *atopie* et à son *uchronie* constitutives : pour l'introduire ainsi finalement *dans* l'Histoire, comme effet même *de* plusieurs histoires.

Ce que nous voyons ici, ce n'est donc pas tant la légitimation de l'utopie à travers le *cours* de l'histoire. C'est plutôt la considération de l'utopie comme *articulation* même de ce cours ; comme ce qui organise de l'intérieur du monde la nécessité logique de son développement, en direction de l'auto-émancipation de l'humanité. Dans ce modèle, l'utopie appartient au monde, elle en est partie constituante, car les principes génératifs de toute transformation, déjà à partir de leur propre logique, font du monde l'expression d'une histoire conduisant nécessairement à sa libération : histoire *comme* utopie. Il faut donc reconnaître cette logique, pour pouvoir fuir le « donquichottisme » [1] de l'utopie déracinée.

Le phénomène moderne de la « découverte de l'Histoire », une découverte qu'un auteur comme L. Strauss caractérise avec l'idée de la substitution du *temporel* à l'*éternel*, comporte donc un traitement de l'utopie tout à fait spécifique. Le « temporel » qui s'affirme avec cette découverte bourgeoise se charge aussi des revendications utopistes et révolutionnaires de la Renaissance, mais en devenant à la fois leur tribunal. Un tribunal où l'absence d'auto-limitations de la volonté utopique de transformation est soumise aux critiques d'une autre idée de transformation, l'idée d'une transformation déjà toujours en cours, à laquelle dorénavant toute transformation *visée* doit obligatoirement se rapporter comme à sa première condition de possibilité.

Essayons alors de voir brièvement sur quel fondement opère ce tribunal.

1. Cf. *Manuscrits de 1857-58*, Paris, Éditions Sociales, 1980, p. 95.

Dans son étude de la fin des années vingt sur les origines de la philosophie bourgeoise de l'histoire, M. Horkheimer aborde la question d'un point de vue qui nous montre immédiatement sur quel terrain se produit le combat entre histoire comme utopie de la modernité et utopies traditionnelles[1]. Lorsque l'auteur commente la position des utopistes (More, Campanella et Münzer) sur la propriété privée, il juge l'idée de son élimination en termes de régression historique. La ligne du temps historique, le « temporel », imposc une évaluation des prises de position face au présent qui doit songer au fait que nous sommes déjà toujours placés à l'intérieur d'une dynamique temporelle *orientée*. Et cela même s'il est évident que dans le cas du « marxiste » Horkheimer, cette orientation « transcendantale » n'est pas une simple conséquence de l'histoire, ou le dessein nécessaire d'une raison à l'œuvre. Mais plutôt l'effet d'un certain type d'événements résultants du processus social, c'est-à-dire des actions concrètes des hommes, lesquelles seulement après coup donnent à voir quelque chose comme une direction unitaire du cours historique. Reste le fait que pour Horkheimer un tel mouvement unitaire existe. Et que par rapport au sens qu'il dessine, et surtout par rapport à la position où l'on se trouve à un certain moment (début du capitalisme), l'abolition de la propriété privée comme redistribution égalitaire, serait le signe d'une involution.

Soulignons alors ce point : l'autoconscience de la contingence historique (« la position où l'on se trouve ») signifie ici précisément une identification qualitative du présent. Un présent proportionné à ce Présent que la critique marxienne de l'utopie chiliaste ou millénaire interprète comme le point temporel apte à résumer en soi le développement des conditions nécessaires à toute possible transformation de la société. Mais si ces conditions se réalisent par le biais d'un développement, cela veut dire précisément qu'il y a présent et présent, présent avec un « p » majuscule et présent avec un « p » minuscule : tous n'ont pas la même qualité historique. Il y a des présents dont le rôle est simplement fonctionnel : ils ont comme but de conduire au présent plein de la transformation, un présent riche en contradictions, dialectique, qui accumule finalement en soi toute possibilité réelle de changement.

Le présent de l'utopie chiliaste, à savoir le temps de son élaboration ainsi que celui, dans le cas de Campanella et de Münzer, de sa réalisation sur terre (respectivement la Calabre et Münster), ne correspond pas encore à un tel présent : précisément à cause du fait de se trouver en chemin sur sa route, comme un segment temporel nécessaire à son accomplissement.

1. Cf. M. Horkheimer, *Anfänge der bürgerlischen Geschichtsphilosophie*, Frankfurt am M., S. Fischer Verlag, 1970, chap. 3.

Toute critique marxiste de l'utopie demande à l'action révolutionnaire qui surgit dans ce qu'on pourrait appeler le « présent inconvenant », de se sacrifier à l'accomplissement de cet autre présent, le « grand » présent. C'est l'empreinte de son idéalisme.

Nous comprenons alors pourquoi Horkheimer peut affirmer que la collectivisation de la propriété, l'égalité des conditions de vie et l'élimination de l'économie concurrentielle, revendiquées par les utopistes de la Renaissance, auraient impliqué la mort de la civilisation. La civilisation se bâtit sur des tendances réelles de développement exigeant d'être respectées. Il y aurait, donc, des moments où ce développement est insuffisant, par exemple lorsque les présupposés économiques d'une gestion rationnelle de la société, fondée sur la propriété commune, sont encore absentes. On ne peut pas faire abstraction, dit la lecture historico-matérialiste, de ce manque de conditions. On ne peut pas réagir à un présent seulement fonctionnel. Peine : la mise en péril de ce développement qui seul peut conduire au temps du changement radical, s'il est vrai qu'un tel présent est l'une des forces motrices *indispensables* à l'affirmation d'un tel temps.

Pour Horkheimer, combattre le déploiement de l'initiative privée dans la libre concurrence, comme l'on fait les utopistes à l'époque de la formation de l'état national bourgeois, c'est méconnaître le *telos* du développement historique, c'est-à-dire l'avènement d'une autre histoire. Ce qui évidemment ne signifie pas justifier les souffrances et les déséquilibres qu'il comporte au niveau social.

Toute la question se réduit au fond à l'évaluation des *moyens* offerts par le présent dans lequel se situe l'action révolutionnaire. Mais comment et quand un présent peut-il mettre des ressources à disposition de l'action ? Il le peut à condition de se présenter comme un lieu plus au moins ouvert au possible, plus au moins riche en nombre de phénomènes dialectiques (proche de l'éclatement) qui se sont totalisés en lui. Bref, il le peut à condition d'être déjà compris à l'intérieur du paradigme historiciste. L'observation que l'utopie ignore le facteur « temps », pour autant qu'elle est incontestable, présuppose évidemment ce paradigme. La condamnation de l'utopie trahit donc le jugement par un domaine de la temporalité qui s'est approprié les revendications utopiques en les traduisant à l'intérieur de sa propre dynamique, pensée comme contraignante. Dans un certain sens, elle est aussi l'effet d'un combat qui oppose le désir de transformation (du monde) à lui-même, comme réaction au risque de tourner à vide, à savoir comme réaction à l'anéantissement de son propre objet, une offensive contre sa propre autodissolution.

Le problème est qu'à partir du moment où le « temporel » prend sur soi le droit de « faire de l'histoire » – introduisant entre les différents présents une hiérarchie et donc aussi des distinctions (selon une interprétation spécifique de la notion de *kairos*) – il s'attribue aussi un pouvoir qui finit par relier chaque présent au seul rôle de point de transition entre passé et futur. L'autodissolution – pour conjurer laquelle, l'histoire c'est opposé à la forme chiliaste, millénaire, de l'utopie – se présente alors comme clôture du temps, refoulement de son constituant eschatologique originaire. C'est le même destin de détemporalisation qui a affecté la notion de parousie, une fois que les espérances de salut immédiates des premières communautés chrétiennes ont été déçues. Et si dans ce cas, la *parousia* perd ses traits mondains (deuxième venue sur terre du Christ) pour coïncider d'une façon métatemporelle au jugement divin universel, dans le cas examiné ici la détemporalisation découle des effets inhibiteurs et « retardants » produits sur l'action, par une histoire devenue encore seulement une instance de jugement. Avec le langage des philosophies messianiques de l'histoire, on pourrait dire que cette clôture se produit au moment où la rationalité de l'histoire, conçue comme conciliation toujours *à venir*, se transforme avec l'affirmation du *continuum*, en une conciliation *déjà* réalisée.

Critique et accélération historique

Tout ce discours, simplement pour souligner que la perspective opposant histoire et utopie, oublie la solidarité profonde qui relie les deux.

Il est alors tout à fait correct d'identifier une première anticipation de la conscience historique, dans les pages indirectement utopiques de tous ces auteurs « prémodernes » qui, comme Nicolas de Cuse, s'ouvrent à l'idée du temps progressif de la civilisation, en reconnaissant aux arts et aux grands inventeurs un rôle déterminant, à côté de l'action de la Grâce, dans l'émancipation de l'homme[1]. C'est l'émergence, encore timide, de l'idée d'un nouvel horizon temporel, déjà partiellement sécularisé, permettant d'accumuler par la ligne d'une progression constante, les découvertes de la civilisation humaine.

Mais revenons sur le rapport entre histoire et utopie *stricto sensu*, avec une observation qui devrait confirmer le discours fait jusqu'ici : la transition de l'utopie *chiliaste* (ce que j'ai appelé « utopie déracinée ») aux utopies modernes ne peut qu'impliquer déjà, au moins à un certain degré, l'affirmation de l'identité entre monde humain et histoire, voire de l'histoire comme vérité même de la temporalité du monde humain.

1. Cf. Maurice de Gandillac, *Genèses de la modernité*, Paris, Éditions du Cerf, 1992, p. 441-448.

Or, s'il est vrai que, comme il a été dit, une « mappemonde qui n'inclut pas Utopie ne mérite même pas un regard »[1], demandons-nous où se trouve exactement « Utopie » dans la mappemonde des modernes philosophies de l'histoire; quelle carte du monde dessinent-elles, une fois que l'historicisation du monde, comme phénomène proprement moderne, a transformé le « nulle part » de l'utopie, en un point précis de la chaîne temporelle. C'est-à-dire : une fois que l'histoire a intériorisé l'utopie en tant qu'effet même de son propre mouvement.

L'éloge prémoderne de la fonction des arts et des techniques, permet de souligner – on vient de le dire – l'idée, encore toute à définir, d'une nouvelle expérience du temps humain. Et il est tout à fait significatif qu'on retrouve ce même éloge de la découverte des arts et des inventions techniques, dans les récits directement utopiques de l'époque moderne. Une première fois (1516) dans L'*Utopie* de Th. More, où les arts et les techniques sont exaltées par leur capacité d'optimiser une organisation sociale fondée sur l'agriculture (comme l'invention de l'appareil de la couveuse pour maintenir artificiellement à une température constante les œufs) ; plus tard (1602) dans *La Cité du soleil* de Campanella, œuvre qui ne manque pas, elle aussi, de souligner le « *bello ingegno* » de nombreux dispositifs imaginaires dans le domaine de l'automation. Et, plus massivement encore, une vingtaine d'années après la publication de *La Cité du soleil*, dans *La Nouvelle Atlantide* (1627) de Bacon – avec tous ses laboratoires physiques, astronomiques, médicaux ; ses stations agricoles expérimentales et ses lieux de développement des arts mécaniques. Autant de textes où les arts et les techniques participent à l'idéal d'une forme de communauté se justifiant par un « possible spatial » que le nouveau monde des grands découvertes géographiques, avec son côté exotique, permet maintenant de contenir au niveau de l'imaginaire. C'est précisément ici, dans l'exotisme d'un espace ouvert à d'*autres* modèles de vie en commun, que s'alimente la *vraisemblance* des récits utopiques. L'exploration d'un continent méconnu devient ainsi occasion pour une *autre* exploration : celle de nouvelles possibilités d'organisation de l'espace social. Avec un mouvement qui traduit un espace réel, c'est-à-dire géographiquement localisable, dans un espace idéal. Précisément selon ce même chemin qui *du* Brésil mènera Hythlodée, narrateur de l'*Utopie* de More et voyageur imaginaire à la suite d'Amerigo Vespucci, *à* la ville « inexistante » d'Amaurote.

Pourquoi alors souligner cette liaison entre a) transformation idéalisante d'un espace réel situé ailleurs et b) application imaginaire des

1. C'est l'exergue choisi par Lewis Mumford, le grand sociologue et urbaniste américain, pour son œuvre du 1921 sur l'histoire de l'utopie, cf. *The story of utopias*, New York, Viking Press, 1969.

ressources de la technique à l'organisation sociale ? Parce que la découverte de la progression des arts est exactement un des grands motifs qui à permis de qualifier quelque chose comme une « époque moderne » par le passage du temps oscillatoire (progrès/rechute dans la barbarie : antiquité / moyen âge) au temps linéaire.

Dans les derniers échanges du dialogue de la *Città del Sole*, Campanella fait dire au Genovese

> [...], c'ha più istoria in cento anni che non ebbe il mondo in quattro mila; e più libri si fecero in questi cento che in cinque mila; e dell'invenzioni stupende della calamita e stampe e archibugi, gran segni dell'union del mondo [...] [1].

Il y a eu plus d'événements dans notre siècle (XVIIe), dit le protagoniste, que dans la somme de tous les siècles passés. En plus, si une nouvelle image du monde organisée autour de l'idée d'*unité* est maintenant envisageable, c'est grâce aux découvertes techniques. Voilà pour l'état *actuel* du monde. Au contraire, pour ce qui concerne ses transformations *futures* – du moment que le dernier siècle, pour la première fois a fait connaître au monde le dynamisme de l'accélération historique (« c'ha più istoria ») –, le dialogue ajoute au discours sur les « invenzioni stupende », celui du contexte cosmique, céleste, de leur développement. Et alors on découvre que si progrès il y a, c'est grâce non seulement aux applications de la science, mais surtout aux conjonctions astrales qui les permettront, en donnant lieu, selon des observations astronomiques que Campanella reprend de Tycho Brahé, à la naissance d'une nouvelle « grande monarchia », caractérisée par la réforme des lois et des arts.

Une « rinovazione » [2] qui oscille donc sans se résoudre entre l'affirmation des conditions qui dépassent le plan du dynamisme historique engendré par le développement moderne des arts, et la nécessité de procéder avant tout à une remise en question systématique des institutions humaines, comme condition indispensable à toute transformation : « [...] ma *prima* si svelle e monda, *poi* s'edifica e pianta » [3].

Indépendamment de la présence de cette oscillation irrésolue, ce qu'il nous faut souligner ici, c'est que la multiplication des événements liée au *perfectionnement* des arts, inaugure un *jugement* sur l'histoire passée. Et cela en raison de l'anticipation, ou mieux de la superposition au présent, d'un *lieu* fictif qui radicalise ce perfectionnement au niveau de ses conséquences sur le plan du bien-être social : un nouvel espace, compréhensif

1. T. Campanella, *La Città del sole*, Bari, Laterza, 1997, p. 54.
2. *Ibidem*, p. 55.
3. *Ibidem* (c'est moi qui souligne).

aussi du présent, s'ouvre ainsi au jugement. Dans ce modèle, construit à partir de l'idée du perfectionnement des arts, la réalité entrevoit, comme réfléchie dans un miroir, l'image même de sa *nécessité* de changement.

Mais il y a un moment où cette nécessité passe aux faits mêmes. Où le jugement sur le passé et le présent se transforme dans la mise en lumière d'une logique qui concerne le temps dans sa totalité : c'est, comme nous l'avons vu, le passage qui conduit du genre littéraire des utopies à l'utopie de l'Histoire.

LE TEMPS COMME ESPACE DE L'UTOPIE

Chez Voltaire, dans son modèle de l'histoire du monde comme histoire des « révolutions de l'esprit humain » [1], le thème du perfectionnement des arts (*latu sensu*) est précisément le pôle autour duquel s'organise la question du jugement. Mais à présent, l'expérience du perfectionnement des beaux-arts, des techniques et des sciences n'a plus besoin d'un lieu imaginaire pour être pensée dans toutes ses conséquences. Parce que c'est à l'histoire elle-même d'offrir l'image de ce lieu, chaque fois que dans les *limites* d'une culture (la Grèce, l'Empire Romain, l'Italie de la Renaissance, le siècle de Louis XIV), il nous est donné de retrouver les signes de la civilisation. L'histoire traverse des *lieux physiques* précis, qu'aucune imagination n'a plus besoin d'inventer, tant ils sont responsables des événements mêmes qui dessinent le progrès de l'humanité. Il y a histoire universelle, et non pas simple histoire événementielle, à raison de la signification historique de ces lieux et de ces temps (les « âges », ou comme on lit aussi les « siècles ») qui permettent de soustraire le temps des hommes à l'*uniformité* d'une simple suite répétant à chaque fois la même histoire :

> [...] toutes les histoires sont presque égales pour qui ne veut mettre que des faits dans sa mémoire; mais quiconque pense [...] ne compte que quatre siècles dans l'histoire du monde [2].

L'histoire qui se détache de cette répétition du même est l'histoire de l'esprit humain; le temps même du monde, une histoire qui doit son caractère aux rares civilisations où les arts, et donc aussi les « esprits » et les

1. Voltaire, *Essai sur les mœurs*, t. II, Paris, Bordas, 1990, éd. René Pomeau, II t., « Appendice », p. 816 : « Ma principale idée est de connaître autant que je pourrai les mœurs des hommes et les révolutions de l'esprit humain. Je garderai l'ordre des successions des rois et la chronologie comme mes guides, mais non comme le but de mon travail ».

2. Voltaire, *Siècle de Louis XIV*, *Œuvres Complètes*, Paris, Pourrat Frères, 1832, t. I, p. 283.

« mœurs », ont pu se perfectionner [1]. Mais, celle du monde, est une histoire qui connaît une césure : le Moyen Age. L'histoire ne passe pas par la « grossièreté gothique » [2], puisque les formes culturelles et matérielles qui définissent son esprit – ou selon une interprétation alors courante, son absence d'esprit – ne lui offrent aucun reflet de son destin. De tels événements se trouvent au contraire dans l'Antiquité, par le double *topos* de la Grèce et de l'Empire Romain, et, dans les Temps Modernes, par les *topoi* de l'Italie de la Renaissance et, après, de la France de Louis XIV.

Or, le passage de la première série d'événements à la seconde série, se produit par une modalité temporelle qui n'est pas encore celle qui finira par caractériser l'âge moderne, en les introduisant dans une toute autre histoire. C'est une temporalité qui, comme le montre l'époque de ces « temps grossiers qu'on nomme du moyen age » [3], n'est pas encore à l'abri du risque de voir tomber l'humanité dans la barbarie, de la voir parachutée en dehors de l'histoire ; dans cette même barbarie qui jusqu'à présent n'a cessé d'entourer les civilisations « historiques ».

Quatre sont, donc, les étapes qui scandent les « siècles » ou les « âges » de l'histoire du monde. Quatre types de civilisations spatio-temporelles découpant cette histoire en deux grandes unités : l'Antiquité et l'Époque Moderne. Avec au milieu l'espace « vide » du Moyen Age, voire son incapacité de donner aux événements l'ordre d'une direction historique progressive. Toutefois, il ne s'agit pas seulement de deux horizons temporels disjoints par un vide, signalant une expérience de déclin. Il s'agit aussi d'une disjonction entre deux différents principes de temporalisation, qui découpent le temps de l'histoire en un *avant* et un *après* l'âge moderne. Seulement à partir de celle-ci, l'histoire se dote de ce caractère linéaire et cumulatif qui la prémunit contre toute possible oscillation entre progrès et régression de la raison humaine.

Le temps devient linéaire avec la Modernité, parce que si les seuls événements qui font vraiment l'histoire sont ceux produits par une civilisation centrée sur les arts, la raison humain et leur développement, il faut attendre cette époque, et plus précisément le siècle de Louis XIV (« le siècle le plus éclairé qui fut jamais » [4]), pour assister définitivement à l'affirmation, la diffusion et l'accroissement de cette forme du temps.

Le perfectionnement des arts et des techniques, que le récit utopique projetait dans l'espace idéal de la communauté parfaite, devient ici un trait distinctif des Temps Modernes, de leur capacité d'élargir ce perfection-

1. *Ibidem*, p. 286.
2. *Ibidem*, p. 287.
3. Voltaire, *Essai sur les mœurs*, *op. cit.*, t. II, p. 804.
4. Voltaire, *Siècle*, *op. cit.*, p. 283.

nement à tous les domaines du savoir, ainsi qu'à tous les pays – et donc de vaincre, une fois pour toutes, la barbarie. Une dynamique de civilisation, remise en marche par la Renaissance italienne, s'étendant ensuite, à travers la France, à des pays comme l'Angleterre, l'Allemagne, la Russie.

Avec la modernité, les arts et les sciences entrent finalement dans la phase *sans retour* de leur perfectionnement et de leur diffusion (tandis qu'auparavant leur affirmation était toujours définie par des limites géographiques), et c'est aussi par là que le temps humain s'approprie cette linéarité progressive, que les époques passées, par exemple l'Antiquité, n'ont pas pu faire valoir *durablement*.

Mais alors, l'histoire ne peut pas être identifiée tout simplement à cette nouvelle forme temporelle. On doit reconnaître aussi, au contraire, le temps cyclique propre des époques pré-modernes : selon un modèle qui combine à l'intérieur d'un même mouvement la *cyclicité* des cours et des recours avec la *linéarité* du progrès. C'est seulement à partir d'un certain moment (le « quatrième siècle ») que l'histoire s'ordonne *définitivement* au temps de la civilisation, après la longue « léthargie universelle »[1], comme Voltaire appelle la disposition des esprits précédant le « siècle » moderne. Car c'est seulement grâce au dynamisme de leur développement et de leur accroissement, que les arts ont pu étendre à l'humanité entière ce temps *progressif* et *cumulatif* qui leur est propre[2].

Cette histoire en deux temps, cette histoire qui permet de penser le passage d'une modalité du temps à l'autre (du cyclique au linéaire), grâce à la matérialité d'un événement en soi « anhistorique » (l'irruption des arts), n'est qu'un seul exemple des nombreuses façons dont la modernité à thématisé l'expérience de l'histoire, au moment même où celle-ci s'imposait comme la vérité même du monde humain.

Ce que nous apprenons ainsi n'est pas seulement un nouveau rapport à l'histoire, c'est surtout un nouveau rapport au monde. Et un nouveau rapport au monde, dans ce cas, signifie une nouvelle façon de comprendre la *logique* de ses transformations.

Voilà pourquoi au début de ces pages il a été possible d'observer que la critique de toute utopie insouciante d'une telle logique, comme c'est le cas de l'utopie chiliaste, présuppose déjà une certaine interprétation de l'historicité du monde. C'est-à-dire une interprétation orientée par la dissolution dans l'immanence du *mouvement* du réel, de ce que K. Mannheim appelle

1. Voltaire, *Essai sur les mœurs*, *op. cit.*, t. II, p. 830.
2. Sur ce point, cf. K. Pomian, *L'ordre du temps*, Paris, Gallimard, 1984, p. 125.

la « transcendance utopique » [1] ; jusqu'au point où ce mouvement même se dissout dans la *Sachlichkeit* d'un réel sans Histoire. Voilà le point auquel semble aboutir le développement de la mentalité utopique moderne.

Or si on accepte ce modèle – par sa capacité de comprendre, par exemple, la réduction du politique à l'économique – la conclusion, pour nous, ne peut être que la suivante : c'est encore une fois à travers la notion d'Histoire en tant que *médium* de l'expérience moderne du monde humain, qu'il nous faut comprendre le déclin de l'utopie au sens indiqué. Car la fin de l'utopie moderne, celle qui s'était détachée du *hic et nunc* de l'utopie millénariste, n'est que la conséquence directe du déclin de ce *médium*, et donc aussi de l'expérience intersubjective du monde à laquelle il avait prédisposé les sujets.

Histoire et discours utopique ne se situent donc pas sur le même plan. Si l'observation est correcte, il nous est donné ainsi un espace pour penser de nouveau la différence entre utopie et idéologie. De même que la fin de l'Histoire connaît un « après » qui continue à nous inscrire dans l'*évidence* contraignante d'une certaine praxis intersubjective du monde, de même la fin de l'utopie ne correspond pas non plus à la fin de l'idéologie. Comme le montrerait très bien un travail, qu'il reste à faire, sur la façon dont à un moment donné une telle évidence du monde arrive à s'imposer à nous avec toutes ses contraintes.

Fabio MERLINI
Université de Lausanne

1. Cf. K. Mannheim, *Ideologie und Utopie*, Bonn, Cohen, 1929; édition augmentée *Ideology and Utopia*, London, Routledge et New York, Harcourt Brace, 1936.

RUDOLF SCHWARZ ET L'AMÉNAGEMENT DU TERRITOIRE DES PRINCIPES TOPOLOGIQUES POUR UNE HERMÉNEUTIQUE DE L'HISTOIRE

Façonner la matière afin d'y enregistrer la conscience du temps, cela constitue un défi que la poétique de l'espace a su souvent incorporer de façon programmatique dans ses variées déclinaisons. « Conscience » – et non pas « être du temps » – en ce sens que *exis, physis* et *gnosis* filtrent l'expérience temporelle pour la reconstruire en chose inerte, imprégnée par la culture et la technique.

Repère incontournable dans la réflexion occidentale sur l'espace, le traité de Leon Battista Alberti *De Re Aedificatoria,* étend la problématique de l'architecture pour contribuer à la construction d'une nouvelle conscience historique. Dans le discours d'Alberti, l'objet architectural offre les signes gnoséologiques d'un « temps anthropique », accordé et subordonné à un temps cosmique[1]. Par un jeu d'analogies (lois de la nature=lois de la beauté=lois de l'architecture) la forme de l'édifice, son organisation interne, les rapports de voisinage, bref, la géométrie et la topologie des lieux aménagés, serait le cryptogramme d'une structure spatiotemporelle du Cosmos. Depuis, dans leur exubérance rhétorique merveilleusement accommodée dans une « totalité » plastique, les villes idéales du Baroque, les édifices utopiques d'Étienne Louis Boullée à l'époque de la Révolution, l'aménagement des Salines de Chaux par Claude-Nicolas Ledoux dans le XIXe siècle, mais aussi les expériences du *Neues Bauen* et du *De Stijl,* les

1. Cf. Françoise Choay, « L'architecture d'aujourd'hui au miroir du *De Re Ædificatoria* », texte inédit destiné à la Direction de l'Architecture, p. 19; cf. également du même aut., « Le *De Re Ædificatoria* comme métaphore du fondement », in : *Actes du Colloque Leon Battista Alberti,* Sorbonne, Paris, Vrin-Aragno, 2000.

villes linéaires des années 1930, etc., témoignent de ce penchant de l'architecte de fonder l'*ergon* humain sur une lecture du cosmique.

Néanmoins, cette analogie souhaitée entre la recherche d'un ordre interne du vécu et l'expérience de la forme, est conditionnée par les avatars de la conscience historique, elle-même perdue dans un labyrinthe de schématisations. Dans ce tournant critique du XIXe au XXe siècle, Georg Simmel révèle les failles de toute stratégie de formalisation de la réalité, en se demandant comment on pourrait concevoir une réalité absolue qui soustendrait l'histoire « à la manière d'une chose en soi ». Si, en tout état de cause, il existe bien « une relation entre l'histoire conçue comme totalité et un principe qui lui serait d'une certaine manière extérieur »[1], alors, celle-ci n'a jamais pu trouver son expression spatiale définitive, rebondissant avec fidélité remarquable sur les apories de la philosophie…

On peut ici avancer l'hypothèse – et cela suggérerait une nouvelle historiographie – que l'architecture et l'urbanisme du XXe siècle transcrivent les apories de la temporalité humaine en rapports formels ; que la ville, en ses formalisations utopiques, ses plans toujours plus globalisants, ses impasses quant à la gestion de l'imprévu, avec sa combinatoire inépuisable de raccordements du réel, se pose comme véritable *teuchos,* tectonique-texte prônant la lecture de la conscience du temps humain.

FORME ET *GESTALT* : ÉLÉMENTS D'UNE LECTURE DU *TOPOS*

> Il y a un nouveau terme, celui de l'« aménagement du territoire », qui exprime un nouvel état de la terre, l'état planifié, et un nouvel art qui aménage la terre et la met en ordre. […] La surface de la terre est le lieu du devenir […][2].

Par ces mots, l'architecte Rudolf Schwarz introduit son livre en urbanisme et aménagement, en 1949. Il s'agit d'un ouvrage qui, malgré sa particularité et la richesse d'idées qu'il développe, passe inaperçu dans le bouillonnement de la reconstruction européenne.

Non sans raison, son titre renvoie à cette culture de traités d'où *De Re Aedificatoria* était issu : *Von der Bebauung der Erde* (« De la construction / mise en culture de la terre »). Publié aux Éditions de Lambert Schneider, spécialisées en matières de philosophie et de religion, cet ouvrage ne touche qu'occasionnellement les problèmes pratiques de l'aménagement. Avant de proposer une méthode quelconque d'urbanisation, Rudolf

1. Cf. Georg Simmel, *Les problèmes de la philosophie de l'histoire* (1892), Presses Universitaires de France, Paris, 1984, p. 187.

2. Rudolf Schwarz, *Von der Bebauung der Erde,* Lambert Schneider, Heidelberg, 1949, p. 2, 37.

Schwarz entreprend de lier le *topos* de la culture humaine – par définition la terre – à la question de la durée. Terre et temps s'y relient dans une sorte de « topologie du temps humain », constituant une base ontologique pour l'activité de planification ; démarche essentielle, si « PLAN » est, plus que la représentation graphique de la matière en un instant de son être, la mise en ordre de la matière dans la perspective du temps.

Rudolf Schwarz vise à étendre l'HORIZON de l'aménagement au delà de quelques LIMITES D'EXPECTATIVE définies par les aspects utilitaires de ce nouvel art[1]. Il monte un jeu d'analogies entre la terre, le temps historique et l'homme, articulant un discours complexe, elliptique et fort symbolique, illustré par des dessins d'une rare clarté graphique. Malgré un certain simplisme, cette méthode met les phénomènes temporels en termes d'espace, permettant une intelligibilité spécifique de l'Histoire.

L'auteur est un cas particulier parmi les architectes de la première moitié du XXe siècle. Son œuvre s'étend sur un éventail de champs : design d'objets, architecture, urbanisme, enseignement, publications… Né à Strasbourg en 1897 et décédé à Cologne en 1961, il est cependant resté à la marge de l'historiographie architecturale, même dans le monde germanophone. On peut attribuer ce destin aux controverses du personnage : membre d'associations catholiques dès sa jeunesse, mais aussi rangé comme *Baubolschevik* par le régime NAZI[2] ; polémique contre l'école du Bauhaus[3] et, pourtant, fidèle aux formes et aux modes de production modernes ; complexe et sophistiqué en ses propos qui oscillent continuellement entre le rationnel et le poétique ; avec une profonde spiritualité, remarquablement proche de la pensée heideggérienne, tant débattue dans l'Allemagne de l'après-guerre[4].

On ne tardera pas ici autour de détails biographiques sur ce personnage qui est, par ailleurs, « ressuscité » par le biais de rétrospectives et des

1. Nous utilisons ici le terme analytique d'« horizon d'expectative » de Reinhart Koselleck, in : *Futures Past, On the Semantics of Historical Time* (*Vergangene Zukunft. Zur Semantik geschichtlicher Zeiten,* 1979), MIT, Cambridge-MA, 1985, p. 267-288.

2. Se rapporter au texte inédit de Hartmut Frank, « Die Stadtlandschaft Diedenhofen », in : Hartmut Frank, Jean-Louis Cohen (sous la dir. de), *Les relations franco-allemandes 1940-1950 et leurs effets sur l'architecture et la forme urbaine,* rapport de recherche, 1986, p. 282.

3. Se rapporter à : Ulrich Conrads (sous la dir. de), *Die Bauhaus Debatte 1953, Dokumente einer verdrängten Kontroverse,* Fr. Vieweg, Sohn, Braunschweig-Wiesbaden, 1993.

4. En 1951, Rudolf Schwarz participe à la Conférence de Darmstadt, organisée par l'Association des Architectes Allemands, avec une communication « Sur l'art de bâtir », auprès de Ortega y Gasset et de Martin Heidegger qui prononce son « Bâtir, habiter, penser » ; se rapporter à : Otto Bartning (sous la dir. de) *Darmstädter Gespräch, « Mensch und Raum »,* Neue Darmstädter Verlagsanstalt GmbH, Darmstadt, 1951.

publications récentes[1]. Pourtant, ce *revival* s'est plutôt centré sur son œuvre à l'échelle du bâtiment, ne touchant sa pensée théorique que de façon secondaire et auxiliaire. On voit ainsi se perpétuer ce que remarquait l'historien de l'architecture Ulrich Conrads, à savoir que le dialogue que Schwarz espérait susciter par ses écrits n'a jamais eu lieu[2]. Ses concepts d'œuvre, sa réflexion sur le rapport entre sa forme et son contenu, sur sa temporalité et sa diachronie, attendent jusqu'à nos jours une analyse.

Loin d'entreprendre unc telle tâche, notre but serait ici de retracer les chemins à travers lesquels Rudolf Schwarz a pu mettre en dialogue des formes et des concepts, afin d'esquisser une herméneutique du temps. Déjà, la considération de cet apport pourrait combler une lacune historiographique concernant l'« épopée » de l'architecture moderne. Car, notre architecte agit dans cette première moitié tumultueuse du XXe siècle, où la réalité du jeune état industriel Allemand bouleverse la conception ontologique du produit, formant dans la conscience de l'intellectuel l'idée d'une CRISE DE L'OBJET[3] – de son autonomie, de son intégrité, de sa temporalité. Une série de courants artistiques à travers l'Europe poussent, alors, les conséquences de cette critique au point du renoncement de l'histoire comme source de valeurs[4] : les Futuristes, le Dada, les Constructivistes, le Bauhaus, ... Aux marges de cette mouvance de l'avant-garde se trouvent, par contre, « ceux qui ressentent les difficultés de ce réalisme courageux et radical »[5]. Parmi ces derniers, les sceptiques, vient se placer avec son acuité critique, Rudolf Schwarz.

Cette *skepsis* appartenant à une « autre modernité », se formalise en coupant de travers le plan culturel de son époque : la technique, l'histoire, la communauté... Toute tentative de la suivre serait cependant insuffisante, si l'on manquait de souligner la participation de l'architecte au mouvement réformateur de la jeunesse catholique allemande, connu sous le nom de *Quickborn* (« Fontaine de Jouvence »). Participation marquée par sa longue

1. En juin 1997 et à Berlin, en automne de la même année; voir le catalogue de l'exposition, Wolfgang Pehnt, Hilde Strohl (sous la dir. de), *Rudolf Schwarz, Architekt einer anderen Moderne,* Hatje, 1997, précédé par une édition de la revue italienne *Casabella,* décembre 1996.

2. Cf. Ulrich Conrads, « Eine andere Art von Rede », *in* : Ulrich Conrads, Maria Schwarz (sous la dir. de), *Rudolf Schwarz, Wegweisung der Technik und andere Schriften zum Neuen Bauen, 1926-1961,* 1979, p. 7-10.

3. Se rapporter à l'essai de Walter Benjamin, *Das Kunstobjekt im Zeitalter seiner technischen Reproduzierbarkeit* (1928), Suhrkamp Verlag, Frankfort-sur-Maine, 1977, p. 7-44.

4. Cf. Manfredo Tafuri, *Theories and History of Architecture,* Harper and Row, New York, 1980, 1er chapitre, « Modern Architecture and the Eclipse of History » (éd. orig. *Teorie e storia dell'architettura,* 1976).

5. *Ibid.*, p. 32.

amitié avec la figure conductrice du Mouvement, le prêtre et philosophe Romano Guardini, par ses projets de réhabilitation du siège du Mouvement, par ses nombreux projets d'églises et par son travail d'éditeur à la revue des jeunes catholiques, *Die Schildgenossen* (ce qui signifie « combattants sous le même bouclier »).

La dynamique de ce mouvement culturel – formée sous l'influence spirituelle de Max Scheler et de Max Schell[1] – prend des dimensions considérables lorsque Romano Guardini y assume une position centrale[2]. Sous sa direction, le Quickborn évolue en une institution éducatrice, fondée sur la néo-scholastique et sur les traditions associative et romantique allemande[3]. Un demi-siècle après le *Kulturkampf* bismarkien contre la « main morte » de l'église catholique, le mouvement se transforme en tour de force culturel et politique[4]. À partir de ses bastions, Rudolf Schwarz écrit en 1924, avec la précipitation de l'initié :

> Nous venons d'un temps de dissolution. Pourquoi, alors, la réminiscence de la modernité dépassée nous represse-t-elle tellement? Parce que ce temps a été trop intelligent et trop triste; parce que sous ses mains tout vivant a été dissout; parce qu'il savait parler de tout mais il ne savait pas sentir; et parce qu'il tuait tout ce qui était vivant et coloré, tout ce qui pouvait rire et pleurer. Là où l'Europe post-réforme est arrivée, les choses essentielles et animés se sont décomposées[5].

L'architecte ne fait que s'aligner avec le front de critique envers le scientisme du « siècle de l'histoire ». Pensons à Paul Claudel, dévoilant à André Gide sa joie devant la « bienheureuse ignorance » censée succéder le crépuscule de la Science, ou citant Bismark par rapport à l'impossibilité de prévision sur la base d'une expérience historique[6]. Sur les pas de Claudel, l'architecte incite à éviter aussi bien le « rationalisme abstrait » des historiens du XIXe siècle, que la « nostalgie rétrograde et irréalisable » du

1. Cf. Vincent Berning, « Geistig-kulturelle Neubesinnung im deutschen Katholizismus vor und nach dem Ersten Weltkrieg », *in*: Anton Rauscher (sous la dir. de), *Religiös-kulturelle Bewegungen im Deutschen Katholizismus seit 1800,* Schoeningh, Paderborn, 1986, p. 77 *sq*.

2. Se rapporter à Hanna-Barbara Gerl, *Romano Guardini,* Matthias Grünewald, Mainz, 1985.

3. Cf. Vincent Berning, *loc. cit.,* p. 80.

4. Se rapporter à : David Blackbourn, Geoff Eley, *The peculiarities of German History, Bourgeois society and politics in nineteenth-century Germany,* Oxford University, Oxford, 1984; David Blackbourn, *Volksfrömmigkeit und Fortschrittsglaube im Kulturkampf,* Franz Steiner, Wiesbaden, 1988.

5. Rudolf Schwarz, « Über Baukunst », *Die Schildgenossen,* t. IV, 1924, p. 123.

6. Cf. Paul Claudel et André Gide, *Correspondance, 1899-1926,* Gallimard, Paris, 1949, p. 48, 117.

Romantisme. Pour lui, le problème émerge dans la forme même de l'histoire :

> La forme de ce monde est blessée. Ses liaisons restent ouvertes, son sens est impossible. [...] Toutes les formes de cette époque sont ouvertes et ressemblent à des récipients fins, frappés par un coup extérieur qui transperça les parois et mit le contenu en ressac. La maladie est désormais la forme de l'histoire [...] [1].

Face à ces traits de l'historiographie moderne, une autre image historique est à esquisser, voulue digne de la culture occidentale chrétienne.

> Notre image de l'histoire est modeste et forte : le monde des choses précises et aiguës, des choses formées, uniques et univoques [2].

Évitant l'impasse créée par la philologie sur la « crise de l'objet », Schwarz met l'accent sur la notion de « chose » (*Ding*), par opposition à la notion – abstraite et générale – d'« objet » (*Sache-Gegenstand*). En cela, il renvoie spécifiquement à la condition de « choséité » (*Dinglichkeit*) [3], qu'il considère fondamentale de tout symbole [4]. Laissant de côté les implications philosophiques du terme, remarquons qu'il s'engage dans une polémique contre l'avant-gardisme esthétique du courant de la *Neue Sachlichkeit,* qui propage, pendant les années 1920, une nouvelle manière de contempler les choses : « objective, sur une base matérielle, évitant de les investir immédiatement d'implications idéales » [5].

Très proche de la problématique du design industriel, développée par le Deutscher Werkbund (ce qui le porte au poste du Directeur de l'École des Arts Appliqués à Aix-la-Chapelle pendant la période 1927-1934), Schwarz s'aperçoit de la graduelle dépréciation de la forme, due au rétrécissement de son contenu symbolique et il y réagit. Il focalise sur la chose concrète, considérée comme « forme symbolique des profondeurs de l'âme » en sa

1. Rudolf Schwarz, *Vom Bau der Kirche,* Lambert Schneider, Heidelberg, 1947 (2e édition), p. 52.

2. Rudolf Schwarz, « Auf dem Wege zum neuen Geschichtsbild », *Die Schildgenossen,* t. VI, 1924, p. 422-423.

3. Cf. Martin Heidegger, *Qu'est-ce qu'une chose ?,* Gallimard, Paris, 1971, p. 19 (éd. orig. : *Die Frage nach dem Ding, Zu Kants Lehre von den Transzedentalen Grundsätzen,* 1962).

4. Car tout symbole réel « est une CHOSE tendre et paisible » ; R. Schwarz, « Neues Bauen ? », *Die Schildgenossen,* t. III, 1929, p. 127.

5. Pour un résumé sur la *Neue Sachlichkeit,* se rapporter à : Adolf Behne, *The Modern Functional Building,* The Getty Research Institute for the History of Art and Humanities, Santa Monica (CA), 1996 (éd. or. : *Der moderne Zweckbau,* 1926) ; en particulier cf. l'introduction par Rosemarie Haag Blatter, p. 49-64.

matérialité[1]. Effectivement, la forme, en tant que véhicule de sens, apparaît dans sa problématique dès qu'on le trouve diriger les « cercles d'architecture » du Quickborn, en 1924. Il y incite son audience à s'adonner à la Forme, à y « enfoncer l'âme », à « s'y abandonner ». « En retour », dit il, « elle va nous parler. [...] Elle va se livrer à nos yeux, telle que nous l'avons créée à travers notre dévouement »[2]. C'est une métaphysique de la forme qui surgit derrière ce discours, inspirée tant par l'enseignement de l'expressionniste Hans Poelzig, cher maître de l'architecte pendant ses années berlinoises[3], que par les mots de Romano Guardini sur les « signes sacrés »[4]. L'enseignement du jeune Schwarz inaugure un projet personnel pour le retour de l'architecture à son rôle symbolique, qui reste en vigueur jusqu'à la fin de sa carrière :

> Avec la première ligne que l'architecte tire pour son projet, il ouvre une forme. Il n'y a aucun bâtiment qui n'a pas une forme, et il n'y a aucune forme qui n'a pas un sens, qui n'est donc pas symbolique. Un symbole n'est pourtant pas ce que l'on attribue à l'architecture *a posteriori*. Chaque forme est symbolique en ce qu'elle est une forme[5].

Très remarquablement et à peu près la même époque, Schwarz enseigne la géométrie descriptive à l'École d'Architecture d'Offenbach (1926). Entre la croyance à une expérience quasi-transcendantale de la forme qu'il développe au milieu du Quickborn, et l'analyse géométrique de la forme qu'il hérite de ses études, il avance l'hypothèse selon laquelle il existe la possibilité de formaliser les données de l'expérience psychologique :

> La sphère n'est pas UNE, mais LA forme de l'intériorité, un espace quelque peu orienté et linéaire n'est pas UN mais LA [vraie] expression d'une fuite. Point et coupole ; rayon, branche et sommet ; la ramification du feuil et de la main ; le calice, la chaîne, l'étoile ; cercle, onde, spirale ; tous ces choses du monde spatial sont les vaisseaux d'une abondance psychique sur un niveau de vibrations spécifique[6].

1. « [...] Symbosierende Formen seelischer Tiefen » ; *Vom Bau der Kirche, op. cit.*, p. 423.
2. Cité par H.-B. Gerl, *op. cit.*, p. 217-218.
3. Cf. Manfred Sundermann, Claudia Lang, Maria Schwarz (sous la dir. de), *Rudolf Schwarz*, Akademie der Architektenkammer Nordrhein-Westfalen, Bonn, 1981, p. 35.
4. Voir Romano Guardini, *Les signes sacrés*, Faculté des lettres et des sciences humaines, Centre autonome d'enseignement et de pédagogie religieuse, 1980(éd. orig. : *Von heiligen Zeichen*, 1923).
5. Rudolf Schwarz, « Einige Bemerkungen zum Kirchenbau », in : *Architekturwettbewerbe*, n. 27 (« Kirchen von heute »), 1959, p. 62.
6. « Über Baukunst », *Die Schildgenossen*, t. III, 1924, p. 115 (soul. RS).

Cependant, la notion de forme, avec sa vocation de signe rétablie, ne suffit pas pour souligner la symbolique fondamentale qui pourrait résider dans un aménagement précis de la matière. Sans se distancier de sa quête pour la symbolique de la chose concrète, Schwarz indique la distinction méthodologique entre *Form* et *Gestalt* :

> Nous posons la *Gestalt* comme le général. Elle n'est pas la même chose que l'espace ou la forme. « *Gestalt* » est l'expression du rang, de l'attitude, du temps intérieur, et elle doit être remplie par l'essence. [...] Connaissance de la *Gestalt* est seulement connaissance d'un état de vibrations [...] [1].

Le terme de *Gestalt,* provenant du latin « *stalla* », « étable » – d'où « établir » – désigne la figure, la configuration, le schéma[2]. Malgré le fait que l'architecte ne le distingue pas systématiquement du terme de *Form,* il le stabilise graduellement au sens d'une configuration primaire, dont la structure prétend à l'universalité. Une *Gestalt,* de par son caractère élémentaire, peut être la base de plusieurs formes – non seulement formes visuelles, mais aussi formes d'expérience. La *Gestalt* sert donc de base sur laquelle l'individu « établit » sa connaissance de façon intuitive. Rappelons que pendant la même période Ernst Cassirer présente sa *Philosophie des formes symboliques,* fondée sur l'hypothèse selon laquelle le monde perceptible est organisé suivant des schémas mentaux préexistants (*Erkenntnisformen*)[3].

LA FORME DE L'HISTOIRE : ENTRE TOPOGRAPHIE ET CONSTRUCTION

L'impact qu'ont eu sur la théorie de Rudolf Schwarz les idées gestaltistes autour de l'intuition figurative provient probablement de sources indirectes (Guardini, Poelzig), comme le manque de références spécifiques dans ses textes à une *Gestalttheorie* le laisse déduire. Cela ne l'empêche de mettre en œuvre un système sophistiqué de représentation du temps humain en une séquence de configurations (*Gestalten*). L'opération s'effectue par les moyens de la similarité géométrique et de l'isomorphie topologique. Il s'agit là de deux « transformations », comme Umberto Eco les caractérise dans sa critique de l'iconicité. Elles permettent de rapporter les points de l'espace réel représenté par une ligne de crayon, aux points de

1. *Ibid.,* p. 115-116.

2. Cf. B. Smith (sous la dir. de), *Foundations of Gestalt Theory,* Philosophia, München-Wien, 1988, Introduction, p. 14.

3. Cf. Ernst Cassirer, *Philosophie der symbolischen Formen,* Darmstadt, 1973-75, t. III, p. 247ff; cette œuvre de Cassirer apparaît en parties dès 1913, completée par d'autres études relatives, comme : *Idee und Gestalt; Fünf Aufsätze,* Bruno Cassirer, Berlin, 1921.

l'espace virtuel créé par un modèle de contenu, suivant des règles de convention et des astuces, formées selon des décisions culturelles [1].

> N'oublions pas qu'avant de commencer à créer [rappelle également Paul Klee qui, dans la période 1922-1933, développe, dans le cadre du Bauhaus, une théorie de production de formes], ou même simplement avant de donner le premier coup de crayon, se déclenche en nous un processus morphopsychologique, dû non pas seulement à l'aspiration, au désir de l'homme de s'exprimer, non pas seulement à une nécessité extérieure de s'exprimer, mais également à un état général de l'évolution de l'humanité; c'est cet état qui, de par son orientation, prend le nom de vision du monde [*Weltanschauung*] et qui, animé d'une nécessité interne, conduit l'artiste à se manifester dans telle ou telle direction [2].

La méthode schwarzéenne de rendre visible une image de l'histoire s'inscrit dans le même cadre de présupposés et se développe dans deux ouvrages majeurs : a. *Von der Bebauung der Erde* (1949), où la terre devient l'isomorphe topologique du « paysage historique » ; b. *Vom Bau der Kirche* (1938), où l'édifice religieux présente en plan des analogies – du point de vue topologique – à une conception linéaire de l'histoire. Ce n'est pas tant au niveau des métaphores qu'une différence se creuse entre les deux livres, ni le fait que le premier s'occupe de la planification à l'échelle du territoire, tandis que le seconde approfondit à la symbolique du bâtiment individuel. En ce qui nous concerne ici, c'est le sujet de l'histoire qui change : l'ouvrage de 1949 se rapporte à un temps universel, en portant celui de l'homme à une position subalterne ; or, celui de 1938 s'interroge plus précisément sur la symbolique de l'historicité humaine. En effet, le changement d'échelles de planification reflète aussi le passage violent de l'euphorie d'avant-guerre à la tâche lourde de reconstruction de l'immédiat après-guerre, l'édifice humain restant subordonné à la grande construction terrestre.

LA STRATIFICATION

Du point de vue structurel, c'est *Von der Bebauung der Erde* qui offre – malgré son apparition tardive – des éléments fondamentaux pour la compréhension de la *Weltanschauung* schwarzéenne, en ce qu'il constitue un

1. Cf. Umberto Eco, *Der Labyrinth der Vernunft,* Reclam, Leipzig, 1989, p. 60-73 (éd. or. : *Semiotica e filosofia del linguagio,* 1984).

2. Paul Klee, *La pensée créatrice,* Dessain et Tolra, Paris, 1973, p. 99-100 (éd. orig. : *Das bildnerische Denken,* 1956).

système de configurations visuelles élémentaires, capable – comme l'aurait dit Henri Bergson – de représenter les mouvements de l'intelligence [1].

Élément indispensable dans l'enchaînement des idées, le dessin vient en complément de la description textuelle, grâce à l'intuition du lecteur, qui fait la correspondance entre les propriétés topologiques des formes figurées et les entrelacements des significations. Cependant, bien avant la constitution de ce système, c'est une première image du phénomène historique qui doit être inventée, une sorte de reconnaissance du champ précédant l'intervention. Schwarz écrit dans son article précoce sur l'histoire :

> La loi structurelle de la vie stratifie le devenir en sections spécifiques, dépose une époque sur l'autre et les sépare par des murs de cloisonnement. Chaque ère est une unité fermée et se forme par un sens intérieur, l'image du monde qui, cachée dans l'âme des contemporains, détermine l'espèce et la forme de la connaissance. [...] À la fin de l'ère, la frontière se déchire et la nouvelle image s'ouvre : un nouveau commencement [qui] renferme d'autres profondeurs de la vision et d'autres ampleurs de la fertilité [2].

À la fin des années 1940, la même analogie qui apparaît comme un concept vague, devient le véritable fil conducteur de sa pensée sur l'urbanisme. Déjà, le titre « *Von der Bebauung der Erde* » joue avec le double sens du mot *bauen* (« construire » et « cultiver »). La pensée et les actes humains ne peuvent germer que sur une « terre de l'esprit » cultivée / construite comme un « sol historique » [3], assistées par l'effet ordonnateur de l'aménagement du territoire. Car :

> Nous accordons trop peu d'importance à l'apport de la terre et oublions que bien avant l'histoire des hommes, il y avait déjà une histoire de la terre et que l'histoire des hommes est restée l'histoire de la terre ; qu'il y avait un art de bâtir propre à la terre, bien avant l'art de bâtir propre à l'homme, et qu'encore aujourd'hui ses constructions transmettent l'histoire de la terre [4].

L'image de stratification du temps historique revient, donc, dans les premières pages de *Von der Bebauung der Erde,* où la terre avec ses strates géologiques en sert comme métaphore :

1. Cf. « l'ordre géométrique » *in* : Henri Bergson, *L'évolution créatrice,* PUF, Paris, p. 211-213.

2. « Auf dem Wege... », *loc. cit.,* p. 423 (soul. RS).

3. *Von der Bebauung der Erde, op. cit.,* p. 8 ; comparer cette approche à celle de Martin Heidegger in : *Sein und Zeit,* Max Niemeyer, Tübingen, 1993, p. 381.

4. *Von der Bebauung der Erde,* p. 22.

> Bien avant l'existence du mouvement constructif de l'esprit humain, il y avait le mouvement constructif dans l'Univers et celui-ci était déjà une stratification et une accumulation, et elle le reste jusqu'aujourd'hui. De la même façon que nous érigeons nos murs, s'érige la terre depuis toujours, à partir des sédiments de l'air et de l'eau [1].

Pourtant, afin d'esquisser une analogie intelligible pour le rapport espace-temps, l'architecte a recours au bâtir conventionnel, censé répliquer les structures ensevelies de la terre. Si l'homme construit ses bâtiments niveau par niveau sur le modèle de stratification de la terre (fig. 1), c'est l'expérience humaine qui forme (au sens visuel du terme) une évidence, *mutatis mutandis,* du devenir cosmique; validation, donc, du bâtir à travers sa symétrie avec les procédés géologiques, suivant une argumentation qui reconnaît la même structure organisatrice tant à la terre, qu'à l'histoire et à l'homme.

> Ainsi le cosmos se livre-t-il avec la terre à un art de bâtir en commun. La substance y contribue sa force de gravité, transformée cependant en protubérance verticale et [en même temps], inversant la direction, déposée horizontalement. L'ensemble de deux constitue un espace originel : l'ampleur intérieure de la substance stratifiée. Pris individuellement, chaque sédiment ne forme à peine un espace, il s'étend presque uniquement en plan. Néanmoins, l'ensemble fini des sédiments se dresse en hauteur [2].

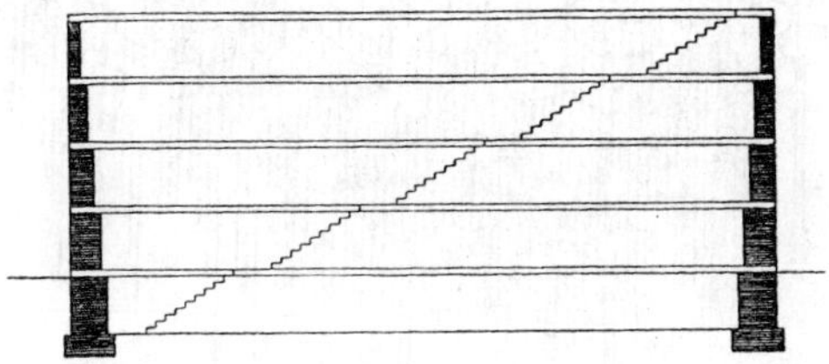

figure 1

Il ne s'agit pas encore de la création d'un espace en trois dimensions, mais plutôt de l'esquisse d'un principe élémentaire, celui de « stratification » (*Schichtung*); terme dont la racine en allemand est identique à celle du mot *« Geschichte »,* détail nullement insignifiant dans l'édifice ontologique que Rudolf Schwarz érige…

Les coordonnées de l'espace cartésien sont présentes : la surface horizontale, qui décrit un espace à deux dimensions sans mouvement ou

1. *Ibid.*
2. *Ibid.*, p. 23.

directionnalité et la ligne verticale, signifiant le phénomène de croissance et le passage du temps. Pourtant, la strate n'a presque pas de matérialité en elle même, une façon de dire que le moment historique, l'événement *per se,* a une importance minime. C'est plutôt l'ensemble des strates accumulées au sens vertical qui symbolisent la succession temporelle, permettant par ailleurs de penser au « poids historique ». En effet, selon Schwarz, plus les strates s'accumulent, plus la construction devient lourde, le *Geschicht* (l'ensemble des strates accumulées) s'enfonçant dans des profondeurs obscurs.

> C'est cela l'histoire : un édifice stratifié, enfilé, spatialisé et construit, qui se rajeunit et s'anoblit du bas vers le haut; spatialité obscure en bas, et en dessus le miroir à travers lequel la terre sort directement dans la lumière – nouvelle, proliférante. L'histoire n'est pas quelque chose qui arrive de quelque façon, mais elle a une forme de construction géologique. Elle est terre historiée [*geschichtete Erde*] et elle le restera, aussi bien en histoire des actes humains, qu'en histoire de l'esprit [1] (fig. 2).

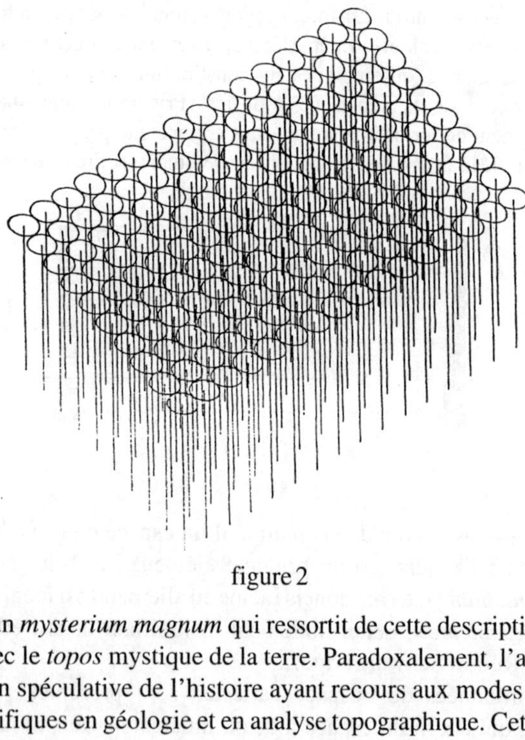

figure 2

C'est un *mysterium magnum* qui ressortit de cette description et qui va de pair avec le *topos* mystique de la terre. Paradoxalement, l'auteur décrit cette vision spéculative de l'histoire ayant recours aux modes de description scientifiques en géologie et en analyse topographique. Cette approche semble provenir d'une double source d'inspiration, bien fondée sur la

1. *Ibid.*, p. 26-27.

tradition romantique allemande du XIXe siècle. D'une part, il suffit de penser à l'« idéalisme magique » du topographe Frédéric de Hardenberg, alias Novalis, qui avait inspiré l'architecte en faisant de la géognosie un élément poétique[1]. D'autre part, il faut porter à l'esprit le mysticisme qui fleurit en Allemagne à la charnière du XIXe au XXe siècles, influençant les études de mythes religieux de cosmogonie, comme celle de l'archéologue Johann Jacob Bachofen[2].

Naviguant avec une veine religieuse parmi ses sources, Rudolf Schwarz s'engage dans un processus de confrontation et de fusion de symboles, images-guides expressifs des idéologies du temps présent, mais aussi des diverses traditions construites depuis des siècles. Mais on y reconnaît toujours un trait commun, notamment le placement de l'homme à une position excentrique par rapport au devenir cosmique; ce qui semble être une première condition pour une structure temporellement stable, loin du hasard qui gouverne les actions humaines – une structure, aux termes de Schwarz, éternelle. L'architecte avait déjà critiqué le regard historique moderne, qui tenait de déplacer le centre de l'histoire loin de Dieu, loin du sujet triomphant, quelque part dans l'arbitraire et l'éphémère; justement comme la peinture historique des Lumières, qui avait détruit la perspective centrale de l'image[3].

En anticipant le fameux titre de l'historien d'art Hans Sedlmeyr, Schwarz déplore la perte du centre (aussi bien de l'histoire, que de l'art et de l'homme)[4]. Mais il passe à l'offensive, se lançant à la formulation d'une *historia mundi majoris,* centrée sur des principes divines et à laquelle l'*historia civilis* serait périphérique. Il rend plusieurs fois explicite que le temps humain n'est qu'une partie du temps universel; que l'histoire humaine ne touche que la surface de la terre. Autrement dit, dans la mesure où c'est l'homme qui façonne la terre, sa surface devrait s'aménager selon des principes universelles, aussi bien dans la synchronie que dans la diachronie.

1. Novalis ce qui signifie « terre en friche » contemple la terre comme un matériau à former; « mais ce processus de formation est singulier : le façonnage est pli. Plus que dans le *Urgebirge* (terrains primaires), c'est dans le *Flötzgebirge* (terrains sédimentaires) que la nature a travaillé ses plis [...] »; cf. David Lancereau, « La poétique de la terre chez Novalis », *Cahiers de Géopoétique,* n. 3, 1992, p. 75.

2. Se rapporter à Johann Jacob Bachofen, *Muterrecht und Urreligion,* Alfred Kröner, Stuttgart, 1954; la première édition du livre – qui s'occupe du rapport des anciennes religions avec la symbolique de la terre – date de 1927 et se trouve dans la bibliothèque de Rudolf Schwarz, au même titre que celui de Heinrich Schaller, *Urgrund und Schöpfung, Ein Beitrag zur metaphysischen Ontologie und Kosmologie,* Ernst Reinhardt, Munich, 1933.

3. *Vom Bau der Kirche, op. cit.,* 2.

4. Cf. Hans Sedlmayr, *Verlust der Mitte, Die bildende Kunst des 19. und 20. Jahrhunderts als Symptom und Symbol der Zeit,* Otto Müller, Salzburg, 1948.

L'ÉCHELLE ET LA TOUR

> Les forces dans les entrailles de la terre révoltent contre l'édifice stratifié, le poussent en haut, le dilatent, le démolissent dans une violence volcanique[...]. La terre montagneuse est l'œuvre de forces souterraines sauvages [...][1].

Dans une Allemagne effervescente par l'industrialisation, le modèle d'une stratification calme et passive reste, aux yeux de Schwarz, ostensiblement insuffisant. Car, comment peut-on expliquer la provenance et le caractère des forces qui contournent l'image harmonieuse du cosmos prémoderne ? Déjà en 1923, Romano Guardini publie ses *Lettres du lac de Côme,* révélant des descriptions sensibles de la nature de l'Italie du Nord en train de subir l'impact abrupte de l'industrie[2]. Sans doute influencé par l'esprit de son ami, Schwarz prononce l'allégorie d'une terre déformée par des forces mystiques, inexplicables – allégorie qui soutient ses arguments pour la formation d'une autre image historique parallèle à celle d'une structure terrestre, marquées tous les deux par une nouvelle discipline interne. Il introduit l'analyse topographique de la courbure de la terre et conduit son lecteur, à travers de phases d'abstraction, à l'image d'un ensemble de tours, posées l'une dans l'autre de façon ascendante, et dont celle du centre est la plus haute. Stratification horizontale et accumulation verticale composent peu à peu la configuration d'une tour échelonnée, « radiographie » aussi bien de l'espace événementiel, que de l'ordonnancement hiérarchique du monde : complexité, obscurité et poids vers les niveaux inférieurs et le périmètre; simplicité, lumière et légèreté vers le haut et le centre (fig. 3-5).

Interprétation fantaisiste de l'unité spatiotemporelle? Schwarz se défend devant une telle reproche. Il insiste sur le fait que les structures échelonnées humaines, comme l'escalier et le ziggourat, ne font que reproduire les vraies configurations de la terre, suivant un « mouvement fondamental de l'esprit » (*Urbewegung des Geistes*)[3]. Il s'agit là d'une implication éloquente de l'idéal du « noble », notion à fortes connotations romantiques développée dans le cadre de l'activité culturelle catholique dès le début du siècle[4].

1. *Von der Bebauung der Erde, op. cit.,* 29.
2. Cf. Romano Guardini, *Lettres du Lac de Côme,* Cerf, Paris, 1955 (éd. orig. : *Briefe vom Komer See,* 1925).
3. *Ibid.,* p. 35.
4. Cf. Vincent Berning, *loc. cit.*

figure 3

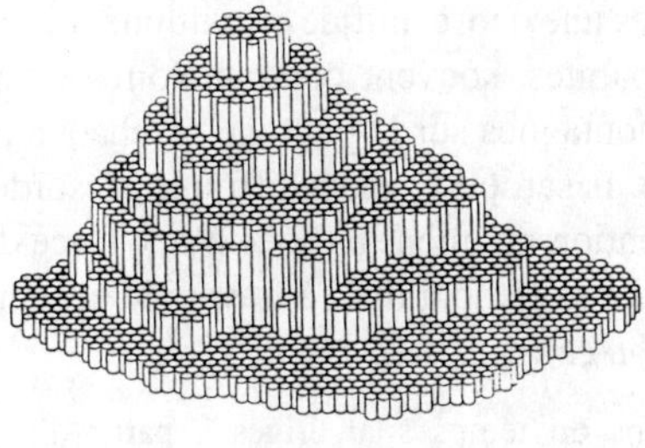

figure 4

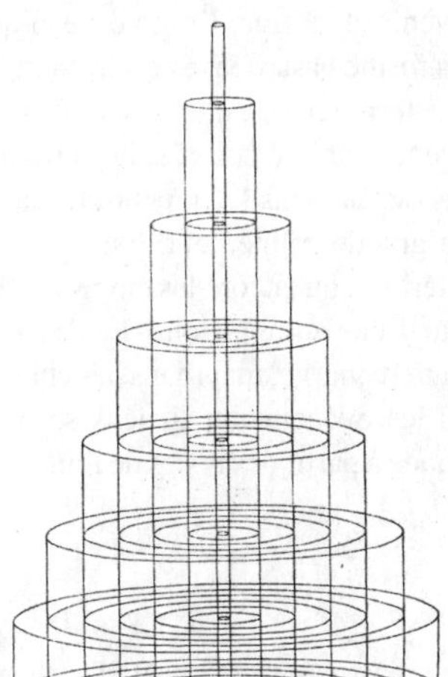

figure 5

Fidèle à son concept d'échelle et à l'idéal qu'il symbolise, Schwarz trouvera l'occasion de l'incorporer dans son œuvre proprement architectural, à l'intérieur du Wallraf-Richartz-Museum, réalisé à Cologne entre 1950 et 1958. À propos de son projet, il écrit :

> Cet escalier est la configuration [*Gestalt*] de notre histoire à nous. Nous sommes debout dans un de ses lieux innombrables et à partir de là nous avons une vue sur le Tout, nous faisons notre offrande du présent ayant égard au Tout. [...] L'escalier à gradins, en tant que configuration du Tout, est une forme parfaitement éclaircie de la vie la plus dense [1].

LA MONTAGNE DU TEMPS

Les dessins des pyramides à gradins transmettent l'idée d'un jeu discipliné des forces de création. Sauf que dans *Von der Bebauung der Erde* la création n'est pas une chose unifiée et continue. Les processus créateurs sont obscurs, disparates, souvent contradictoires et sans harmonie préétablie, tels des montagnes sur le paysage. À chaque moment, le présent assume une forme hasardeuse, indéchiffrable, désordonnée. C'est justement cette appréciation qui mène à l'idée d'une force de cohésion, tant de l'espace réel que de sa temporalité, à travers le concept des « terrains du temps » (*Zeitengebirge*).

> Les terrains du temps sont érigés à partir d'événements et d'états statiques. Néanmoins leur plus grande partie est constituée de solidifications du passé. Un acte abandonne son espace événementiel, il échappe au devenir et se fige. Comme l'eau qui gèle dans le ruisseau, [l'acte] garde la forme hasardeuse de l'instant [...]. L'ancien temps dure encore en lui. La terre ferme est un assemblage formidable de ces temps passés [...]. D'une manière colorée, les terrains du temps sont érigés à partir des restes des anciens [...], peut-être jusqu'à ce qu'une nouvelle cause, après un grande calme, leur donne une autre forme, ou bien les arrange de l'extérieur, ou encore les emmure tels quels dans la construction plus récente d'une autre histoire. Le devenir de la terre ne se trouve pas dans une matière vierge, mais dans des choses qui sont pré-formées et dans lesquelles les événements anciens se sont déposés. La nouvelle forme est fabriquée à partir des restes de l'ancienne, le nouvel événement

1. Sundermann, Lang, Schwarz, *op. cit.*, p. 81. Le même concept se répétera, en volumétrie, au projet de concours pour l'église Regina Martyrum à Berlin, en 1958, projet publié in : *Architekturwettbewerbe*, n. 27, *loc. cit.*, p. 73-75 ; cf. également Pehnt, Strohl, *op. cit.*, p. 292.

consume l'ancien. Une coupe horizontale à travers l'histoire est une sorte de béton constitué de restes du passé[1] (fig. 6).

figure 6

En valorisant les restes épars qui « engraissent » le sol historique, Schwarz souligne sa forte adhérence au rôle conjonctif du passé, contrairement aux propos radicaux d'« abstinence de l'histoire » prononcés par l'avant-garde architecturale[2]. La prise de distances devient encore plus décisive lorsque Schwarz qualifie la force de cohésion, le « béton » qui tient ensemble les cailloux disparates du paysage historique. Il ne s'agit pas là d'un « système » fondé sur la réflexion théorique de l'historien, comme l'aurait dit Winckelmann – une sorte de fiction historiciste[3].

> Cela doit être des forces oubliées [spécule Schwarz de sa part], celles que l'on ne nomme plus, qui mettent ensemble toutes ces petites pointes des profondeurs, comme des petites pierres dans un mosaïque, et qui étendent le tapis vivant du sens par dessus toutes les failles et les abîmes du continuum terrestre ; c'est presque comme si le germe historique – au moment où il sortait à la lumière de ses longues racines – s'étendait sur la surface, au même titre que les branches de l'arbre s'étendent en les feuilles et les arches d'un édifice évoluent en la coupole, se tenant ainsi ensemble[4].

Le rhizome de l'histoire

Les analogies entre le mosaïque du maintenant, la ramification du germe et l'unité constructrice arches-coupole, relèvent du sens de l'isomorphe topologique. Puisque, à l'encontre d'autres géométries, la topologie ne relève pas d'une approche quantitative. Elle étudie les propriétés

1. *Von der Bebauung der Erde*, p. 41.
2. Cf. Manfredo Tafuri, *op. cit.*, p. 11-77.
3. Cf. Reinhart Koselleck, « Le concept d'histoire » (« Geschichte », 1975), *L'expérience de l'histoire*, Seuil-Gallimard, Paris, 1997, p. 25.
4. *Von der Bebauung der Erde*, p. 55.

de voisinage et de hiérarchie entre points, surfaces ou volumes [1] du point de vue qualitatif. C'est en ce sens que l'on peut, afin de suivre l'usage spécifique du dessin dans l'argumentation schwarzéenne, invoquer ici la topologie. Car, Schwarz propose l'abstraction de formes en graphes, à des schémas, donc, qui consistent en points et en lignes. Il attribue des propriétés physiques ou morales aux points, tandis que les lignes qui les relient représentent des types de relation. Sur ses dessins, le point signifie un moment, un événement. La surface horizontale représente une aire synchronique. L'accumulation des strates horizontales est le passage du temps historique. Les lignes qui relient des points sont les relations causales entre moments historiques. Le mouvement ascendant, symbolise la tendance vers le futur, vers l'anoblissement et la lumière. Le mouvement descendant exprime la tendance vers le passé, vers l'obscurité et l'imparfait, etc.

Une compilation de ces principes est appliquée au concept de « rhizome des temps » (*Zeitengewächs*) [2], invoqué afin d'accentuer la complexité du phénomène historique. L'édifice terrestre – horizontalement stratifié – est aussi verticalement enfilé, Schwarz remarque-t-il, effectuant ainsi une première transformation du concept initial de stratification [3]. Le passage de l'horizontale à la verticale signale la modification du regard : non plus accumulation statique des événements – *Historiæ* ; au contraire, interprétation dynamique de la succession temporelle selon des modèles complexes – *Geschichte* [4]. Quant à la strate du présent, celle-ci forme la surface de cet édifice de profondeurs incalculables, dans lequel s'enfoncent les racines fines qui donnent vie à la postérité [5].

> Le présent est, donc, ce lieu temporel horizontal où toutes les ficelles de la tradition s'intègrent dans un ensemble cohérent. Tandis que chaque petite ficelle est en soi plusieurs fois ramifiée, transmettant une mélodie temporelle, la condition du présent est complètement monotone. Elle

1. C'est ainsi que fut par ailleurs possible la construction de modèles cosmologiques et spatiotemporels ; cf. G. Geymonat, A. Sanini, P. Valabrega, « Geometria e topologia », *Enciclopedia Einaudi*, t. VI, p. 723 *sq*.

2. Cf. *Von der Bebauung der Erde*, p. 49-51.

3. *Von der Bebauung der Erde*, p. 24.

4. Cf. la distinction que fait Reinhart Koselleck entre l'ancient terme *Historie* (récit de ce qui est advenu) et *Geschichte*, ce dernier étant le « collectif singulier qui caractérise l'ensemble des histoires particulières en tant que « quintessence de tout ce qui s'est passé dans le monde » (Grimm) ; [...] terme qui implique une complexité plus grande que ce que les histoires particulières [*Historiæ*] laissaient présumer jusque-là » ; « L'expérience de l'histoire », *loc. cit.*, p. 17.

5. Cf. *Von der Bebauung der Erde*, 25.

s'étend, tel un miroir plat, par-dessous du futur, qui bouillonne encore là haut. [...] [1] (fig. 7).

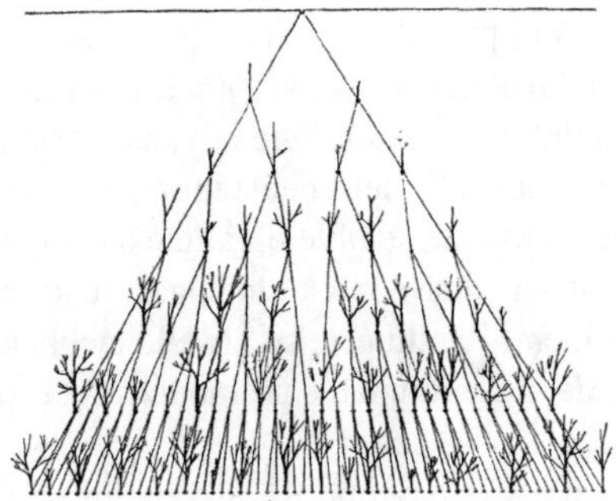

figure 7

À ce point, imaginons une coupe verticale du « miroir » du maintenant. C'est une ligne horizontale, lieu géométrique du contemporain, au dessous de laquelle sont suspendues des tiges innombrables. En fait, chaque tige, qui par sa petite pointe participe à la formation de la contemporanéité, est en soi composée de plusieurs séquences temporelles qui se ramifient incessamment vers le temps antérieur. En effet, cet arbre inversé dispose d'un degré de complexité encore plus grand. Car, souvent, la séquence événementielle conduisant à la pointe de la tige est imprégnée d'autres séquences qui évoluent vers le futur, des vrais arbres nouveaux, fertiles de conditions futures. Entre eux il existent des aires vides, infertiles, où l'histoire n'aurait plus rien à donner. Tel un étang sur la surface duquel les nénuphars flottent, leurs longues tiges s'enfonçant dans le marécage, le paysage du temps cache par un rhizome dense, impénétrable, dissimulant la postérité [2] (fig. 8).

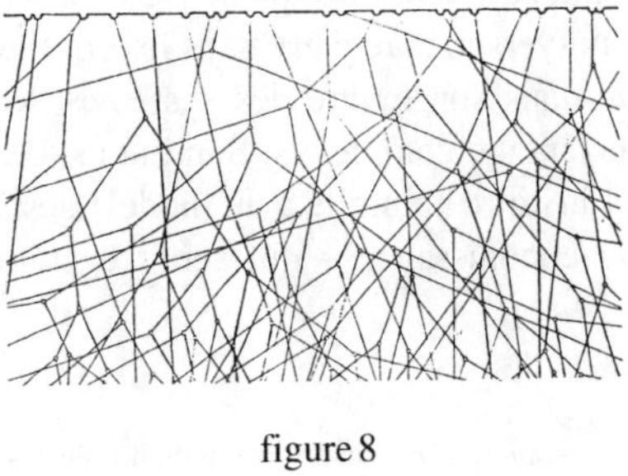

figure 8

1. *Ibid.*, p. 26-27.
2. *Ibid.*, p. 50-51.

Dans une telle configuration de l'histoire, on aurait du mal à appliquer une causalité quelconque, remarque Schwarz, en critiquant une écriture positiviste de l'histoire. Car les séquences événementielles sont infiniment complexes, leurs liaisons probables bien cachées ou dissimulées. Ce qui en sort à la surface – et ainsi revenons-nous aux images du mont des temps – est une mosaïque multicolore, désordonnée, sans indications préalables du futur. Tout déterminisme est évidemment renoncé [1].

Cette démarche graphique semble parallèle à celle de Paul Klee : si le peintre tente à visualiser l'harmonie et le chaos, le cosmos en stabilité et l'univers en mouvement, l'architecte se pose la tâche de juxtaposer l'immobilité historique de la communauté prémoderne et la tension de l'image historique moderne.

Mais Schwarz, n'est-il pas opposé aux prémisses idéologiques du Bauhaus ? Certainement, mais son parti pris ne l'empêche guère d'adopter silencieusement les concepts sur lesquels Klee fonde son travail : le rôle initiateur du point, le schéma énergétique du cercle, les propriétés dynamiques du vecteur, le rendu graphique de l'élément minéral, le mouvement en tant que progression des longueurs et des intensités de lignes [2]. C'est en ce sens que l'on trouve dans *Von der Bebauung der Erde* l'« application génétique de la stratification » (*Schichtung genetisch angewendet*) : des cercles concentriques accumulés en strates successives, afin que « des processus séparés dans le temps [soient] réunis dans un exemple pluridimensionnel de mise en forme simultanée [...] » [3].

Histoire et construction de l'Église : formes de mouvement

La symbolique de la terre, à laquelle Rudolf Schwarz a recours, a évidemment peu à faire avec le temps humain, sauf dans le sens métaphorique du bâtir. L'architecte reste conséquent avec son parti pris initial, sur la primauté du temps universel, enregistré dans les configurations terrestres. Pourtant, on trouve dans son œuvre des systèmes de représentation du temps historique davantage complexes. Son but est de passer finalement d'une narration de l'histoire naturelle à un modèle gestaltiste – une forme fondamentale de *re*-connaissance – qui serait également applicable au

1. *Ibid.*, p. 52.

2. Cf. Paul Klee, *Das bildnerische Denken,* Benno Schwabe and Co, Bâle, 1956 : « das kosmogenetische Moment ist da... », p. 4 ; « Kreis als Strahlung... ist regiert vom Zentrum aus ; Beziehung zum Innersten », p. 30 ; « der symbolische Pfeil ist Bahn », p. 409 ; « die Flächenverhältnisse sind ein Ergebnis aus Kräften », p. 302.

3. Paul Klee, *Histoire naturelle infinie,* Dessain et Tolra, Paris, 1977, p. 123-127 (éd. orig. : *Unendliche Naturgeschichte,* 1970).

temps historique, à la structure de la société et à la structure interne de l'homme.

Les configurations de la stratification et du rhizome convenaient sans doute partiellement pour une représentation du caractère aléatoire et imprévisible de l'histoire. Néanmoins, une autre configuration devrait lui succéder – une configuration qui met en évidence la « dissolution agile » (*bewegliche Gelöschtheit*) de l'homme contemporain, comme Schwarz le prescrit-il dans son article précoce sur l'image de l'histoire [1]. La nouvelle construction devrait mettre en avant la précision et l'ordre des rapports (temporels et spatiaux) fondés sur les lois de la forme, restant néanmoins primaire, avec un degré minime de spécificité ; un ordre selon lequel la forme est façonnée en soi ; un ordre « où les choses se décident elles-mêmes [2].

L'apostrophe sur la valeur d'une forme générique de l'histoire, quoique nietzschéenne en sa dévaluation du spécifique et du précis [3], n'empêche pas Schwarz de lancer une recherche pour des véritables, concrètes et construites, *Erkenntnisformen.* C'est ce qu'il entreprend avec ses projets d'espaces religieux. La réhabilitation du château Rothenfels, près de Francfort, en siège du Quickborn (1924-1928), l'église de la Sainte Communion à Aix-la-Chapelle (1929), l'église de Sainte Anne à Düren (1951-1956), sont des étapes importantes de son travail, au-delà de leur qualité architecturale incontestable. Car, ces projets, parmi d'autres, dévoilent la graduelle élaboration d'une *Gestaltlehre,* formée à travers le regard combiné, d'une part des organisations spatiales des communautés traditionnelles et modernes et, d'autre part, de la temporalité que celles-ci enregistrent.

La réflexion de Schwarz sur la forme de l'espace religieux et son rapport avec la conscience historique apparaissent pour la première fois dans *Vom Bau der Kirche,* en 1938 [4] :

> Nous cherchons la forme quotidienne fondamentale, l'espace des hommes éveillés, qui sont placés dans le temps et qui sont députés dans l'histoire, qui savent qu'ils ont une patrie et que, pourtant, ils doivent

1. Cf. « Auf dem Wege für eine neue Geschichtsbild », *loc. cit.*, p. 426.

2. *Ibid.*, p. 426-427.

3. Dans un autre article des années 1920, Schwarz indique l'impact agaçant de la connaissance sur la volonté créatrice, en citant Nietzsche ; cf. Rudolf Schwarz, « Die Großstadt als Tatsache und Aufgabe », *Die Schildgenossen,* année VII (1927), t. IV, p. 302 : « Nietzsche sagt, wer einmal das Wesen der Dinge erkannt habe, der möge nicht mehr handeln. "Die wahre Erkenntnis, der Einblick in die grauenhafte Wahrheit, überwiegt jedes zum Handeln antreibende Motiv ».

4. Rudolf Schwarz, *Vom Bau der Kirche,* Werkbund, Würzburg, 1938 ; deuxième édition : Schneider, Heidelberg, 1947 ; troisième édition : *Kirchenbau,* Kerle, Heidelberg, 1960 ; trad. en anglais : *The Church Incarnate,* Henry Regenery, Chicago, 1958.

> suivre un chemin [...] Nous cherchons la configuration [Gestalt] de l'église à travers les temps [...][1].

Schwarz entend donner forme tant à l'édifice religieux qu'à la communauté ecclésiastique dans la condition moderne, voire avec des prescriptions de durée. Il est significatif qu'à la même époque le psychologue Kurt Lewin – élève d'Ernst Cassirer au Berlin wilhelminien – fait aux USA des expériences psychologiques reliées à la question du lieu. Dans ce qu'il appelle « psychologie topologique » il développe l'idée d'un *more geometrico* censé exprimer en termes géométriques les rapports entre des groupes sociaux et les lieux qu'ils occupent. Il affirme que la psychologie devrait exprimer ses concepts par le moyen de graphes faisant la correspondance entre certains procédés et des éléments psychologiques, tel que le rassemblement ou la mobilité sociale, et certains modèles de géométrie topologique (concernant les lieux) ou de géométrie hodologique (concernant les chemins)[2].

Ce que l'architecte ajoute au gestaltisme de Lewin est le thème de la durée, dimension sine qua non d'une approche durable de la planification. Sa préoccupation dépasse donc le synchronique, sous l'hypothèse selon laquelle l'organisation spatiale des groupes humains signale aussi leur disposition par rapport au temps; autrement dit, que l'établissement humain comporte, lui-même, de par ses traits topologiques, une image de l'histoire. Toujours sceptique devant les grands mouvements qui bouleversent son siècle, mais en restant avec conscience dans la contemporanéité, Schwarz s'appuie sur son hypothèse afin d'esquisser l'homme qui est finalement la cible du nouvel art de l'aménagement. S'agit-il de l'homme d'une économie agraire, rassemblé en petites communautés autour du clocher de son église, celui qui tisse avec ses trajets quotidiens les champs[3], celui qui vit dans un cosmos de courbure spatiale (*geräumige Wölbung*) et de plénitude ininterrompue (*ununterbrochene Fülle*), représentées par les symboles du cercle et de la sphère[4] (fig. 9)? Ou est-ce – comme dans *Von der Bebauung der Erde* – l'homme du monde industriel, rassemblé dans des conglomérats qui s'étendent infiniment le long des axes de transport, celui qui pendule quotidiennement entre le foyer et l'usine, celui qui fait l'expérience d'un univers en tension et en mouvement[5] (fig. 10)?

1. *Vom Bau der Kirche*, Schneider, Heidelberg, 1947, p. 45.
2. Cf. Kurt Lewin, « Studies in Topological and Vector Psychology », *University of Iowa Studies*, t. XVI, n. 3, 1940, p. 16.
3. Cf. *Von der Bebauung der Erde*, p. 74-83.
4. Cf. *Vom bau der Kirche*, p. 21-44.
5. Cf. *Von der Bebauung der Erde*, p. 101-106.

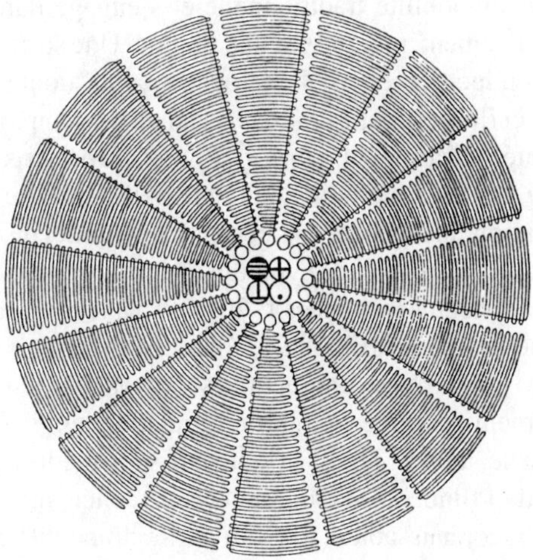

figure 9

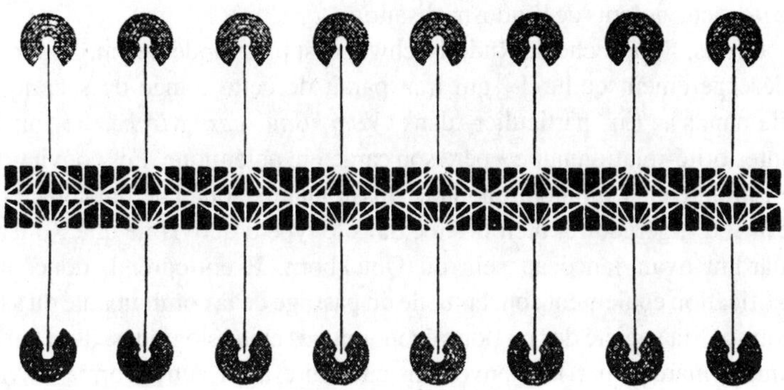

figure 10

Cosmos immobile *versus* univers mouvementé : le bipôle conceptuel qu'Alexandre Koyré développe à partir des années 1930[1], trouve dans la pensée opérationnelle de Rudolf Schwarz une application inattendue. Mais c'est dans *Vom Bau der Kirche,* que l'on trouve le complément nécessaire aux idées de l'architecte, en ce qui concerne les conditions antithétiques qui marquent le passage d'une image de l'histoire à l'autre. Dans un moment critique de l'histoire allemande, Schwarz contemple le corps social qui

1. Se rapporter à : *Études galiléennes,* Paris, 1939 ; « Le vide et l'espace infini au XIVe siècle », in : *Archives d'Histoire doctrinale et littéraire du Moyen-Age,* t. XVII, Paris, 1949.

abandonne son immobilité traditionnelle et s'engage dans un processus spirituel de mouvement, marqué par une finalité. Une sorte de marche sous une lumière conductrice en est l'analogue spatial, donnant – paradoxalement ? – sens et fin aux configurations linéaires des temps industriels.

C'est la matérialisation d'un *processio* – soit processus historique, soit procession religieuse, soit production industrielle –, qui se trouve derrière toute configuration linéaire schwarzéenne. Le potentiel de la ligne comme vecteur de forces, sa capacité de symboliser une harmonie dans la tension, intriguait l'auteur depuis les années 1920, où il parvenait à une des analyses les plus pertinentes de la technique[1]. Gardons de ce travail de vocation philosophique les termes antithétiques « *Innerlichkeit-Bezogenheit* », traduits librement comme « intériorité-relationnalité »[2]. Inspirée du contraste entre le monde fermé et autosuffisant médiéval, et le monde ouvert, extensif et fluide de la modernité, cette conceptualisation présente des traits bien reconnaissables : elle fait partie d'une réflexion centenaire des intellectuels allemands – de Johann Gottfried Herder à Wilhelm Heinrich Riehl et de Ferdinand Tönnies à Paul Schultze-Naumburg, – sur les impacts violents de l'industrialisation.

Certes, l'approche de Rudolf Schwarz est plus modérée par rapport au « désespérément culturel » qui transparaît de cette lignée de sceptiques Allemands[3]. En particulier dans *Vom Bau der Kirche,* le bipôle « intériorité-relationnalité » perd son caractère polémique. Les convictions de l'architecte y ajoutent une note missionnaire, soutenue davantage par l'esprit d'ingénieur et bien insérée dans le type d'activisme que Romano Guardini avait lancé au sein du Quickborn. Il entreprend, donc, une justification également conceptuelle du passage de la communauté du sang et du sol à la société des rapports économiques et idéologiques, d'un temps humain marqué par le mouvement circulaire à un autre, formé suivant

1. Se rapporter à Rudolf Schwarz, *Wegweisung der Technik... op. cit.*; Walter Riezler, éditeur de la revue *Die Form,* place l'ouvrage parmi les contributions les plus importantes sur la technique, au côté de celui de Friedrich Dessauer, *Philosophie der Technik,* Fr. Cohen, Bonn, 1926, et celui de Oswald Spengler, *Der Mensch und die Technik, Beitrag zu einer Philosophie des Lebens,* C. H. Beck, Munich, 1931.

2. Cf. *Wegweisung der Technik...,* p. 15-16; sur l'approche romantique du corps catholique au Moyen Age, se rapporter aussi à l'ouvrage polémique de Paul Ludwig Landsberg, *Die Welt des Mittelalters und wir, Ein geschichtsphilosophischer Versuch über den Sinn eines Zeitalters,* F. Cohen, Bonn, 1925.

3. Le terme provient de l'étude de Fritz Stern, *Politique et désespoir : les ressentiments contre la modernité dans l'Allemagne préhitlérienne,* Armand Colin, Paris, 1990 (éd. orig. : *The Politics of Cultural Despair : A Study in the Rise of the Germanic Ideology,* 1961).

l'organisation linéaire de la production industrielle[1]. Au fond, il donne du sens au passage de la *Gestalt* structurante du cercle à celle de la ligne.

Processio signifie finalement la validation de l'espace temporel linéaire. Il s'agit d'une correspondance précise entre temps et lieux événementiels, rendue valable lors de la mise en évidence du « but » historique. Schwarz se réfère à la « grande Histoire », l'Histoire avec un H majuscule.

> Cette grande histoire se déroule de la manière suivante. D'abord les choses reposent dans un abri calme autour de son centre, entièrement retournées vers l'intérieur. Ensuite une fente apparaît en haut, au sommet, ou sur la circonférence. La forme fermée se déchire, l'abri s'entrouvre et la figure se répand dans l'ouvert. L'espace quitte la forme, le voyage commence. Au début pleine de force, peu à peu, elle [la figure] se fatigue au niveau du point haut mort; des forces contraires interviennent et, finalement, elle arrive à l'immobilité. [...] Un nouveau centre est là et autour de lui, dans la nouvelle sphère, le nouveau monde est assemblé[2].

Reconnaissant la force de conviction des configurations visuelles, Rudolf Schwarz essaie de suivre avec son bout de crayon le processus qu'il décrit(départ, voyage, arrivée). Deux moments de stabilité et, entre eux, un vecteur de mouvement, désignent une conception cinétique de l'histoire humaine. Un nouveau symbole resurgit, celui d'un arbre double avec deux centres de ramification: celui du départ, qui représente un mouvement centripète, de la communauté en préparation pour l'aventure historique, et celui de l'arrivée, point centrifuge, lieu menant à la transcendance. Le bâtiment idéal façonné selon cette *Gestalt* est nommé « la cathédrale de tous les temps » (*der Dom aller Zeiten*). Selon l'architecte, c'est une configuration complète en soi, symbole de l'accomplissement d'une harmonie en la tension, représentation du Tout (fig. 11).

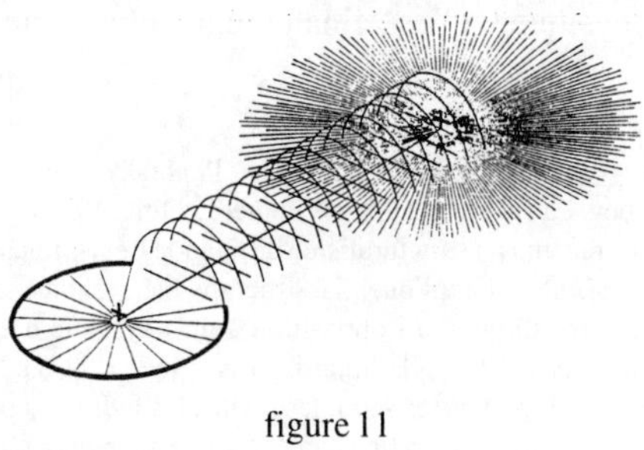

figure 11

1. Sans aucun doute, l'ouvrage qui a declenché une reflexion mondiale sur cette nouvelle organisation, inspirant aussi une nouvelle vision du monde, est celui de Henry Ford, *My Life and Work*, Garden City Publishing Co., Inc., Garden City, New York, 1922.

2. *Vom Bau der Kirche*, p. 130.

> Dans cette cathédrale, le temps arrive à sa fin. Sa forme est contenue dans l'éternité, [elle est] forme limitrophe du temps et silhouette de l'éternel. Ses contours englobent tous les espaces du temps, ils signalent l'histoire et la façon dont elle se différencie de l'atemporel [...][1].

LA TOPOLOGIE DU TEMPS HUMAIN ET LA THÉORIE D'AMÉNAGEMENT

Pendant que le dialogue culturel en Allemagne d'entre-deux-guerres arrive à ses conséquences extrêmes, entraînant aussi les architectes qui se consument autour des implications idéologiques du « toit plat », Rudolf Schwarz occupe avec son raisonnement une position médiane. Selon lui, le problème n'est pas si les formes artistiques transmettent le message d'une acceptation ou d'un renoncement de l'histoire. Car, élément central de sa *Gestaltlehre* est que toute forme, de par son apparition dans le monde sensible, transmet une idée de mise en ordre, directement liée à un niveau technique de production. Et, ces dernières notions – *Ordnung* et *Technik* – sont, si l'on suit l'argumentation schwarzéenne, des catégories historiques, ayant pourtant une base transhistorique. Autrement dit, elles se forment dans l'histoire, mais, malgré leur apparente évolution, elles ne font que transcrire une structure fondamentale de vocation universelle. Il s'agit là d'une position holistique, qui réapparaît dans une multiplicité de champs, tels que l'histoire de l'art, la physique, l'anthropologie et la sociologie.

Une structure géométrique, simple mais persistante, transparaît derrière cette disparité d'applications : la structure de l'arbre. C'est ainsi qu'Erwin Panofsky peut expliquer la parité entre les poteaux des cathédrales et le système de classification nominaliste[2]; que Louis Dumont et Claude Lévi-Strauss parviennent à une analyse de la hiérarchie des castes[3]; que Werner Heisenberg, désigne un chemin de recherche pour l'unification des champs en physique[4]. C'est, finalement, selon cette même structure

1. *Ibid.*, p. 131.

2. Se rapporter à l'œuvre majeure d'Erwin Panofsky, *Gothic Architecture und Scholasticism,* Archabey, Latrobe-PA, 1951 (Wimmer Lecture, 1948).

3. Louis Dumont a recours au structuralisme de Claude Lévi-Strauss, à la *Gestalttheorie* et à la phénoménologie, afin d'expliquer la structure hiérarchique des castes indiennes comme un « système de relations », à l'opposition à un « système d'éléments » ; cf. Louis Dumont, *Homo Hierarchicus* (1954), Gallimard, Paris, 1966, p. 59-63. Dumont fait pourtant la critique aux métaphores organicistes selon lesquelles les individus sont des cellules d'un organisme dont la vie marque l'intégration; à ce sujet se rapporter à la position de Alfred Reginald Radcliffe-Brown, in : *Structure et société dans la société primitive* (éd. or. : *Structure and Function in Primitive Society,* 1952), Paris, Minuit, 1968, Introduction.

4. Se rapporter à la pensée philosophique du physicien Werner Heisenberg, in : *La partie et le tout,* (éd. or. : *Das Teil und das Ganze,* 1969), Flammarion, 1990, en particulier « Discussions sur la relation entre physique et religion » (1927), p. 118-131. Cf. aussi,

arborescente que Rudolf Schwarz propose une lecture du temps humain, en appliquant cette même structure à l'aménagement du territoire.

La ville devient le « corps de l'histoire » [1], suivant également la configuration fondamentale de la cathédrale. Au même titre qu'elle, l'espace urbain a deux pôles : d'une part, un pôle sombre, celui du point d'entrée, qui à l'échelle urbaine correspond aux lieux d'extraction de la matière brute. Au point diamétralement opposé se trouve le pôle éclairé, celui de l'autel ou – à l'échelle urbaine – celui de la « cité haute », symboles visuels de la transcendance, tant pour la communauté des fidèles, que pour les citoyens d'une ville étendue dans le paysage. Et encore, lieu du marché, justificatif du processus productif et lieu de représentation du public, générateur du sentiment haut de « chez soi » (*heimliches Gefühl*) pour les habitants des cités ouvrières et des villages agraires (fig. 12).

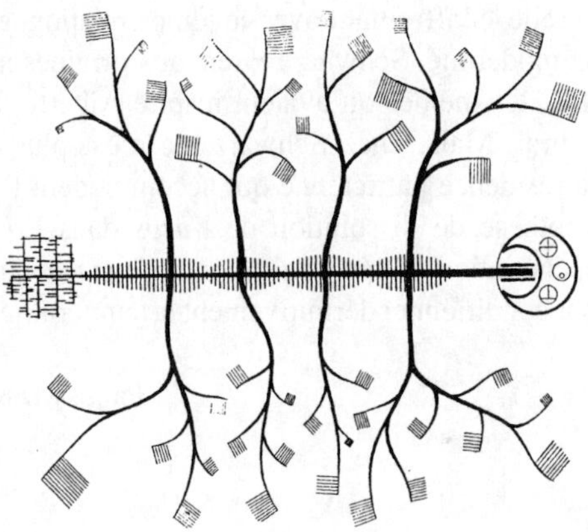

figure 12

« Particules élémentaires et philosophie de Platon » (1961-1965) : « Les particules élémentaires incarnent pour ainsi dire les symmétries, elles constituent leurs représentations les plus simples ; mais elles sont seulement une conséquence des symmétries. Dans l'évolution du cosmos le hasard intervient ultérieurement. Mais même ce hasard s'ajuste aux formes fixées au commencement [...]. Lorsqu'on parle ainsi, on se trouve bien sûr déjà en pleine philosophie de Platon. Les particules élémentaires peuvent être comparées aux corps réguliers du Timée de Platon. Ce sont les images originelles, les idées fondamentales de la matière. L'acide nucléique est l'idée fondamentale de l'être vivant. Ces images originelles déterminent tous les phénomènes ultérieurs. Elles sont les représentants de l'ordre central. Et même si, au cours du développement de la multitude de structures existantes, le hasard vient plus tard jouer un rôle important, il se pourrait que ce hasard lui-même soit d'une certaine façon relié à l'ordre central », (λ) p. 324.

1. *Vom Bau der Kirche*, p. 131.

Si les plans réels des villes que Rudolf Schwarz a développé pour la région de Thionville (1941-44) et pour Cologne (1948-52) ne suivent pas avec fidélité ce schéma, c'est justement parce qu'ils ont été étudiés à un niveau topologique et non pas géométrique. Ce qui aurait permis leur libre extension dans la campagne et la formation de véritables villes-paysages (*Stadtlandschaften*), lieux de fusion des mondes agraire et industriel dans un nouveau schéma conceptuel, censé s'inscrire dans une nouvelle historicité.

Terre historiée – *Geschichtete Erde* –, le paysage urbanisé « raconte » une image qu'on saurait qualifier de figée, puisque toute mouvance lui est intérieure, sans pouvoir modifier son *Innerlichkeit* fondamentale. En effet, la « ville-paysage » de Rudolf Schwarz laisse ressortir, à travers ses multiples déclinaisons spatiales, l'hypothèse de la permanence d'une structure temporelle. S'affrontant avec le temps relationnel et infiniment fragmenté de la modernité, Schwarz revient aux origines néoplatoniciens de la temporalité, les mêmes qu'avaient inspiré Alberti dans son humanisme architectural. Mais, chez Schwarz, ce n'est plus la pierre et la topologie de la résidence patricienne qui accommodera l'*aion* plotinien. C'est par l'hypothèse de dissolution de l'*urbs* dans l'*orbs,* et de leur mutuelle interpénétration et réorganisation incessante que l'idéalité du Tout ressort pour conditionner définitivement la temporalité humaine.

Panos MANTZIARAS
Paris

STRUCTURE, SPATIALISATION ET ARCHÉOLOGIE, OU : « L'ÉPOQUE DE L'HISTOIRE » PEUT-ELLE FINIR ?

> *Il s'apercevait maintenant qu'il avait perdu le sens de cette narration primitive à quoi notre vie privée reste encore attachée bien que tout, dans notre vie publique, ait déjà échappé à la narration et, loin de suivre un fil, s'étale sur une surface subtilement tissée.*
>
> R. Musil, *L'Homme sans qualités* (trad. P. Jacottet, Seuil, t. I, p. 776).

Dans la discussion qui l'oppose à Walter à propos de la possibilité de croire encore à l'unité d'un projet de vie, et de « l'ambition [...] d'être quelque chose d'entier », Ulrich déclare : « cela n'existe plus [...]. Tu n'as qu'à jeter un coup d'œil dans le journal. Il est rempli d'une opacité démesurée. Il y est question de tant de choses que cela dépasse de loin la capacité de pensée d'un Leibniz » [1].

Cette remarque intervient au chapitre 24 de *L'Homme sans qualités,* chapitre justement décrit par Peter Sloterdijk comme une « tentative de jouer la nouvelle ontologie des médias, décentrée et pour ainsi dire sans sujet, contre la vieille ontologie de la totalité » [2]. Nous n'avons cessé d'expérimenter, depuis Musil, les effets dissolvants de la nouvelle ontologie des médias évoquée par Sloterdijk, dans laquelle l'être scintille de partout et de nulle part, où le regard est tour à tour capté et indifférent à ce qui lui est présenté du reste du monde en un flux continu, si bien que chaque partie du monde peut se percevoir avec une relativité nouvelle, comme étant préci-

1. Robert Musil, *L'Homme sans qualités*, t. 1, trad. fr. P. Jacottet, Paris, Seuil, 1956, rééd. Points, 1982, p. 261.

2. Peter Sloterdijk, *Critique de la raison cynique,* trad. fr. H. Hildenbrand, Paris, Christian Bourgois, 1987, p. 622.

sément le « reste du monde » pour un autre pôle, au sein d'une « actualité permanente » régulièrement réapprovisionnée en « événements ».

C'est cependant un autre type de « relativisation » qui a surtout retenu l'attention de Musil dans sa réflexion sur l'histoire et le progrès, à savoir celle qui devrait découler de l'application des instruments statistiques à la compréhension de la vie sociale. Par les régularités parfaites qu'elle met au jour, la loi des grands nombres dissout en effet les motifs intimes des actes apparemment les plus personnels (suicides, divorces, etc.) pour les couler dans la mathématique inexorable des décomptes annuels. On dira qu'il ne s'agit là que de cette dimension de la vie sociale « quotidienne » ou « régulière » à laquelle ce qu'on appelle « histoire » s'oppose précisément comme l'événement s'oppose au train-train, l'exceptionnel au quotidien. Mais est-ce bien sûr? Toute la question est de savoir si cet « exceptionnel » n'est pas, au même titre que l'événement que représente un suicide ou un divorce dans une vie, régi par un certain système d'interactions dont la causalité nous échappe : autrement dit, tel que le formule Ulrich, il y a lieu de se demander « s'il faut chercher là-derrière quelque mystérieuse loi de la totalité ou si, tout simplement [...] le sens du monde peut être découvert en faisant la moyenne de ce qui n'a pas de sens » [1]. Le soupçon selon lequel le « sens » historique n'est que le produit d'une somme de non-sens hante bien la conscience contemporaine, mais le genre de réflexions que développe Ulrich choque la conscience classique de l'historicité en soulignant le fait que les *possibilités* que nous ne savons pas calculer sont infiniment plus riches et complexes que les pauvres projets et que les pâles idéaux que se donnent les acteurs historiques.

Pour caractériser le sentiment d'Ulrich d'une perte de sens du récit, du moins dans le domaine de la vie publique « mondialisée », Musil recourt naturellement à la métaphore de la surface et du tissu, dont la spatialité offrirait à la vue une multiplicité de facteurs, un « système infini de rapports dans lequel on n'eût plus trouvé une seule de ces significations indépendantes telle que la vie ordinaire en accorde, dans une première et grossière approximation, aux actions et qualités » [2]. La parenté de cette perception musilienne de l'éclatement de l'unité du récit avec une certaine thématique « structuraliste » a été souvent notée, et il n'est guère étonnant que viennent spontanément sous la plume de Sloterdijk, à ce propos, des expressions aux consonances structuralistes, comme celle d'« ontologie décentrée, sans sujet ». Le privilège accordé à la surface comme trame de rapports irréductibles au vécu d'une conscience et à sa temporalité propre constitue

1. Robert Musil, *L'Homme sans qualités*, t. 1, *op. cit.*, p. 585.

2. *Ibid.*, p. 301. Voir Jean-François Peyret, « Musil ou les contradictions de la modernité », *Critique*, n°339-340, août-septembre 1975.

en effet l'un des traits marquants de ce qui a été désigné un temps comme « structuralisme », et peut-être davantage qu'un simple système d'images. L'ébranlement d'une compréhension de l'Histoire pensable sur le modèle de la vie d'un sujet est passée, là aussi, par une réévaluation des rapports spatiaux, ceux-là mêmes qui résistent à la totalisation par une conscience. L'espace efface le sujet.

Revenir aujourd'hui sur certaines discussions qui ont eu lieu en France autour du « structuralisme » et de ses effets sur la pensée de l'Histoire est malaisé, non pas tant en raison des bruyants et superficiels faire-part de décès qui ont accompagné l'annonce d'un « retour du sujet » que dans la mesure où cela implique de passer outre les mises en garde des acteurs mêmes de cette discussion. L'un des principaux d'entre eux, Foucault, écrivait en effet dès 1969, à la fin de *l'Archéologie du savoir* : « mais laissons là, si vous le voulez bien, les polémiques à propos du « structuralisme »; elles se survivent à grand peine dans des régions désertées maintenant par ceux qui travaillent; cette lutte qui a pu être féconde n'est plus maintenant menée que par les mimes et les forains » [1]. Quitte, donc, à avoir l'air d'un vieux mime égaré un champ de foire déserté par les travailleurs du concept, il me semble que ces polémiques passées, récentes, peuvent être instructives, non seulement parce qu'elles trouvent des prolongements chez des auteurs contemporains non-négligeables pour une réflexion philosophique sur l'historicité qui ne refuserait pas d'intégrer ou de discuter les apports des sciences sociales (comme Paul Veyne, Ricœur, Bourdieu ou Habermas), mais aussi en tant qu'elles ont peut-être été le signe ou le moment de crise de l'« Histoire », ou de la philosophie progressiste de l'histoire, *contestée à partir d'une certaine « spatialisation » structurale* de l'analyse historique. L'étrange sentiment d'Ulrich déborda alors largement les frontières de la Cacanie.

Dans une interview sur la géographie[2], Foucault évoque justement avec amusement une critique adressée à son style et à ses concepts qui seraient marqués par la « spatialisation » : le recours fréquent de Foucault à des notions d'« espace » (espace stratégique, espace de dispersion), ou à des métaphores spatiales (champ, domaine, région, déplacement, etc.), trahirait une vision négative de l'Histoire, voire une négation pure et simple de l'historicité : l'« espace » étant statique, mort, donc réactionnaire, le « temps » du côté du mouvement, du changement, donc du progrès, on comprend que l'accusation a une portée plus politique qu'épistémologique. L'ironie de Foucault face au simplisme de cette dichotomie vise bien sûr

1. Michel Foucault, *L'Archéologie du savoir*, Paris, Gallimard, 1969, p. 261.

2. « Questions à Michel Foucault sur la géographie », *Hérodote*, n°1, janvier-mars 1976, repris *in* Michel Foucault, *Dits et écrits*, Paris, Gallimard, 1994, t. 3, texte n°169.

plus largement une critique souvent adressée au « structuralisme », accusé – notamment par Sartre – de « nier l'Histoire ». La mise au jour de structures inconscientes et anonymes, sinon immuables, du moins évoluant selon leurs lois propres et mystérieuses, inaccessibles à la conscience et à l'intervention des agents humains aboutirait à une négation de la conscience et de la praxis historiques, de la capacité humante à transformer le monde. Or si l'assimilation de l'espace à quelque chose de « conservateur », de « mort », est évidemment tournée en dérision par Foucault, celui-ci ne rejette pourtant pas l'idée que l'approche « structuraliste » de l'histoire implique une certaine spatialisation et qu'elle mette en cause par là même une certaine idée de l'Histoire. Il semble au contraire qu'une grande part de l'intérêt que Foucault a pu manifester pour le structuralisme (en s'y incluant parfois[1], rarement, en s'en démarquant le plus souvent[2], mais en synthétisant ses acquis et en soulignant toujours *cet* intérêt du structuralisme[3]) tient justement à la façon dont ces notions d'espace, de champ, de relations au sein d'un système de simultanéités ont pu contribuer à perturber, à transformer notre vision de l'Histoire – à détruire ce que Foucault nomme un « mythe de l'Histoire », dont l'idéalisme aurait justement partie liée avec le privilège absolu accordé à la succession, à l'ordre temporel, au mépris de l'espace. En quoi consiste ce « mythe » ?

La formule « mythe de l'Histoire », « mythe philosophique de l'histoire », apparaît dans la réplique de Foucault à Sartre, avec une autre formule polémique : « l'Histoire pour philosophes », Foucault déclarant : « le mythe philosophique de l'histoire, ce mythe philosophique que l'on m'accuse d'avoir tué, eh bien, je suis ravi si je l'ai tué »[4]. Formule polé-

1. Voir par exemple Michel Foucault, *Dits et écrits, op. cit.,* t. 1, n°47, où Foucault, que son interlocuteur présente comme le « grand prêtre du structuralisme », réplique qu'il n'en a été que « l'enfant de chœur » mais dégage quelque chose comme une « philosophie du structuralisme » ; voir aussi t. 2, n°103 ; ou t. 4, n°281, p. 52.

2. Voir Michel Foucault, *Dits et écrits,* t. 1, p. 599, 665, 788, 816-817, 838 ; t. 2, p. 133 ; 296 ; 373-4 ; 636 ; t. 3, p. 579 (« On a dit que j'étais structuraliste et anti-historien alors que je n'ai rien à voir avec le structuralisme et que je suis historien »), t. 4, p. 435.

3. Voir « Revenir à l'histoire » (conférence prononcée à l'université de Keio le 9 octobre 1970, parue dans *Paideia* n°11, 1972) in *Dits et écrits,* t. 2, n°103, p. 268 : « le structuralisme, au moins dans sa forme première, a été une entreprise dont le propos était de donner une méthode plus précise et plus rigoureuse aux méthodes historiques ». Cf. *ibid.*, p. 281, et t. 3, p. 579 : « ce que l'on a appelé structuralisme se caractérisait justement par certaine libération ou affranchissement, déplacement, si vous voulez, par rapport au privilège hégélien de l'histoire » et p. 581 : « c'est une chose importante que le structuralisme [...] ait essayé de faire apparaître une sorte de temps différent [...] il n'y a pas un seul temps à la manière hégélienne ou bergsonienne, une espèce de grand flux qui emporterait tout, il y a des histoires différentes, qui se superposent ».

4. Michel Foucault, « Foucault répond à Sartre », in *Dits et écrits*, t. 1, p. 667 (entretien avec J.-P. Elkabbach, d'abord paru dans *La Quinzaine Littéraire,* n°46, 1-15 mars 1968).

mique, problématique, mais dont on voit bien ce qu'elle vise : non pas tant, en l'occurrence, les tentatives d'unification de l'Histoire autour d'une entité qui assurerait la possibilité d'en totaliser le sens (sous ses grandes modalités : histoire de l'Esprit, histoire de l'Homme, histoire de l'Être), que plus immédiatement, pour citer un autre entretien de la même période, « une conception de l'histoire organisée sur le modèle du récit comme grande suite d'événements pris dans une hiérarchie de déterminations, [...] à la fois projet individuel et totalité », « dernier refuge de la dialectique »[1]. La *Critique de la Raison Dialectique* est évidemment dans la ligne de mire, comme contre-modèle d'une « histoire philosophique » auquel Foucault oppose l'histoire telle qu'elle est pratiquée par les historiens et les représentants les plus éminents des sciences sociales contemporaines. L'idée qu'une nouvelle pratique de l'histoire a émergé des sciences de l'homme et est en passe de ruiner l'histoire telle que l'ont rêvée les philosophes n'est pas propre à Foucault : elle se trouve bien déjà chez Lévi-Strauss ou chez Braudel[2], avec la même cible : non seulement l'histoire politique / événementielle, qui épouse le point de vue des acteurs et s'en tiendrait à l'écume des choses, mais aussi cette forme d'histoire philosophique (ou de philosophie de l'Histoire) conciliant humanisme et dialectique, qui « tord » l'analyse de l'Histoire dans une intention pratique, « humaniste ».

Prenant appui sur cette contestation des privilèges accordés à la continuité, à la conscience, à la praxis et à la politique, Foucault dessine l'idée d'une archéologie, d'une analyse des strates d'histoire, des séries contre le rêve d'unification de la philosophie de l'Histoire en tant que celle-ci réduirait à une série monotone et continue l'extraordinaire pluralité de l'histoire réelle. L'importance de l'*espace* dans la compréhension structurale de l'histoire serait ainsi le signe de la fin de ce que *l'Archéologie du savoir* appellera « l'histoire globale », et pour cette raison, le signe de la fin d'une certaine « époque de l'Histoire ». Or on peut s'interroger sur le statut d'un tel verdict : lorsque Foucault parle d'une « époque de l'Histoire » qui toucherait à sa fin, ne pratique-t-il pas lui-même une forme d'« histoire pour philosophe » ? Est-ce qu'une notion comme celle d'« époque » n'est pas éminemment liée aux illusions de la conscience, ou d'une conscience moderne de l'Histoire qui n'a pas cessé, depuis au moins deux siècles, de désigner dans le présent le point de basculement, la fin d'une époque et le début d'une ère absolument nouvelle ?

1. *Id.*, « Sur les façons d'écrire l'histoire », in *Dits et écrits*, t. 1, p. 586 (entretien avec R. Bellour, d'abord paru dans *Les Lettres françaises*, n°1187, 15-21 juin 1967).

2. Voir par exemple Fernand Braudel, « Histoire et sociologie », in *Écrits sur l'histoire*, Paris, Flammarion, rééd. coll. « Champs », 1969, p. 117.

La formule « époque de l'histoire » apparaît notamment dans un texte de Foucault de la même période, « Des espaces autres »[1], où Foucault n'hésite pas à opposer « la grande hantise qui a obsédé le XIXe siècle », qui aurait été l'Histoire, à une époque présente qui serait « l'époque de l'espace », et à évoquer les « polémiques d'aujourd'hui » (celles dont nous venons de parler) comme mettant aux prises « les pieux descendants du temps et les habitants acharnés de l'espace »[2]. Ces derniers se recrutent visiblement du côté du structuralisme, défini par Foucault comme « l'effort pour établir, entre des éléments qui peuvent avoir été répartis à travers le temps, un ensemble de relations qui les fait apparaître comme juxtaposés, opposés, impliqués l'un par l'autre, bref, qui les fait apparaître comme une sorte de configuration »[3]. Les exemples d'une telle démarche se trouveraient chez Lévi-Strauss ou chez Dumézil.

Le caractère très sommaire des contre-attaques de Sartre peignant Foucault en « dernier rempart de la bourgeoisie » font qu'on pourrait être tenté de n'aborder les *critiques* adressées au structuralisme qu'au niveau où elles semblent prendre davantage de consistance et d'intérêt, c'est-à-dire au plan où l'analyse structurale elle-même prétend généralement se situer : celui de l'étude « régionale » de formations culturelles, et non celui de « l'Histoire pour philosophes », de l'histoire globale. Je pense à des critiques plus ajustées, et plus profondes, comme celles que Ricœur a pu soulever à propos de l'analyse structurale telle que la pratique Lévi-Strauss, ou bien celles qu'a pu développer Bourdieu à propos de la minimisation du rôle des « agents » et des stratégies conscientes dans un certain structuralisme, qui finirait par s'interdire de rendre compte des principes réels du changement historique *dans le cadre même d'une science des formations culturelles, d'une histoire (ou d'une sociologie) des sciences ou des œuvres.* Mais précisément, dans ces deux cas, la critique ne porte pas tant sur la légitimité de l'analyse structurale *comme telle* (reconnue au contraire comme un moment nécessaire) que sur ses *limites,* qu'elle méconnaît parfois, justement lorsqu'elle se généralise au point de former, sciemment ou non, une « autre » philosophie de l'Histoire, serait-ce une « antiphilosophie de l'Histoire », une philosophie de l'histoire comme procès sans sujet. Bourdieu évoque ainsi une « philosophie de l'Histoire » *implicite* au structuralisme, que le plus « philosophe » des structuralistes (ou prétendus tels), Foucault, aurait portée au jour.

1. Michel Foucault, « Des espace autres », in *Dits et écrits*, t. 4, n°360, (Conférence au cercle d'études architecturales, 14 mars 1967, parue d'abord dans *Architecture, Mouvement, Continuité,* n°5, octobre 1984).

2. *Ibid.*, p. 752.

3. *Ibid.*, p. 752.

Il y a donc un certain enchevêtrement des problèmes, dont on peut distinguer trois niveaux, trois étages (qui communiquent), que j'essaierai de parcourir successivement :

1) Le premier niveau de discussion consiste en une discussion méthodologique autour des « effets annexes » du privilège de l'espace sur la diachronie, ou des limites de d'analyse structurale pour la compréhension des formations culturelles. Au sein même de cette discussion, surgit une mise en cause d'une « philosophie de l'Histoire » implicite au structuralisme.

2) On est alors conduit à s'interroger sur le (déplacement de) terrain même de cette discussion, ou sur le fait que cette discussion autour de l'espace et de l'histoire a lieu elle-même à une frontière : celle qui sépare et joint en même temps la philosophie (de l'Histoire) et les sciences de l'homme (ethnologie, histoire, sociologie).

3) La délimitation de la validité d'une analyse spatialisante appliquée à l'Histoire rencontre à son tour l'indication provocatrice de Foucault selon laquelle nous serions passés à une « époque de l'espace », déclaration qui entre en consonance avec le sentiment d'un épuisement d'une certaine vision « moderne » de l'Histoire, centrée sur la praxis.

À ce niveau, on pourrait reposer dans sa brutalité la question des effets « idéologiques », ou des éventuels effets pervers, à l'échelon politique-idéologique, que peut comporter la spatialisation de l'histoire. Il ne s'agirait pas tant pour nous de pleurer la grande geste de la lutte des classes ou de toute autre version du cours de l'Histoire qui nous promettrait l'avènement de l'humanité réconciliée, que de savoir si cette « spatialisation » conceptuelle et métaphorique ne s'accompagne pas, presqu'inévitablement, d'une forme de « territorialisation » accrue de l'Histoire, c'est-à-dire si elle ne conduit pas à donner une importance nouvelle, centrale, à certains cadres géographico-culturels, à l'espace comme aire de civilisation qui commanderait des « histoires » inconscientes de ce niveau profond de détermination. On rejoindrait par là cette sorte de communication entre le thème d'un épuisement de « l'époque de l'Histoire » et une vision « civilisationnelle » voire culturaliste de l'Histoire qui resurgit parallèlement aujourd'hui, en une coïncidence assez logique. On a noté ainsi la succession rapide, au titre des thèses dont la conception et la diffusion fut favorisée par les départements d'État américains comme « nouveaux paradigmes » dans les relations internationales, de Huntington à Fukuyama, du thème du « choc des civilisations » à celui de la « fin de l'Histoire ».

Reprenons donc le fil d'une interrogation sur la valeur heuristique de la spatialisation structurale et sur ses limites, ou de la discussion du privilège de la simultanéité et de la synchronie dans l'analyse structurale. L'intérêt essentiel de ce type d'analyse est de faire apparaître toute une couche de phénomènes, tout un réseau de relations qui restent invisibles pour une approche de l'histoire qui se focalise sur le « cours des événements », sur la succession. Les exemples d'une telle approche sont trop nombreux pour qu'on entreprenne de les évoquer en détail, et en rendant justice à la fécondité (si souvent déniée aujourd'hui) de l'analyse structurale. Foucault cite celui de l'œuvre de Dumézil, qui met en lumière des isomorphismes, des structures idéologiques communes à des légendes ou à des religions différentes (mais appartenant à la même aire de culture, indo-européenne). Cette juxtaposition fait apparaître des écarts significatifs, éclaire autant les différences que les similitudes : comment, ici, un dieu est remplacé par un enfant, comment telle figure le plus souvent symbolisée par trois personnages, est incarnée en un seul là… Pour que les singularités apparaissent mieux par contraste, le premier mouvement d'une telle démarche consiste à arracher ces éléments à la série historique dans laquelle on avait coutume de les étudier exclusivement (par exemple l'histoire romaine) pour les mettre en rapport avec des éléments du même type appartenant à une autre « série ». Or Foucault souligne à juste titre qu'on n'a pas affaire à une négation de l'Histoire avec ce type d'analyses mais bien à un *élargissement du champ de l'Histoire* à d'autres « modes de liaison, beaucoup plus nombreux que l'universelle relation de causalité par laquelle on a voulu définir la méthode historique »[1]. Cet élargissement revient à desserrer l'étau qui limite la définition de l'histoire, en lui assignant pour unique objet des « successions » au sein desquelles il faudrait établir des liens de causalité. Or, souligne encore Foucault, « le successif n'est qu'une dimension de l'Histoire; après tout, la simultanéité de deux événements n'est pas moins un fait historique que leur succession. Il ne faut pas identifier l'histoire et le successif »[2].

L'analyse mythologique mise en œuvre par Lévi-Strauss, ou l'archéologie des sciences entreprise par Foucault lui-même opère une même ouverture à un champ de relations que l'on ne pouvait distinguer en s'en tenant aux histoires singulières, favorise l'apparition de « configurations » à la faveur de ces « coupes » qui isolent un domaine et l'étudient comme système de places, système de différences. Confrontant des éléments appartenant à des versions d'un mythes relevant d'époques successives en neutralisant la question de l'antériorité ou de « l'authenticité », Lévi-Strauss fait ainsi apparaître la constance de certains mythèmes, l'importance d'abord imperceptible de thèmes récurrents, la valeur d'écarts significatifs… Les analyses développées par Foucault dans *Les mots et les choses* font voir, de leur côté, comment des sciences différentes

1. *Id.*, « Sur les façons d'écrire l'histoire », in *Dits et écrits*, t. 1, p. 586.
2. *Id.*, « Linguistique et sciences sociales », in *Dits et écrits*, t. 1, p. 826.

se déploient au sein d'une configuration commune qu'elles constituent, partageant un usage des signes, une conception de l'ordre, etc., qui marquent leur appartenance à une même *épistémè*.

On s'est aussitôt demandé si cette méthode *suffisait* à rendre compte de toutes les formations historiques, et si elle parvenait vraiment à rendre compte du changement. L'insatisfaction que maints lecteurs ont exprimé à cet égard à la lecture de *Les Mots et les choses* (comment passe-t-on d'une *épistémè* à une autre ? Qu'est-ce qui produit ces discontinuités, ces basculements d'une configuration à une autre ? dans quelle mesure est-il possible d'en rendre compte en évacuant de l'espace épistémique les « percées » individuelles – les découvertes –, en mettant entre parenthèses rôle des agents, « actes » conscients de rupture avec un paradigme ?) a-t-elle véritablement reçu une réponse ?

Les critiques de Sartre lui-même (dans l'interview accordée à la revue *L'Arc*) comportent un passage assez plaisant, qui s'appuie précisément sur la métaphore spatiale et « archéologique » de Foucault pour la retourner contre lui : *Les Mots et les choses* prétendent être une archéologie, « une archéologie des sciences humaines », indique le sous-titre. Or ce que Foucault pratique n'est pas une forme d'archéologie, objecte Sartre, puisque l'archéologie « véritable » consiste à retrouver des bâtiments, des outils, des choses qui ont été construites, utilisées par des hommes dans certains buts ; certes, ces produits humains ont été recouverts, ensevelis, ont perdu leur sens « pratique », celui qu'ils recevaient du « monde » où ils étaient employés, et ont ainsi acquis un aspect « naturel », si bien qu'ils apparaissent à celui qui le redécouvre comme des « donnés » bruts ; mais (en écho peut-être aux analyses de *Sein und Zeit* sur l'outil ou le meuble qui traversent des époques et se détachent ainsi du « monde historique » qui leur donnait leur sens pratique immédiat, jusqu'à devenir ces ustensiles que découvre l'archéologue, dont on ne connaît plus l'usage et dont le caractère d'objet, l'étrangeté ressort alors avec une présence d'énigme) Sartre souligne que ce donné « n'en est pas moins le résultat d'une praxis dont l'archéologue retrace le développement ». L'archéologue conséquent tente toujours de reconstituer comment ces choses ont été faites, dans quel but, etc. Et Sartre poursuit : « ce que Foucault nous présente, c'est une géologie : la série des couches successives qui forment notre 'sol' [...] Foucault ne nous dit pas le plus intéressant : comment chaque pensée est construite à partir de ces conditions. Il remplace le cinéma par la lanterne magique, le mouvement par une succession d'immobilités »[1].

Il ne s'agirait donc pas ici d'opposer simplement une pensée de l'Histoire privilégiant le temps d'un côté, à une pensée privilégiant

1. Jean-Paul Sartre, « Jean-Paul Sartre répond », in *L'Arc*, octobre 1966, p. 87.

l'espace, de l'autre : le structuralisme aurait le tort de penser l'histoire sous le régime de la sédimentation (métaphore effectivement très présente chez Foucault), c'est-à-dire comme l'histoire d'un pur espace géologique ; la véritable articulation de l'espace *habité* et du temps *humain*, la véritable *archéologie* consisterait à faire droit à la « construction » passée dans toute son extension, c'est-à-dire à l'activité humaine intentionnelle en tant qu'elle a contribué à « former » et à structurer l'espace en paysage.

Cette critique adressée aux analyses de Foucault a été réactivée récemment, mais cette fois dans la perspective d'une sorte d'*Aufhebung* du structuralisme *et* de la philosophie de la conscience vers la formation d'un « structuralisme génétique », par Bourdieu. Un passage de l'ouvrage de celui-ci, *Les Règles de l'art*[1] consacré à « l'espace des points de vue », débat des « fondements d'une analyse structurale des œuvres culturelles ». À la différence de Sartre, Bourdieu reconnaît l'apport de Foucault et, plus largement, d'une approche structurale à l'étude de la production des œuvres culturelles, des énoncés, des sciences : cette approche aurait le mérite de dévoiler la « détermination qu'exerce l'espace des possibles », le fait qu'aucune œuvre – y compris aucune « œuvre scientifique » – n'existe par elle-même, mais qu'elle se définit toujours au sein de ce que Foucault nommait (dans un texte écrit entre *Les Mots et les Choses* et *L'Archéologie du Savoir*, « Réponse au cercle d'épistémologie ») un « champ de possibilités stratégiques » ou un « système réglé de différences et de dispersion ». Mais Bourdieu récuse aussitôt le principe de Foucault suivant lequel il ne faudrait pas faire intervenir comme principe explicatif les « divergences d'intérêts ou d'habitude mentales chez les individus » (ce que Bourdieu met à peu près dans la notion d'*habitus*) – soit ce que Foucault écarte comme « illusion doxographique ». Un tel rejet procéderait en fait d'une « illusion d'autonomie » qui est la limite « saussurienne » du structuralisme selon Bourdieu : la non-prise en compte des « agents » (et de leur action) dans l'analyse structurale conduit à s'interdire de « rendre compte des changements qui surviennent dans le champ étudié [la science, en l'occurrence] arbitrairement séparé, *et par là même déshistoricisé* »[2] : la mise entre parenthèses des agents réduit à postuler une sorte d'« auto-mouvement » quasi-hégélien de l'*épistémè*. Bourdieu prétend discerner là les effets d'une « philosophie de l'histoire saussurienne »[3], prolongeant le geste saussurien de mise entre parenthèses du contexte de parole au profit de la seule analyse *interne* de la langue dans d'autres domaines, et cédant ainsi à l'illusion d'un

1. Pierre Bourdieu, *Les Règles de l'art. Genèse et structure du champ littéraire*, Paris, Seuil, 1992.

2. *Ibid.*, p. 279.

3. *Ibid.*, p. 283.

mouvement immanent au domaine étudié comme un système. La critique est plus subtile que celle de Sartre en ceci qu'elle n'accuse pas Foucault de « nier l'Histoire », purement et simplement, mais « seulement » de ne pas se donner tous les moyens de rendre compte des changements historiques (et de rendre justice à l'action des agents historiques), changements qui deviennent ainsi de mystérieuses « discontinuités » sans raison.

Passons sur le fait (qu'on pourrait objecter à Bourdieu) que Foucault n'a pas prétendu livrer une analyse « complète » de l'évolution des sciences étudiées, mais s'est seulement proposé de faire apparaître certains liens dans la production des énoncés, dans la configuration que constituaient des formations discursives données, et certaines « contraintes » qui pesaient sur elles, en écartant sciemment la question complexe et, à ses yeux, confuse, des « causes » du changement. Dans la perspective qui est ici la nôtre, une question nous retiendra plutôt : est-ce *l'espace* qui est en cause dans cette critique de l'incapacité d'un certain structuralisme à rendre compte du changement, est-ce l'application d'une notion d'espace qui montre ici ses limites pour la compréhension de l'Histoire ?

La « mise entre parenthèses » des agents était sans doute la condition (ou l'effet ?) de la « spatialisation » métaphorique qui domine les descriptions de Foucault. Cependant, on remarquera que, loin de mettre en cause la dimension spatialisante de l'analyse structurale, Bourdieu a recours à une notion d'espace qui se veut plus riche, élargie et, en quelque sorte, elle-même historicisée (– ce que Foucault revendiquait également : une grande part de son intérêt pour l'école des Annales tenait précisément à ce que celle-ci avait développé, avec Braudel ou Marc Bloch, un certain nombre d'« histoire d'espaces » [1]). Ce mouvement est particulièrement net dans un autre ouvrage récent de Bourdieu, *Méditations pascaliennes,* dans lequel Bourdieu développe une critique analogue de Foucault. Bourdieu s'appuie cette fois sur Max Weber et sur l'intérêt de l'auteur de *L'Éthique protestante* pour les représentations des agents ainsi que pour leurs relations intersubjectives, et pour les effets qu'ont leurs positions respectives sur leurs prises de positions respectives (le prêtre et le prophète, le mystique et l'ascète...). Or Bourdieu estime qu'on peut appliquer à ce niveau même le « mode de pensée structuraliste » de façon à pouvoir « construire [...] *l'espace des prises de position* symboliques dans un domaine de la pratique déterminé [...], mais aussi la structure du système des agents qui les produisent [...] ou, mieux, *l'espace des positions* qu'ils occupent » dans un champ donné [2]. Cet espace social, hiérarchisé et traversé par des anta-

1. Voir Michel Foucault, « La scène de la philosophie », entretien d'avril 1978 avec M. Watanabe, repris in *Dits et écrits,* t. 3, n°234, p. 581.

2. Pierre Bourdieu, *Méditations pascaliennes,* Paris, Seuil, 1997, p. 212.

gonismes (orthodoxes et hérétiques, etc.) est lui-même le fruit d'une histoire, le « champ » a une histoire propre, tout comme les agents qui prennent position dans ce champ ont leurs itinéraires propres qu'une analyse structurale « complète » devra intégrer. On peut cependant se demander si une telle démarche ne repose pas sur une idée du déterminisme qui doit beaucoup (trop) à la métaphysique classique, et notamment sa prétention à réduire les effets du temps et du hasard : lorsque Bourdieu prétend « déduire » la série des prises de position ou des comportements de tel ou tel agent à partir d'une *analysis situs,* [1] d'une « topographie » (sociale), il se réfère significativement à Leibniz, non seulement pour l'idée d'*analysis situs* mais aussi pour la thématique des « accidents nécessaires » attachés à l'essence de la monade, laquelle contient de toute éternité tout ce qu'elle « sera », soit la série complète des « événements » qui l'affecteront, et qui font que déployer son « essence ». Or cette thèse selon laquelle les accidents (ou prédicats ») que la monade rencontre au cours de son « existence » étaient inscrits dans son essence s'appuie sur une ontologie où le temps, pour le coup, ne joue aucun rôle. Elle contredit ainsi radicalement l'attention que Bourdieu peut porter, dans le dernier chapitre des *Méditations pascaliennes*, « L'être social, le temps et le sens de l'existence » [2], aux effets du temps dans le rapport à soi, réflexion dont les « dettes » phénoménologiques (Heidegger, Merleau-Ponty) sont évidentes. Il y a là une tension, constante dans le discours de Bourdieu, dont la volonté de dépasser à la fois le structuralisme et la phénoménologie débouche parfois sur des formulations contradictoires de la tâche d'une science sociale consciente de la singularité de son objet.

Quoi qu'il en soit de l'effectivité du dépassement de l'analyse structurale par la « sociogenèse » ou par le « structuralisme génétique » qu'entend construire Bourdieu, la question de savoir si une analyse structurale suffit à rendre compte des changements historiques, ou si elle doit être complétée par une « histoire de l'espace » social et des dispositions des agents qui l'occupent, ne date pas des *Règles de l'art.* Même si le rapprochement déplaîrait sans doute à l'un et à l'autre, il est difficile de ne pas rapprocher cette interrogation sur les limites de l'approche structurale des critiques qu'adressait Ricœur à l'analyse de la mythologie par Lévi-Strauss.

Ricœur reconnaît la valeur heuristique de l'analyse structurale de la pensée mythique, mais il soulève une question importante à propos des analyses déployées par l'auteur de *La Pensée sauvage :* est-ce un hasard si

1. *Ibid.*, p. 158-161.

2. *Ibid.*, p. 247-288. Bourdieu désigne alors la « mise entre parenthèses du temps » comme « un des effets les plus constants de l'illusion scolastique » (p. 266).

l'analyse structurale s'est déployée d'abord, dans l'anthropologie, à propos de sociétés qui certes ne sont pas « sans histoire » (il n'y a pas de société sans histoire), mais qui sont, selon Lévi-Strauss lui-même, des « sociétés froides » ? Rappelons la définition que donne *La Pensée sauvage* de ces « sociétés froides » : il s'agit de « sociétés qui veulent ignorer [leur condition historique] et tentent, avec une adresse que nous mésestimons, de rendre aussi permanents que possible des états, qu'elle considère « premiers », de leur développement »[1]. En cela, elles s'opposeraient aux sociétés « chaudes », celles qui, comme la nôtre, « amplifient les conséquences »[2] de leur condition historique dans d'énorme proportions.

Les sociétés « froides », privilégiées par l'ethnologue, sont des sociétés du mythe, dans lesquelles l'action de l'historique est ressentie comme perturbatrice ; d'où le recours à toutes sortes de « tactiques d'annulation de l'historique »[3] – par le rite, notamment, tel que l'analyse Lévi-Strauss. Il s'agit également de sociétés qui excellent dans les taxinomies, et où domine une pensée classificatoire extrêmement riche : tout se tient, puisque, selon Lévi-Strauss, « il y a une sorte d'antipathie foncière entre l'histoire et les systèmes de classification »[4].

Mais Ricœur peut alors s'interroger : l'exemple est-il exemplaire ? Est-ce que l'analyse structurale s'appliquerait aussi bien, « par exemple », à la pensée sémitique, marquée, à l'inverse de la pensée amérindienne-amazonienne étudiée par Lévi-Strauss, par un « primat de l'histoire » ? Peut-on comprendre la religion juive, et les mythologèmes qu'elle déploie, sans faire intervenir la temporalité ? Il ne le semble pas, puisque l'on a affaire, avec la théologie de l'Ancien Testament, à une conception théologique inverse du totémisme, où l'élément décisif n'est pas constitué par des nomenclatures, mais par des événements fondateurs. La tradition y est sans cesse réinvestie par un travail interprétatif qui permet à chaque génération de se situer dans une Histoire – pointe ici un concept que Ricœur développera plus tard (dans *Temps et récit*) : celui d'*identité narrative*. À ces « récits », la méthode structurale n'est pas *inapplicable*, selon Ricœur – mais elle n'épuise pas leur sens, dès lors que ce sens est indissociable du « moment » narratif et de la place de l'interprète dans l'historicité que met en scène le récit théologique, la sortie d'Égypte, l'Exode, etc.

1. Claude Lévi-Strauss, *La Pensée sauvage*, Paris, Plon, 1962, rééd. Agora-Press-Pocket, 1990, p. 280. Cf. *Entretiens avec Georges Charbonnier*, Paris, Union Générale d'Éditions, 1961, et *De près et de loin*, entretiens avec Didier Eribon, Paris, Odile Jacob, 1988, p. 174-175.
2. Claude Lévi-Strauss, *La Pensée sauvage*, *op. cit.*, p. 280.
3. *Ibid.*
4. *Ibid.*, p. 278.

Évidemment, on pourrait objecter à Ricœur : l'exemple est-il, à son tour, exemplaire ? Est-ce que la théologie de l'Ancien Testament n'est pas un cas extrême (celui du prophétisme), qui demeure finalement, même d'un point de vue purement quantitatif (du moins avant l'expansion mondiale des monothéismes), bien plus exceptionnel, dans l'humanité, que la forme de pensée qu'étudie Lévi-Strauss ? Mais il faut alors se demander : exemplaire de quoi ? Du fonctionnement typique de la pensée mythique ? Mais un tel « fonctionnement typiquc », dont on pourrait éventuellement livrer la « formule canonique », ne constitue-t-il pas à son tour un certain « mythe du mythe » ?

Ricœur présente le kérygme juif comme « l'autre pôle, exemplaire lui aussi parce qu'extrême, de la pensée mythique » ; il ne nie donc pas l'exemplarité de la pensée dite totémique, paradigme idéal pour le structuralisme ; mais il le confronte à une autre « exemplarité », le prophétisme judéo-chrétien, paradigme fondateur pour l'herméneutique[1]. On ne peut dissimuler l'impression d'une affinité entre la formation culturelle choisie et son style d'interprétation : le structuralisme joue avec les éléments (mythèmes) comme le mythe tel que le voit Lévi-Strauss « bricole » avec des significations – la dimension de jeu, d'érudition classificatoire présente dans les mythes amérindiens se retrouve dans l'analyse structurale, et contribue puissamment à son charme. L'herméneutique en revanche paraît marquée par l'investissement personnel (sinon la « foi ») de l'interprète dans les symboles et les récits qu'il interprète et doit actualiser : l'herméneutique, selon la formule de Ricœur, « s'applique à interpréter les contenus eux-mêmes, pour en prolonger la vie »[2]. Cette formule nous ramène, par contraste, à la dimension spatialisante de l'analyse structurale, qui a partie liée avec la distance objectivante – ou avec la volonté de mise à distance, la volonté d'objectivation – qui sépare l'analyste de son objet : il ne s'agit plus ici de se comprendre « soi-même », de se donner une identité ou de donner un sens au groupe dans une projection historique, un projet, etc[3]. D'où le fait que, sur le plan historiographique, l'analyse structurale se

1. Paul Ricœur, « Structure et herméneutique », in *Le Conflit des interprétations*, Paris, Seuil, 1969, p. 48 *sq.*

2. *Ibid.*, p. 45.

3. Une autre hypothèse, plus critique, doit cependant être retenue : la possibilité de mettre entre parenthèses le facteur temporel n'est-elle pas simplement liée, dans l'analyse par Lévi-Strauss des mythologies amérindiennes, au fait que l'on ne dispose généralement pas de la connaissance des versions successives de ces mythes (sauf lorsque celles-ci ont été consignées par le colonisateur), et que l'on peut ainsi faire l'économie de l'analyse de la *Wirkungsgeschichte*, de l'histoire de la réception ? On sait que Lévi-Strauss applique sa compréhension du mythème aux mythes grecs aussi bien : aucune interprétation ne devrait être privilégiée, le mythe d'Œdipe nous est pareillement « livré » par Freud et par Sophocle. Mais dans *Arbeit am Mythos*, où il suit notamment les métamorphoses du mythe de

soit développée contre, ou du moins (dans un premier temps) à distance de l'histoire *politique*. L'analyse structurale ne valorise pas l'histoire comme pôle de sens et lieu d'action, et c'est précisément en cela, pourrait-on dire, qu'elle ne joue pas le jeu des grandes mythologies occidentales, qu'elles soient religieuses ou politiques, ordonnées à une certaine promesse eschatologique ou à une idée du progrès du genre humain. (« L'antihumanisme » qu'on lui a imputé, et qu'elle a parfois revendiqué, est d'abord une question de méthode). Le structuralisme dénoue par là ce qui, dans les philosophies de l'Histoire telles qu'elle se sont présentées depuis les Lumières jusqu'à Marx, liait à l'analyse du passé une certaine projection vers l'avenir, et empêchait d'« objectiver » le temps : l'inscription dans l'Histoire d'un sens « identitaire », d'une promesse d'émancipation ou de salut collectif. En un sens, c'est bien tout cela qui est mis en crise par l'histoire sérielle, par la rupture avec toute téléologie, toute idée de progrès général et nécessaire, toute « promesse de l'Homme enfin », comme dit Foucault, que l'on peut voir à l'œuvre dans ce nouveau concept qui ne subordonne pas l'espace au temps, et qui multiplie les découpes dans des dimensions de l'activité qui ne coïncident avec l'expérience d'aucun sujet.

Nous touchons ainsi au dernier aspect de la question, son aspect « époqual » : est-ce que le moment structuraliste n'a pas marqué la fin de « l'époque de l'Histoire » avec un grand H., de l'histoire globale, et si tel est le cas, comment appréhender les éventuels effets politiques d'une telle rupture ?

Cet aspect « époqual » pose problème, comme un certain nombre de formules de ce type (« fin de… »), que Foucault se reprochera par la suite[1],

Prométhée dans l'histoire occidentale, Hans Blumenberg s'est interrogé sur la validité d'une telle affirmation, en tant qu'elle revient à gommer le *travail* de réélaboration, de transformation des contenus du mythe en fonction d'une histoire qui a d'autres coordonnées que le seul jeu avec ses propres contenus. Les mythes « travaillent », en un sens peut-être voisin du « travail de deuil » freudien, et celui qui les reprend les retravaille autant qu'il est travaillé par leur contenu symbolique. Or l'historicité de la réception et de la transformation ne peut être ignorée pour interpréter convenablement la signification de certains changements de valeur des éléments ou des personnages du mythe : « C'est seulement la déterminabilité temporelle de l'antérieur et du postérieur qui rend important le fait qu'Apollon, originellement un dieu « corrupteur », soit devenu le dieu solaire-amical, qu'Héphaïstos, divinité des terreurs du feu, soit devenu le protecteur des artisans, que l'ancien dieu de l'orage, Zeus, soit devenu l'ordonnateur du monde, et ainsi de suite » (*Arbeit am Mythos*, Francfort-sur-le-Main, Suhrkamp, 1979, rééd. 1996 p. 300). La compréhension du changement de statut des dieux est inséparable d'une confrontation de leur contenu à l'histoire de la société grecque. Il est vrai que dans un cas comme celui des mythologies amérindiennes, la succession des interprétations reste inconnue. Mais précisément, Blumenberg soupçonne chez l'ethnologue un renversement des limites imposées à sa situation en idéal épistémologique. « L'impossibilité d'atteindre la profondeur de champ temporelle est convertie, par un renversement qui n'est pas si rare, en triomphe de l'opération de connaissance » (*ibid.*, p. 301).

1. Voir Michel Foucault, « Structuralisme et post-structuralisme », in *Dits et écrits*, t. 4, p. 448 : « la solennité avec laquelle toute personne qui tient un discours philosophique

en se demandant s'il n'y a pas toujours une illusion dans l'affirmation, particulièrement fréquente dans la pensée post-hégélienne, selon laquelle nous serions « aujourd'hui », maintenant, en un point de basculement, de rupture, à la fin d'une ère et à l'ouverture d'une autre…

Qu'une certaine pratique structurale de l'histoire et des sciences de l'homme ait modifié, ébranlé une vision réductrice ou mythique de l'histoire est une chose; mais en conclure à un basculement « époqual », n'est-ce pas retomber dans « l'histoire pour philosophes » au mauvais sens du terme ?

Cependant, on peut penser que cette crise d'une pensée de l'Histoire comme récit de l'avènement à soi de l'humanité ou des progrès de la conscience annonçait quelque chose, autre chose peut-être que ce qu'elle croyait : la fin d'une époque portée par une certaine confiance ou croyance en l'Histoire, à laquelle l'effondrement d'une version évolutionniste et nécessitariste du marxisme a porté un coup fatal.

Les effets de l'effondrement de la philosophie de l'Histoire attachée au nom de Marx et, plus généralement, l'ébranlement d'une certaine métaphysique occidentale du progrès peuvent être jugés diversement, selon les options de chacun. Quant à nous, en conscience du caractère subjectif du « rapport aux valeurs » qui oriente notre jugement, il nous semble que la crise du progressisme évolutionniste compte un certain nombre d'effets que l'on peut juger positifs : la ruine de l'idée de la « supériorité » absolue d'une civilisation sur une autre, des peuples « historiques » sur les peuples dits « sans histoire », et avec elle une certaine justification des colonialismes et des impérialismes (qui doivent trouver d'autres arguments). Sur ce point, d'ailleurs, davantage que la neutralisation structuraliste de l'élément historique, c'est sans doute davantage la dimension anthropologique de l'œuvre de Lévi-Strauss, son analyse de la diversité des cultures et son relativisme en la matière, radicalisé par les critiques ethnologiques de « l'ethnocide » dont l'Occident s'est rendu coupable par sa prétention au monopole de la civilisation, qui doivent être pris en compte *(Race et histoire)*.

On pourrait en dire autant des effets de domination contenus dans une certaine forme d'humanisme, compris comme entreprise de conformation des « barbares » à une forme d'*humanitas* bien déterminée, ou pour les effets de domination masqués par le progressisme des Lumières lui-même. Une prise de distance résolue vis-à-vis du discours que les sociétés démocratiques tiennent sur leur propre histoire politique peut contribuer à mettre en lumière des modes de domination nés dans les mailles mêmes des États

réfléchit sur son propre moment me paraît un stigmate. […] Je crois qu'il faut avoir la modestie de se dire que […] le moment où l'on vit n'est pas ce moment unique, fondamental ou irruptif de l'histoire à partir de quoi tout s'achève et tout recommence… ».

de droit et de l'exercice « rationalisé » du pouvoir : qu'on pense à *Surveiller et punir*, qui dévoile avec tant de force les dominations concrètes exercées à travers le quadrillage, le dispositif médico-pénal ou dans la prison moderne, là où version « humaniste » de l'Histoire ne fait que chanter les progrès qui nous séparent de la barbarie des anciens châtiments.

Cependant, on ne peut nier les risques attachés au renversement du primat du temps dans l'interprétation de l'Histoire, ou à l'épuisement de la « croyance en l'Histoire » : avec la fin de l'idée d'un « temps prometteur », apparaissent un profond scepticisme quant à l'agir historique, un poids croissant accordé au « pré-constitué », au passé inconscient, quand ne fait pas retour l'idée de « destins » profonds qui surplomberaient l'histoire des peuples ou des « civilisations », sortes de souches qui survivraient à tous les changements mais détermineraient ceux-ci en profondeur, ou depuis leur profondeur.

On peut ainsi pousser et « forcer » la question : est-ce que l'analyse « spatialisante » de l'histoire ne conduit pas tendanciellement à remplacer l'identité historique consciente, « voulue », de l'ordre du projet historique, par une identité « géographico-civilisationnelle » inconsciente ? Nous appliquerons sommairement cette interrogation aux œuvres déjà évoquées, que Foucault désigne comme ressources contre « l'histoire pour philosophes » : l'École des Annales (en l'occurrence, Braudel), Lévi-Strauss – ainsi qu'à celle de Foucault lui-même.

Dans un article intitulé « L'histoire des civilisations : le passé explique le présent » qui clôt ses *Écrits sur l'histoire*, Braudel substitue bien aux histoires nationales et à leur tissu d'événements politiques une histoire longue, qui se trouve prendre pour cadre des aires géographiques dessinées par des espaces géographiques et par des réseaux d'échanges, d'emprunts et de « refus » culturels (Méditerranée). « Une civilisation, c'est d'abord un espace, une « aire culturelle » », écrit Braudel. « L'aire culturelle, précise-t-il, relève de la géographie, beaucoup plus que ne veulent l'admettre les anthropologues »[1] et « dans l'espace, les civilisations transgressent les limites des sociétés précises »[2]. Mais il y a plus : Braudel écrit que « les civilisations survivent aux bouleversements politiques, économiques, idéologiques que d'ailleurs elles *commandent insidieusement*, puissamment parfois » – et de citer l'exemple des Révolutions française et russe, qui n'auraient aucunement été des coupures absolues dans « le destin de la

1. Fernand Braudel, « Dans le Brésil bahianais : le présent explique le passé », in *Écrits sur l'histoire*, *op. cit.*, p. 292.

2. *Ibid.*, p. 303.

civilisation française ni dans celui de la civilisation russe »[1]. Une telle appréciation recoupe des travaux historiographiques bien connus, mais elle ne peut manquer de susciter une série de questions historico-politiques : qu'est-ce que ce « destin » ? Quel statut rationnel lui donner ? Que peut-on en faire, et peut-on y échapper, si une révolution même ne fait qu'en accomplir le cours inflexible ? Plus généralement : est-ce que le primat de l'espace sur le temps ne finit pas par incliner à subordonner l'histoire politique à une histoire plus profonde, souterraine, à une problématique dimension « culturelle » au sens du culturalisme, dimension qui peut se décliner comme civilisationnelle, religieuse, linguistique, voire ethnique, et dont il est aussi difficile de rejeter que de vérifier l'influence dominante sur l'histoire des éléments qui la composent ?

Il ne s'agit pas de nier que quelque chose comme des civilisations existent et aient une histoire dont les rythmes ne sont pas les mêmes que les scansions de l'histoire politique. Mais on peut s'interroger sur la légitimité du geste qui consiste à rabaisser le politique, l'histoire consciente, au profit de cette dimension qui serait alors « destinale » et surplombante, et dont le trait principal serait précisément son « indisponibilité ».

L'idée d'une telle histoire profonde et inconsciente est bien présente, comme en un corrélat obligé de la valorisation de l'espace, dans l'œuvre des autres auteurs que nous avons cités, chez qui l'on constate une chose assez troublante : la « réhabilitation » d'une historiographie généralement tenue pour profondément réactionnaire, celle de Boulainvilliers, de Gobineau, par Lévi-Strauss comme par Foucault lui-même, à travers le thème de la « guerre des races ».

La parution récente des cours de Foucault sur la guerre des races[2] a surpris. L'intérêt de Foucault pour cette forme d'histoire mériterait de longues analyses, qui déborderaient largement le cadre d'interrogations qui est le nôtre : disons sommairement que Foucault y décèle une forme de « contre-histoire » mettant au jour un fond obscur de luttes et de spoliations, opposée à la version « bourgeoise » d'une histoire-progrès placée sous les catégories du droit et de la raison. La pointe politique et polémique de ce cours n'est pas aisément assignable : d'un côté, Foucault semble trouver là une forme d'histoire assez parente de celle qu'il pratique lui-même dans ses généalogies, lorsqu'il fait apparaître la trame de violences subtiles qui tisse l'histoire des institutions modernes, de l'asile à la prison. Le « grondement de la bataille » qu'il donne à entendre (à la fin de *Surveiller et punir*, par

1. *Ibid.*

2. Michel Foucault, *« Il faut défendre la société »*. Cours au Collège de France 1976, Paris, Gallimard-Seuil, 1997.

exemple) vise à inquiéter les versions humanistes de l'histoire de la modernité comme progrès vers la pacification universelle et l'auto-reconnaissance de l'humanité, tout un discours de la réconciliation juridique qui masque la persistance sourde des luttes, l'extension sournoise des dominations sous l'égide des « États de droit » capitalistes, qui ont été simultanément des « États de police », des dispositifs traitant des populations et introduisant entre elles des divisions, des scissions… D'un autre côté, Foucault se plaît visiblement à rappeler que l'historiographie de la guerre des races, expression d'une forme de pensée « raciste », a exercé une influence profonde sur la pensée socialiste et plus précisément sur l'interprétation marxiste de la lutte des classes. En ce milieu des années 1970, il s'agit là d'un geste de prise de distance critique, parmi d'autres qu'effectue Foucault, à l'égard du communisme et du marxisme, sous un angle spécifique mais assez constant chez Foucault (et qui a sans doute quelques motifs politiques-biographiques[1]) : montrer les rapports troubles entre le discours de la guerre sociale et celui de la guerre raciale, les communications entre socialisme et racisme qui, ancrées dans l'histoire des savoirs, resurgiraient périodiquement dans la pratique des États socialistes.

Du point de vue de l'articulation entre histoire et espace, le cours de Foucault constitue une passionnante invitation à explorer les liens entre des revendications « territoriales », qui peuvent émaner de groupes culturels, ethniques, sociaux, et la construction de l'histoire comme science. Le travail que Blandine Barret-Kriegel a consacré aux rapports entre l'essor de la discipline historique, en France, et les revendications territoriales de la monarchie, se situait partiellement dans ce sillage d'interrogations; mais les cours de Foucault ouvrent d'autres pistes, puisque les « contre-histoires », l'historiographie de la guerre des races ou celle de la lutte des classes représentent elles aussi des manières singulières de retracer l'histoire des groupes humains et de leur « prise » (leur *Weltnahme,* comme eût dit Carl Schmitt) sur tel ou tel espace, contre l'histoire « pacifiante » du groupe (« race » ou classe) dominant, qui a toujours peu ou prou recours à une historiographie inspirée par le modèle romain-impérial. La discipline historique apparaît comme un formidable nœud de pouvoir-savoir, instrument généalogique d'affirmation de la légitimité de l'occupation et de la domination de tel ou tel territoire, mais aussi de contestation de cette « occupation » par des groupes marginalisés.

1. D'après son biographe David Macey, Foucault aurait décidé de quitter le Parti Communiste Français, auquel il adhéra brièvement, suite à l'affaire dite du « complot des blouses blanches », fortement teintée d'antisémitisme, comme on sait. (David Macey, *Foucault,* Paris, Gallimard, 1994, p. 61-62).

On trouvait déjà mention de l'école historiographique de la guerre des races chez Lévi-Strauss, par exemple dans le chapitre « Histoire et dialectique » de *La Pensée sauvage* : une note y évoque « l'anti-histoire de la révolution française » de Gobineau, conçue non au plan d'une histoire de rang « annuel » ou « séculaire » (identifiée à une histoire politique, sociale et idéologique), mais en passant à une histoire de rang « millénaire » ou « pluri-millénaire » (et aussi culturelle et anthropologique). Cette version (pluri)millénaire de l'histoire comme guerre de races continuée, plus profonde que tout conflit de classes ou que tout conflit politique, constitue un déplacement par rapport au type d'historiographie privilégié par les régimes démocratiques, centré sur le politique et la série des événements fondateurs. Lévi-Strauss rappelle que Gobineau n'est pas l'inventeur de ce procédé de déplacement, qu'on pourrait appeler « transformation de Boulainvilliers »[1].

Contre l'histoire indexée à la conscience, au progrès, « l'histoire philosophique » dont la philosophie des Lumières est un rejeton, Foucault comme Lévi-Strauss sont donc tentés d'aller chercher des (contre-) modèles dans des historiographies qui privilégient la trame « millénaire » des « identités » de sang, qui accordent une valeur primordiale à la spatialité géographique, aux relations « ethniques », qui s'enquièrent des dominations « raciales » plus profondes et plus occultées que ne le seraient toutes les luttes politiques et sociales, dont elles fourniraient d'ailleurs la clé cachée.

À condition de ne pas tomber dans la grimace d'une « vigilance » aux allures de police de la pensée et de ne céder à aucun des amalgames qui ont nourri le récent procès de « l'antihumanisme », il ne serait pas illégitime de s'interroger sur les éventuels effets (politiques) pervers de ce déplacement. De sonder, par exemple, la manière dont cet intérêt pour Boulainvilliers et Gobineau s'articule, chez Lévi-Strauss, avec une certaine défense de « l'identité » culturelle-ethnique, non pas seulement des groupes culturellement menacés qu'étudie l'ethnologue (combat d'une évidente nécessité), mais aussi de l'identité de nations européennes qui s'inquiéteraient à juste titre des dangers du métissage et d'une immigration excessive. Quant aux effets de « l'antijuridisme » de Foucault qui explique en partie son intérêt pour la « guerre des races », la question est trop complexe pour qu'on l'envisage ici, d'autant qu'elle ne touche pas directement à la thématique de l'espace. Disons simplement que le rejet des pensées continuistes et progressistes de l'histoire s'est articulé chez Foucault à un certain « discours de la guerre », ou de la lutte valorisée *comme telle*, en tant qu'hostilité à la « pacification » juridique vue comme masque de l'ordre policier, et que cette hostilité a pu déboucher sur une approbation de l'antijuridisme prati-

1. Claude Lévi-Strauss, *La Pensée sauvage*, *op. cit.*, p. 312 (note).

que, de la « justice populaire », de la liquidation révolutionnaire des procédures de jugement « impartial », – toutes positions que Foucault se reprocha ultérieurement[1], mais dont il est difficile de ne pas entendre certains échos dans son éloge ambigu de l'historiographie de la guerre des races.

L'idée que ce qu'il y a de plus déterminant dans l'histoire est inconscient et hors de prise de l'action historique est difficile à admettre, mais il n'est pas sûr que cette difficulté tienne seulement, comme le suggèrent Foucault et Lévi-Strauss, à de mauvaises raisons. Certes, il est possible que la « résistance » face à ce type de déplacement soit l'expression d'une « illusion » de la « conscience », qui veut croire qu'elle « fait » l'histoire, ou d'une sacralisation de l'Histoire comme pôle de sens qui est un trait occidental, qui est peut-être le mythe occidental par excellence. Mais il y a parfois dans l'affirmation exactement inverse certains escamotages, la tentation de sous-évaluer tous les effets de l'action et des stratégies concertées, de basculer de l'archéologie vers la géologie. Ainsi, jouer la profondeur de la culture ou de la civilisation contre la « surface » politique n'est pas nécessairement un geste légitime d'un point de vue scientifique : un grand nombre de travaux d'anthropologie et d'ethnologie se sont attachés, après et quelquefois explicitement contre Lévi-Strauss, à montrer que la politique (à travers les groupes politiques dominants qui affermissent ainsi leur pouvoir) jouait un rôle déterminant dans la formation de la « culture » (entendue comme ensemble des mythes, des institutions sacrées et des « traditions »). L'imputation qui rapporte tous les phénomènes d'une société à cette sorte de causalité profonde qui serait celle de la « culture » ou des mythes-souches oublie que la culture est aussi un effet, une construc-tion politique : le thème de la « tradition inventée », parfois élargi – notamment par certains anthropologues africanistes – vers celui de « l'invention de l'ethnie », vient ici miner l'opposition entre « culture profonde » et « politique de surface », et compromet la tendance à faire de la culture l'instance déterminant en sous-main la vie des hommes et des sociétés. La surface détermine la profondeur, la politique construit la culture, les échanges historiques défont les identités spatiales. De même, c'est à partir d'une attention nouvelle portée aux effets de l'histoire politique sur les institutions disciplinaires, plus précisément aux effets de la « révolution des droits de l'homme » sur le traitement des « fous », que l'interprétation foucaldienne de l'enfermement des fous dans l'espace moderne a été mise en question[2] : les revendications humanistes de la raison politique moderne ne recoupent pas forcément, combattent

1. Nous nous permettons de renvoyer à ce sujet à notre livre *Foucault. La police des conduites*, Paris, Michalon, 1997, p. 81-89.

2. Voir l'ouvrage de Gladys Swain et Marcel Gauchet, *La Pratique de l'esprit humain. L'institution asilaire et la révolution démocratique*, Paris, Gallimard, 1980.

peut-être en partie la rationalisation disciplinaire de l'espace si bien décrite par Foucault.

Qu'une histoire qui ne passe pas par l'épreuve de la spatialité, qui adhère au point de vue de l'acteur, de la conscience, du projet, produise des mythes et tombe dans l'idéalisme, sûrement; que l'histoire soit beaucoup plus riche et complexe que la succession des règnes, le « chemin de la liberté » ou les étapes de la lutte des classes, qu'elle ne se réduise pas aux effets de la praxis, c'est certain et c'est un des mérites de l'analyse structurale que d'avoir mis à mal ces visions appauvries de l'histoire. La spatialisation disperse ces illusions et nous révèle de tout autres configurations, comme d'une vue aérienne où un ordre, une figure que nul n'a prévus mais auquel chacun a malgré lui contribué à donner forme apparaît. Mais il ne suffit pas de penser en termes d'espace et de forces (inconscientes) pour être quitte des mythes – qui peuvent prendre d'autres formes, parmi lesquelles il faut sans doute compter la « guerre des races », ou certaines versions de la connivence mystérieuse des « indo-européens ». L'époque actuelle est assurément marquée par un certain déclin des mythes démiurgiques du temps prometteur, des mythes prométhéens de l'autoproduction humaine; mais le déclin de mythes laisse rarement la place à un vide d'images, d'autres mythes se forment ou font retour. Avec la reviviscence de l'idée d'un « choc des civilisations », peut-être voit-on le retour des mythes chthoniens, une certaine « revanche de Spengler ». Chacun chez soi, et quelques entrechocs. Espace de l'enracinement, où l'on se prend à manquer d'air, et à regretter le souffle vivifiant de l'histoire, son « bonheur » qui est aussi – qui fut? – de prendre en vue un horizon et de marcher résolument vers lui, loin d'ici, là-bas, et de se retourner de temps à autre pour mesurer le chemin parcouru (avec même l'idée que c'était toute l'humanité qui était en marche).

> Heureux celui qui peut dire : « lorsque », « avant que », « après que »[1].

Jean-Claude MONOD
Université de Picardie Jules Verne

1. Robert Musil, *L'Homme sans qualités*, t. 1, *op. cit.*, p. 775.

DONNER LA PAROLE

LANGUES, CULTURES, TERRITOIRES [1]

Pour Catherine et Marc

Des multiples expériences qui sont liées à ce lieu singulier, objet de désir et de crainte à la fois : le rivage, c'est celle du naufrage qui pose le plus la question de l'avenir. Tout voyageur échoué, par hasard et, le plus souvent, par malheur, sur une terre dont il ignore tout ne connaît pas d'autre interrogation que celle-ci : quel avenir me réserve ce nouveau rivage ? Est-ce en ami ou en ennemi qu'il m'accueillera ? Ulysse, Robinson, Gulliver, autant de naufragés pour lesquels le rivage ne se présente pas autrement que sous la forme d'une alternative dans laquelle s'engage et se concentre précisément tout leur avenir : celle de l'hostilité et de l'hospitalité. Mais cette alternative elle-même n'a de sens que par la situation singulière qui est la leur : démunis de tout, de nourriture et de vêtements, de parents et de compagnons, ils n'ont de relation avec rien ni personne et nulle autre volonté que celle de survivre. Enfin, dès lors que ce rivage n'est pas une île déserte, rien ne les protège – aucun droit ni aucune institution – tant qu'ils n'ont pas été reconnus par les occupants du lieu comme un être auquel s'appliquent les lois de l'hospitalité ; tant qu'ils n'ont pas su dire eux-mêmes qui ils sont, amis ou ennemis et quelles intentions les animent. De Homère à Swift, tous les récits concordent pour dire cette vulnérabilité absolue (c'est-à-dire sans rapport à rien qui puisse sauver) de celui qui échoue.

Mais cette expérience peut être plus radicale encore. Et c'est ce qui distingue, sans doute, Gulliver des autres naufragés célèbres dont on citait le nom à l'instant. Celui-ci, en effet, n'est pas un étranger au sens ordinaire

1. Une première version de ce texte a été préparée en vue d'un colloque tenu à Nice en 2000 et dont le thème était : « L'avenir est-il sur les rivages ? ». Il a été retravaillé pour le présent volume.

du terme. D'abord, dans la majorité des rivages sur lesquels il échoue, sa forme physique le distingue absolument des occupants du lieu, géant chez les nains, nain chez les géants, homme chez les chevaux doués de raison, son altérité excède celle de l'étranger, régie par tel ou tel texte de loi. Personne ne sait à l'avance quelles obligations lui sont dues, quelles lois s'appliquent à lui. Il est celui pour lequel il n'y a pas de loi. Il n'a pas non plus de nom, ou du moins, il est à ce point différent qu'on ne songe pas à lui demander comment il s'appelle, ou qu'on l'affuble d'un nom qui ne renvoie à aucune identité déterminée (dans laquelle il puisse se reconnaître), aucun pays, aucune famille. Pour emprunter à Jacques Derrida une expression éclairante, il est, par opposition à l'étranger, dont l'accueil est régi par un devoir d'hospitalité, « l'arrivant absolu » – celui pour lequel rien n'a été prévu, codifié. Celui aussi dont la première expérience est l'aphasie absolue, l'impossibilité de parler, de se faire comprendre, de dire sa détresse, son abandon, sa solitude et sa douleur. Les rivages sont alors le lieu d'une expérience éthique et politique singulière : celle d'une relation à créer, c'est-à-dire tout aussi bien d'une relation qui peut aisément ne jamais exister, qui peut se trouver entravée, faussée, biaisée, confisquée, de telle façon qu'aucun droit, aucune protection, aucune sécurité, aucune paix ne puissent se fonder sur elle. Or la création de cette relation est antérieure à tout droit (notamment au droit des étrangers), antérieure même au devoir d'hospitalité. Elle définit les grandes lignes non plus d'une hospitalité conditionnelle, soumise à des impératifs économiques, géopolitiques ou de politique intérieure, mais une hospitalité absolue[1]. Elle inverse l'idée même de condition. Ce n'est plus à l'étranger de remplir des conditions (dont l'ordre varie selon les régimes). C'est au contraire leur suppression sans réserve qui donne à l'hospitalité son caractère absolu. Elle en est la condition, complexe et difficile à cerner, sans laquelle cette relation ne peut exister.

C'est à cette condition que j'aimerais m'arrêter aujourd'hui. Il s'agirait, en quelque sorte, de transformer la question des rivages, de demander non

1. Voir à ce sujet, entre autres textes : Jacques Derrida : *De l'hospitalité*, Paris, Calmann-Lévy, 1997, p. 29 : « L'hospitalité absolue exige que j'ouvre mon chez-moi et que je donne non seulement à l'étranger (pourvu d'un nom de famille, d'un statut social d'étranger, etc.) mais à l'autre absolu, inconnu, anonyme, et que je lui donne lieu, que je le laisse venir, que je le laisse arriver, et avoir lieu dans le lieu que je lui offre, sans lui demander ni réciprocité (l'entrée dans un pacte) ni même son nom. La loi de l'hospitalité absolue commande de rompre avec l'hospitalité de droit, avec la loi ou la justice comme droit. L'hospitalité juste rompt avec l'hospitalité de droit; non qu'elle la condamne ou s'y oppose, et elle peut au contraire la mettre et la tenir dans un mouvement incessant de progrès; mais elle lui est aussi étrangement hétérogène que la justice est hétérogène au droit, dont elle est pourtant si proche et en vérité indissociable ».

pas « l'avenir est-il sur les rivages ? », mais « à quelles conditions le rivage offre-t-il un avenir à celui qui y échoue ? ». Peut-être, d'ailleurs, faudrait-il dire plutôt « notre rivage » ou « nos rivages ». Toute la question serait alors de savoir ce que recouvre ce pronom décliné à la première personne de pluriel. À quelles conditions est-on l'occupant, le propriétaire d'un rivage ? Sur quoi se fondent ces droits de propriété ? La mémoire, la langue, la culture ?

Ces questions, j'aimerais les poser pour au moins deux raisons. La première est qu'il me semble difficile d'évoquer aujourd'hui l'avenir de nos rivages, sans se rappeler que leur histoire récente est habitée par un nombre toujours croissant de naufragés, chassés de leur pays, privés de leur famille, démunis de tout, dans une situation de demande absolue – sans évoquer les camps de réfugiés qui sont à ce jour, parmi les visages qu'offre tel ou tel rivage, celui qui exige avec le plus d'urgence une réflexion éthique et politique. À bien des égards, ces naufragés-réfugiés, qui ont tout perdu, auxquels on a tout pris, et dont on met en doute parfois, faute de preuves (de papiers) l'identité dont ils se réclament – ces réfugiés auxquels on ne sait quel droit appliquer – s'apparentent à cet arrivant absolu. Sauf qu'alors, ils ne sont pas un, mais le plus grand nombre, et que la souffrance de chacun s'en trouve démultipliée[1]. La seconde est que cette relation suspendue, en attente (exposée à tous les risques de refus, à toutes les fins de non-recevoir), cette alternative d'une hostilité et d'une hospitalité que rien ne fonde préalablement, qu'aucune histoire commune n'oriente dans un sens ou dans un autre constituent certainement l'un des objets privilégiés (et peut-être prioritaires) d'une réflexion sur les langues, les cultures, les territoires, l'espace et l'histoire.

1. Sur ce point, on renverra d'abord au chapitre 5 du livre de Hannah Arendt : *L'Impérialisme*, Paris, Fayard, 1987. Voir aussi les articles suivants : Pierre Hassner, « L'émigration, problème révolutionnaire », *Esprit*, juillet 1992, p. 96-100, Pierre Hassner, « les intrus, théorie et pratique des relations internationales devant le problème des réfugiés », *Esprit*, février 1995, p. 105-122. Et enfin Catherine Wihtol de Wenden, « Droit d'asile et droit de la personne humaine », *Esprit*, février 1995, p. 97-104. Dans ce texte, Catherine Wihtol de Wenden met en évidence à quel point, depuis 1974, la figure du demandeur d'asile s'est modifiée « non plus individuel, mais collectif, pour lequel la preuve de menaces personnelles est parfois difficile à établir devant la dictature de plus en plus insidieuse des papiers et la suspicion de fraude ». Surtout, elle met en évidence les caractéristiques suivantes de la politique de l'exercice contemporain du droit d'asile : « Celles-ci peuvent être ramenées à trois : l'assimilation de la politique de l'asile à un instrument parmi d'autres de la maîtrise des flux migratoires ; l'harmonisation européenne qui a pour effet de réduire la marge de manœuvre des États dans l'appréciation du bien-fondé de la demande, au profit d'une politique restrictive de convergences de vues décidée dans le secret ; enfin, le peu de place fait à des demandeurs de type nouveau, victimes de la société civile plus encore que de leur État (ex-Yougoslavie, Algérie), pour lesquels les États bricolent des statuts temporaires dépourvus de droits (réfugiés humanitaires, résidence temporaire, asile territorial). », *op. cit.*, p. 100.

LES CONDITIONS DE L'HOSPITALITÉ

À quelles conditions un rivage offre-t-il un avenir à celui qui y échoue ? Pour répondre à cette question, je suivrai tout d'abord le fil d'un roman qui offre certainement l'une des plus profondes réflexions jamais écrites sur l'hospitalité et l'hostilité : *Les voyages de Gulliver*. Et si tel est le cas, c'est qu'à chaque nouveau voyage, à chaque naufrage et à chaque rivage, la question de son avenir se pose à Gulliver et les réponses ne sont jamais les mêmes. Or ce qui diffère de l'une à l'autre, ce sont d'abord les conditions de l'hospitalité qui lui est accordée, les premiers gestes, les premiers mots. On aurait presque envie de dire (et cela nous reconduirait à une actualité trop récurrente) les premiers secours. À chaque fois, il s'agit à nouveau d'une première fois (de quelque chose d'inaugural, d'initial), du commencement d'une relation. Ces conditions sont donc ce qui gouverne la progression du roman, de l'expérience la plus hostile à la plus idéale, c'est-à-dire aussi du régime le plus autoritaire (des lois les plus contraignantes, les plus restrictives) au plus parfait. Ainsi l'œuvre de Swift se présente comme une véritable typologie des différentes figures de l'accueil de l'étranger, en même temps qu'elle dessine les contours d'une hospitalité idéale. La pluralité des voyages et leur discontinuité (la multiplication des expériences) y trouvent leur sens. Elles désignent et accuse toutes les fausses figures de l'hospitalité pour mieux marquer l'irréductibilité de l'hospitalité absolue à ce que les États donnent pour tel.

Or toutes ces expériences peuvent être rapportées à un seul et même fil conducteur qui permet de suivre toutes les étapes de ce parcours : la langue. Que celle-ci occupe une position centrale ne doit pas surprendre. Elle est, dans les expériences de l'hospitalité, le lieu de tous les partages, mais aussi de tous les conflits. Pour l'hôte (qui a le pouvoir de recevoir ou de chasser), elle est l'instrument de son pouvoir. Mais elle peut être aussi l'instrument de sa fierté, de sa vanité (ce que Vico appelait la *boria*) ou de son mépris (le rejet de la langue de l'autre comme une langue inférieure, barbare, inculte, etc.). Tandis que, pour le naufragé qu'est Gulliver, sa propre langue est ce dont il ne peut plus se servir (ce qui ne lui est plus d'aucun secours) et celle de l'hôte, à chaque fois, le premier obstacle à surmonter. L'absence de relation, la vulnérabilité absolue de l'un et la puissance des autres se traduisent dans l'absence de langue commune et dans l'impossibilité première de la traduction.

Ainsi de l'arrivée à Lilliput :

> Sa majesté impériale voulut plusieurs fois me dire quelque chose et je lui répondis, mais sans qu'aucun de nous comprît une syllabe aux discours de l'autre. Il y avait là des prêtres et des hommes de loi, à en juger par leur costume, qui reçurent l'ordre de m'adresser la parole. Je leur parlai dans

toutes les langues dont j'avais quelques notions : haut et bas-allemand, latin, français, espagnol, italien, et lingua franca – mais sans résultat [1].

Tout dépend alors de la façon dont la langue se donne à connaître, des conditions et des motivations de son apprentissage – des premiers mots, des premières phrases répétées, retenues. Ils imposent un rapport à la langue qui constitue le premier et le plus visible signe du pouvoir auquel Gulliver est confronté. Dans le cas du voyage à Lilliput, deux expériences sont fondatrices, qui constituent l'envers de ce qui apparaîtra, bien plus tard, comme un rapport idéal. La première concerne la nature du premier discours que Gulliver reçoit dans la langue dont il apprend les balbutiements. Ce n'est pas, en effet, pour dire qui il est et d'où il vient, pour raconter ses malheurs et décrire son pays qu'il est invité à apprendre la langue, mais simplement pour entendre les règles qui régissent son droit de séjour. Première violence, premier détournement de la loi de l'hospitalité. La langue est reçue sous la forme d'une série de commandements, dont l'énoncé a peu varié depuis le dix-huitième siècle : l'assignation à résidence, la restriction de la liberté de circulation, l'allégeance, la mise à disposition de sa force physique, voire la restriction de son identité à un travail quantifiable. Autrement dit l'inscription de l'accueil dans un ordre qui est immédiatement celui de l'échange limité, de la dette, de la contrepartie, voire de la rentabilité. De l'arrivant qu'est Gulliver les autorités de Lilliput n'attendent rien d'autre. Elles ne veulent rien entendre ni apprendre. Elles n'ont rien à partager. La relation se limite à l'observation d'un règlement. Et la langue est en même temps l'instrument d'un pouvoir arbitraire et l'enjeu d'une allégeance.

Mais de cette signature de la soumission inscrite dans le rapport à la langue (dans l'obligation de l'entendre et de la parler) témoigne encore une deuxième expérience de langue, caractéristique du voyage à Lilliput. Elle ne concerne plus Gulliver directement, mais les ambassadeurs de l'île voisine de Blefuscu – c'est à dire des étrangers auxquels s'applique d'entrée de jeu, à la différence de Gulliver, tout un code de lois – des étrangers pour lesquels les lois de l'hospitalité sont, depuis longtemps, bien réglées. Le traitement qui leur est réservé (quant à la langue) est un autre signe de l'écart qui sépare l'accueil des étrangers à Lilliput de l'hospitalité absolue. Elle est aussi le trait par lequel se désigne le plus explicitement et le plus densément [et il n'est pas surprenant que ce condensé d'exercice du pouvoir se concentre sur une expérience de langue(s)] la nature hostile, belliqueuse, guerrière du régime de Lilliput.

1. Swift, *Les Voyages de Gulliver*, trad. Émile Pons, édition Pléiade, Paris, Gallimard, 1965, p. 42.

> Je dois faire remarquer que ces ambassadeurs me parlaient avec l'aide d'interprètes, car les langues des deux empires sont tout aussi différentes l'une de l'autre que celles de deux nations d'Europe, et chacun des deux peuples vante l'ancienneté, la beauté et le pouvoir expressif de sa langue, tout en professant le plus grand mépris pour celle de son voisin. Cependant notre empereur, fort de sa victoire navale, obligea les ambassadeurs à présenter leurs lettres de créance et à faire leurs discours en langue lilliputienne[1].

De fait, contraindre l'autre à parler dans sa langue inscrit dans l'échange une première inversion et perversion de l'hospitalité : celle qui la transforme en rapport de force. Et ce n'est pas un hasard si, avec la langue, apparaissent aussi les premiers signes du mépris et de la domination qui accompagnent si souvent la rencontre de l'étranger. Ma langue vaut mieux que la vôtre, dit l'empereur des Lilliputiens aux ambassadeurs de Blefuscu ; ma langue, c'est-à-dire aussi mon peuple et ma culture – ou du moins ce qui s'impose à moi et ce que j'impose aux autres (de toute mon autorité) comme leur identité. Peut-être est-ce là d'ailleurs l'une des premières pistes sur lesquelles pourrait nous conduire cette réflexion sur l'hospitalité, au fil conducteur des pratiques de langue, à savoir que l'identité (supposée, et peut-être fabriquée) de la langue, et celle de la culture, comme l'intégrité du territoire, ont toujours à voir avec l'autorité, avec des institutions, des pratiques et des gestes autoritaires, qu'elles portent toujours, outre les pratiques d'exclusion qui la constituent, l'ombre d'une soumission exigée.

Pour le moment, c'est un autre fait singulier que nous devons retenir de ce premier voyage de Gulliver, de cette première expérience de la langue de l'autre (de ces mots dont Swift joue si abondamment). À aucun moment, il ne lui est donné la possibilité de dire qui il est, de se faire connaître, de se raconter. Contrairement à ce qui est peut être l'une des plus antiques composantes de l'hospitalité, il n'a pas les moyens de faire le récit de ses aventures. La parole ne lui est jamais vraiment donnée. C'est l'exploitation de sa force de travail qui s'y substitue. Et c'est cette absence du récit, ce défaut d'une parole partagée qui empêchent toute relation (toute mise en commun) de prendre corps. Elles autorisent les craintes, les rumeurs et les fantasmes. Elles font de Gulliver une menace (qui permet toutes les accusations) en même temps qu'elles accroissent sa vulnérabilité – étrange vulnérabilité, en réalité, puisqu'elle est celle d'un géant, face à une armée de nains. Du défaut d'une parole donnée à la condamnation de l'hôte, la conséquence est donc implacable.

1. Swift, *op. cit.*, p. 65.

C'est pourquoi, le voyage à Brobdingnac (le pays des géants) présente un progrès sensible. Le paradoxe est que, là où les conditions physiques lui sont le plus défavorables (il est un nain au pays des géants), Gulliver est davantage en sécurité – même si celle-ci reste toute relative – que chez les lilliputiens. Les frontières entre la force et la faiblesse sont brouillées, l'échelle de la vulnérabilité est inversée. Mais c'est aussi que les conditions de l'hospitalité sont différentes. Une fois encore, elles se jouent autour de la langue. Comme à Lilliput, Gulliver se heurte d'abord à la barrière d'une double incompréhension. Aucune des langues qu'il parle n'est entendue et lui-même ignore tout de celle dans laquelle on s'adresse à lui :

> Il m'adressa plusieurs fois la parole, mais le bruit de sa voix me cassait les oreilles, comme celui d'un moulin à eau, et pourtant son langage était bien articulé. Je lui répondis en plusieurs langues, criant de toutes mes forces, tandis qu'il approchait son oreille souvent à moins d'une toise de moi. Mais tout fut vain, nous ne pouvions absolument pas nous comprendre[1].

Mais, tandis qu'à Lilliput, il avait des prêtres et des juges, voir les gardiens de sa prison pour lui apprendre les rudiments de la langue, c'est, à Brobdingnac, une enfant qui s'en charge. Tandis qu'au pays des nains, il lui fallait d'abord apprendre, comprendre et accepter les conditions de l'hospitalité (les règles de son droit de séjour), on lui demande, au pays des géants, de raconter ses aventures, de dire qui il est, de décrire son pays. Sans doute, c'est encore au roi, à la figure de l'autorité (au pouvoir institué) qu'il faut rendre des comptes. Mais ces comptes ne sont plus les mêmes. Ce n'est plus à Gulliver de donner sa parole (de signer un engagement), c'est au roi de la lui accorder. Reste que ce récit échoue – et que les raisons de cet échec décrivent un nouvel écueil de l'hospitalité. Rien de ce que Gulliver raconte ne passe, et il se voit opposer comme une fin de non-recevoir à tout ce qu'il dit de lui et de son pays. Ce qu'il en avoue, ce qu'il en révèle, sans ménager ses critiques, se retourne contre l'hospitalité qui lui est accordée. Elle accroît la distance. Entre le monde des géants et l'Europe du voyageur, la parole donnée au naufragé n'abolit aucune frontière. De fait, ce n'est pas sans réticence, que Gulliver prend la parole, c'est même contraint et forcé qu'il consent à faire ce récit, comme on déclinerait son identité devant un tribunal. Tout se joue alors dans l'écart entre des paroles extorquées et cette parole donnée, dont nous n'avons rien dit encore, mais qui constitue certainement la toile d'horizon (le rivage ultime) du roman de Swift. Le résultat du voyage à Brobdingnac n'est pas surprenant. C'est avec une grande violence que le roi met fin à l'entretien :

1. Swift, *op. cit.*, p. 99.

> D'après les données que m'ont fournies à la fois votre propre récit et les réponses que je vous ai *extorquées*[1] à grand peine, je ne puis tirer qu'une conclusion : c'est que les gens de votre race forment, dans leur ensemble, la plus odieuse petite vermine à qui la nature ait jamais permis de ramper à la surface de la Terre[2].

Au cours des voyages suivants, la même expérience se reproduit. Ainsi à Laputa :

> Au bout d'un mois à peu près, j'avais fait assez de progrès en leur langue pour répondre à presque toutes les questions que me posait le roi, quand j'avais l'honneur de le voir. Sa majesté ne montrait pas la moindre curiosité pour les lois, les institutions, l'histoire, la religion et les mœurs des pays que je connaissais; il se bornait à m'interroger sur l'état des mathématiques et accueillait les renseignements que je lui donnais avec beaucoup de dédain et d'indifférence[3].

Dans cette île habitée par des savants – des savants que leur savoir ferme à toute autre pratique de langue, à toute écoute (c'est-à-dire à tout accueil) –, plus qu'en tout autre lieu, la parole donnée se heurte aux certitudes de l'hôte, à son sentiment de supériorité, à sa raison (mathématique), au bon droit de sa raison, à l'ordre qu'il impose aux êtres et aux choses. Le refus d'entendre trouve sa justification dans le manque d'intérêt pour tout ce qui pourrait déranger, perturber, inquiéter cet ordre savant. Et c'est ce qui inverse la parole accordée en parole confisquée (confisquée par défaut d'écoute), et transforme du même coup l'autorité du savant, de l'érudit mathématicien en exercice arbitraire du pouvoir. Et pourtant Gulliver a appris la langue. C'est dire que l'étranger qui a accompli cet effort n'en a pas encore fini avec les barrières de langue; que, du sein d'une seule et même langue (qui en abrite en réalité plusieurs) il se heurtera encore à tous les sociolectes qui se dresseront sur son chemin comme autant de nouveaux obstacles. C'est dire qu'avec l'apprentissage de la langue, la traversée des exclusions linguistiques n'a pas encore trouvé son terme. C'est dire aussi, à l'encontre de tous ceux qui font de la langue le bien commun le plus précieux d'un « peuple », qu'on peut se trouver, dans maintes circonstances, étranger à sa propre langue – qu'elle est moins souvent un ciment d'unité qu'un instrument de division.

1. Nous soulignons.
2. Swift, *op. cit.*, p. 142.
3. Swift, *op. cit.*, p. 175. Voir aussi p. 183 : « J'avais fini, à force de travail, par savoir vraiment leur langue. J'étais las d'être ainsi reclus dans une île où l'on avait si peu d'égards pour moi, et bien résolu à la quitter, à la première occasion favorable ».

À chaque nouveau voyage, c'est à de semblables frontières que se heurte Gulliver. Elles sont celles de langues, de cultures, de territoires repliés sur eux mêmes (Ce n'est pas pour rien qu'il s'agit, presque toujours, d'îles, de territoires, de langues et de cultures insulaires, cernées par l'immensité des océans). La force du roman de Swift est de rendre ses frontières visibles dans le prisme de l'hospitalité, de ses ratages, de ses manquements. Donner la parole ne suffit pas, si, à l'avance, tout effet de cette parole est improbable – si on l'écoute par curiosité, d'une oreille distraite, sans y accorder d'importance; s'il est admis, par principe, que, de la parole de l'étranger, il n'y aura rien à retenir, qu'elle est parole de « sauvages », de « barbares », d'êtres incultes – ou du moins qui n'ont pas accès à l'autre culture (à celle des autochtones, des « propriétaires », des occupants, des ayant-droit de la culture).

Et c'est ce qui donne toute sa force utopique au quatrième et dernier voyage de Gulliver. Avec la rencontre des Houyhnhnms, ce sont d'abord, en effet, tous ces manquements à l'écoute qui disparaissent. Swift met beaucoup d'insistance à en signaler tous les progrès. Il décrit, étapes par étapes, la construction d'une relation – cela même qui manquait à tous les voyages précédents. Ici encore, l'apprentissage de la langue est décisif. Mais ses conditions diffèrent du tout au tout. Il procède exclusivement (de la part de l'hôte) d'un désir sans cesse renouvelé d'entendre le récit de Gulliver – un désir inépuisable qui ne saurait trouvé sa raison d'être dans une simple curiosité.

> Mon maître désirait vivement savoir d'où je venais et comment j'avais acquis cette apparente raison que je mettais dans mes actes. Il voulait l'apprendre de ma propre bouche, et avait l'espoir que ce serait pour bientôt, étant donné les progrès que je faisais, tant en prononciation qu'en vocabulaire et en syntaxe. Pour soutenir ma mémoire, je notais tous les mots en orthographe anglaise et j'en faisais des listes avec leur traduction[1].

1. Swift, *op. cit.*, p. 241. Citons les autres passages significatifs de cette construction : (p. 242) « Au bout de dizaines de semaines, j'étais capable de comprendre la plupart de ses questions; au bout de trois mois, je savais donner quelques réponses intelligibles. Il voulut à tout prix savoir de quelle région du monde je venais et comment j'avais appris à imiter les créatures douées de raison. »; (p. 243) « Je dis à mon maître que je manquais de vocabulaire, mais que je tâcherais de faire tous les progrès possibles, et que j'espérais être bientôt à même de lui conter des merveilles. Il eut donc la bonté de dire à la jument, son épouse, à son poulain, à sa pouliche et à tous les gens de sa maison de saisir toutes les occasions de m'enseigner la langue – et lui-même consacrait à cette tâche deux ou trois heures par jour. »; (p. 243) « Ils se plaisaient à parler avec moi, ils me posaient de nombreuses questions auxquelles je répondais, aussi bien que je pouvais le faire. En profitant de ces circonstances, je fis de tels progrès que, cinq mois après mon arrivée, je comprenais tout ce qu'on me disait et je m'exprimais moi-

Or cette construction est d'autant plus remarquable qu'aucune relation n'est, au départ, plus improbable. Dans ce dernier voyage, Swift s'ingénie, en effet, à brouiller les frontières. Avec les Houyhnhnms, il s'entend à décrire une « humanité idéale » – des êtres dont la conduite et les institutions sont de part en part conformes à la raison. (Dans leur langue, leur nom générique signifie « perfection de la nature »). Sauf que, précisément, cette perfection n'est pas humaine. Les Houyhnhnms sont des chevaux doués de raison – persuadés aussi d'être seuls à l'incarner. L'autre, pour eux, ce sont ces créatures d'un rang inférieur qui ne valent que par la quantité de travail qu'elles sont capables de fournir : les Yahoos – des êtres aux mœurs brutales et aux instincts violents qui, une fois domestiqués, leur servent d'esclave et ressemblent étrangement, du moins physiquement, à des hommes. Ainsi se trouve déplacée, dans un geste initial, une première frontière : celle qui sépare l'humanité et l'animalité. Le lieu de la raison n'est plus dans l'homme. Dans l'esprit des Houyhnhnms, il s'agit d'un dogme aussi solidement établi que n'importe lequel des partages qui gouvernent nos consciences, à commencer par celui entre l'humanité et l'animalité, mais aussi toute autre frontière – un dogme qui semble avoir pour lui la caution de la nature.

L'effet du récit de Gulliver en est d'autant plus remarquable. S'il revêt une telle importance aux yeux des Houyhnhnms (s'il est à ce point désiré), c'est qu'il interroge et dérange cette frontière constitutive de leur identité. Pour les Houynhnhms, Gulliver, l'étranger échoué sur leur rivage, est celui qui les conduit à réviser leur jugement sur ce qui faisait jusqu'alors figure d'autre absolu : les hommes, les Yahoos. Le voyageur en a conscience qui interromprait volontiers son récit, au moment où il lui faut apprendre à ses hôtes comment les chevaux sont traités dans son propre pays.

> Je priai son honneur de bien vouloir me dispenser de poursuivre plus loin, car j'étais certain que le récit qu'il attendait lui serait hautement désagréable. Mais il maintint son ordre : je devais lui révéler le meilleur comme le pire [1].

« Le meilleur comme le pire ». Dans une étude du don de la parole, comme forme première de l'hospitalité, cette formule a une portée décisive et elle appelle plusieurs remarques. 1) C'est avec ce dernier voyage (dans un lieu dont Gulliver ne voudra plus partir et qu'il quittera bien malgré lui) que le récit de l'étranger trouve enfin sa véritable fonction : déranger l'ordre des certitudes, déplacer les frontières. D'où vient cette ligne de

même assez correctement. [...] Il attendait avec impatience le moment où il pourrait ouïr les merveilles dont je lui avais promis le récit ».

1. Swift, *op. cit.*, p. 248.

démarcation que nous avons toujours dressé entre nous et les autres? L'hospitalité, qui se concentre ici dans l'accueil du récit étranger, n'a pas d'autre sens que de la ramener à la fragilité de son origine. Et c'est à la seule condition d'en courir le risque qu'elle n'est pas le nouvel avatar d'une hostilité bien réelle. 2) Ce déplacement inscrit la différence au cœur de l'identité. Différer d'avec soi-même, telle est finalement l'opportunité qu'offre à son hôte le récit de l'étranger auquel il accorde l'hospitalité.

> Je crois que vos paroles ont produit dans mon esprit un trouble auquel j'étais jusqu'ici complètement étranger: ne puis-je penser qu'à force d'entendre ces mots abominables, mes oreilles vont peut-être les admettre avec moins de détestation [...] Puisqu'une créature se prétendant douée de raison peut commettre de telles abominations, il faut craindre que la corruption de cette faculté ne soit pire que l'animalité elle-même [1].

Ce que le récit dérange ici, c'est moins la possibilité de tracer une frontière déterminée entre le bien et le mal, la raison et la déraison, que celle d'identifier chaque côté de la frontière à une « race », un peuple, une langue ou une culture. Mais surtout le risque partagé de l'hôte et de l'étranger dans le récit (le meilleur et le pire livrés à l'écoute) révèle la véritable nature de l'hospitalité. Si elle est, en son essence, création d'une relation inédite que rien ne présuppose (et qu'aucun cadre ne saurait limiter), elle n'est pas possible sans une exposition mutuelle – une exposition antérieure à toute forme de protection. C'est même ce qui distingue cette relation, au sein de toutes celles qui structurent l'existence (la relation amoureuse, la filiation, l'amitié) et qui exigent une protection. Dans tous ces cas de figure, la relation ne peut faire l'objet d'une demande. Elle est, ou elle n'est pas. Mais dès lors qu'elle existe, elle peut être violée et, à ce compte, demande une protection[2]. C'est la relation, elle-même, qui demande à être protégée, et

1. Swift, *op. cit.*, p. 256.

2. C'est à Frédéric Worms qu'on doit, dans une étude récente, l'analyse du sentiment de violation comme origine du problème du mal et de la protection publique qu'il exige. Ce que nous apprend ce texte, en effet, c'est que le sentiment de violation porte toujours sur une relation qui loin d'être abstraite est constitutive des individus: « Ce que nous révèle le sentiment de violation, comme sentiment même, c'est que les relations entre les individus tissent des liens temporels et individuels qui ont une consistance et comme une valeur propre, et dans lesquels la violation introduit une discontinuité irréversible allant jusqu'à défaire le individus eux-mêmes et pas seulement leurs rapports », (« Penser la violation », in *Esprit*, février 2000, p. 69). L'amitié, la citoyenneté, la paternité sont au nombre de ces relations qui, nous dit Frédéric Worms, « unissent des êtres humains singuliers dans le cours de leur vie » (p. 75). À ce compte, elles appellent des institutions spécifiques qui déterminent le seuil au delà duquel elles sont violées – un seuil qui appelle une protection politique. Or ces relations sont précisément celles dont « l'arrivant absolu », le naufragé, l'étranger qui a tout perdu figurent l'absence. Pour ceux là tout ce qui pourrait être protégé est déjà perdu. La question du

non son désir. C'est elle qui peut être blessée. Au contraire, dans l'hospitalité que demande, attend ou espère l'étranger, la vulnérabilité est antérieure à toute relation. Elle réside dans le désir même qui peut se heurter à un refus, à une fin de non recevoir, à telle ou telle exclusion déguisée sous les masques d'un accueil réservé. C'est pourquoi, préalablement à toute protection (et même à l'encontre de tout geste, de tout réflexe de protection), elle exige une exposition mutuelle de l'hôte et de l'étranger. Pour reprendre la distinction précieuse de Jacques Derrida entre *la* loi de l'hospitalité, inconditionnelle, et *les* lois de l'hospitalité, il est probable que c'est cette exposition (qui est en même temps don de soi) que les secondes, réduisent, atténuent, voir suppriment au détriment de ce que la première exigerait, dans son inconditionnalité.

Et c'est aussi cette exposition que signifie, en son fond, le don de la parole (l'accord, l'offrande, quel qu'en soit le rituel) de l'hôte à l'étranger. Toute la force du roman de Swift est alors de donner à cette exposition (à ce risque impossible à mesurer, car nul ne sait où l'hospitalité trouvera ses limites et si ce don de la parole n'aura pas pour sanction l'irritation de l'hôte, la condamnation, voire la mise à mort de celui qui s'est risqué à parler) – de lui donner donc le visage de la traduction. S'exposer, pour Gulliver, c'est d'abord se traduire, s'imposer le passage d'une langue à l'autre, dans une autre culture et sur un autre territoire. Mais l'exposition vaut aussi pour les Houynhnhnms qui accueillent dans leur langue, dans leur culture et sur leur territoire l'expérience de l'étranger, c'est-à-dire qui courent le risque majeur de voir se déplacer, au fil de son récit, dans l'accueil de la parole qu'ils lui ont donnée, toutes les frontières qui limitent et ordonnent leur existence.

TRADUCTION ET HOSPITALITÉ

Et de fait, la formidable leçon d'hospitalité qu'offrent, de naufrage en naufrage, et jusqu'à l'ultime retour en Angleterre, *Les Voyages de Gulliver* est aussi une réflexion décisive, éthique et politique, sur la traduction. Mieux, le livre de Swift est, par essence, le roman de la traduction. À tel point que, si nous voulons élargir notre réflexion et nous interroger sur ce que sont l'identité non seulement d'une langue, mais encore d'une culture et d'un territoire, les expériences de la traduction que le roman met en scène constituent un paradigme décisif, un paradigme dont on aimerait suivre ici le fil. Mais auparavant, il faut revenir, encore une fois, sur le roman de Swift. La tâche de traduire se joue à plusieurs niveaux. D'abord l'épreuve

seuil est bien plutôt alors celle du minimum qu'il faut consentir (cette partie de soi qu'il faut exposer) pour donner à ces relations la possibilité d'exister à nouveau.

de la traduction est celle que, à chaque fois et sous des figures différentes et progressives, Gulliver doit surmonter. Il lui faut d'abord (à Lilliput) traduire dans sa propre langue les ordres qu'il reçoit, le règlement auquel il doit se soumettre. Traduire est alors, de la façon la plus brutale qui soit, la condition de la survie. De ce point de vue, rien n'a changé. Nul doute que cette expérience est la plus communément partagée par tout étranger (cela ne vaut pas seulement de l'« arrivant absolu ») qui affronte, ici ou là, l'administration du pays qui l'« accueille ». Ensuite, il lui faut se traduire lui-même pour se faire connaître et se faire accepter. Or « se traduire » veut dire le plus souvent se censurer, s'auto-censurer. Ce qui ne signifie pas préserver une part de son étrangeté, garder son quant-à-soi, mais craindre que celle-ci, telle qu'elle se traduit dans le récit, dans les mœurs, dans la culture, ne soit plus supportable à l'hôte qui garde le pouvoir d'exclure, quand ce n'est pas (comme c'est le cas dans certaines reconduites à la frontière) un pouvoir de vie et de mort. Gulliver, presque toujours, doit rester sur ses gardes. Il prend soin de ne pas heurter ses hôtes, leur culture, leurs mœurs. Ses récits font le tri entre ce qui peut être dit et ce qui ne saurait être compris. Traduire, c'est alors (selon l'une des plus anciennes définitions de la traduction) trahir délibérément (se trahir soi-même), au sens d'un accommodement, d'une adaptation – cette adaptation qui semble à tant d'autochtones, d'occupants, de citoyens, d'ayants droit, d'hôtes conditionnels la condition minimale et première de leur hospitalité. Et c'est sans doute l'une des formes extrêmes que prend la vulnérabilité de l'étranger (en demande, en attente de relation – que celle-ci prenne ou non, ultérieurement, la forme d'un droit) que cette obligation de la trahison. Ici encore, c'est à l'hospitalité des Houynhnhnms d'en apporter le contre exemple. Demander qu'on parle *pour le meilleur et pour le pire*, c'est inviter l'hôte absolu à ne pas se trahir. La parole donnée à l'étranger est donc toujours une parole qui traduit. Mais cette traduction peut-être aussi bien un simple signe d'allégeance (à la langue de l'autre, à sa culture, à son autorité), l'acception de ses conditions, que le risque réel d'une relation inédite dont la langue et plus généralement la culture de celui qui accueille ne sortent pas intactes.

De fait, si l'on en croit telle ou telle de ces théories de la traduction qui nous donnent tant à penser, celle de Walter Benjamin de Franz Rosenzweig [1] ou de Antoine Berman, par exemple, nous savons qu'il existe

1. Voir notamment ce qu'écrit Rosenzweig dans « L'écriture et Luther », traduction française in *L'écriture, le verbe et autres essais*, p. 56 : « Si tout langage est acte de traduction, alors l'impossibilité théorique de traduire dont nous prenons connaissance et acte ne peut avoir pour nous que la signification qu'ont par la suite, dans la vie même, toutes les impossibilités théoriques de ce genre, repérées à ras de terre : dans les compromis impossibles

au moins deux mauvaises façons de traduire. Il y a d'abord des traductions qui donnent tout à la langue d'arrivée. Rien de ce qui fait la singularité de la langue de départ ne doit transparaître dans cette langue – c'est à dire la bouleverser, en déranger l'ordre et les dispositions. Elles sont, précisément, ce qu'on appelle des adaptations. Elles sacrifient aux habitudes littéraires et langagières du « peuple » ou de « la culture » liés à la langue qui « reçoit » – qui devrait, à ce compte, accueillir la langue de départ comme un autre et comme un hôte, et qui, en réalité, ne reçoit et n'accueille qu'elle même. Il y a ensuite des traductions qui ne parviennent pas à sortir de la langue de départ. Elles butent sur les mots et les tours de cette langue, réputés intraduisibles. Il leur semble que toute traduction de la langue de départ est une insupportable trahison. Dans la langue d'arrivée, elles conservent des mots de cette langue (des mots qu'on dira justement « étrangers »). Mais pour autant qu'elles instaurent cette curieuse cohabitation entre les langues (au sein d'une seule et même langue), elles ne modifient pas davantage la langue d'arrivée. Elles n'adaptent rien, mais rien non plus ne passe (ne se passe dans les langues) – rien ne se traduit. Elles ne trahissent rien, sinon la traduction elle-même. Pour reprendre la belle expression d'Antoine Berman, elles contournent « l'épreuve de l'étranger », davantage qu'elles ne s'y exposent (c'est-à-dire y exposent les langues et les cultures). Elles sacralisent à ce point l'une ou l'autre des langues que chacune reste repliée sur l'illusion de sa singularité – illusion dont l'une des figures les plus récurrentes reste la croyance au « génie de la langue »[1]. Ce qui fait de ces traductions en retrait une nouvelle forme du refus de traduire.

Or à chacun de ces refus correspond un déni d'hospitalité. Si tout accueil de l'étranger implique (ordonne, exige, encourage, favorise – autant de verbes qui en dessinent des figures différentes) une certaine façon de traduire (de traduire la langue de l'autre, mais aussi de se traduire), ces façons de ne pas traduire se retrouvent dans des façons de ne pas accueillir. Deux phénomènes opposés – qui excèdent de loin ce qu'on peut lire dans

et nécessaires dont bout à bout le fil s'appelle vie, elle va nous donner le courage de la modestie qui d'elle même exige non pas la chose reconnue impossible, mais celle nécessaire donnée à tâche. Et exige ainsi, quand on parle et entend, non que l'autre ait mes oreilles ou ma bouche, ce qui assurément rendrait la traduction inutile, mais exige aussi que l'on parle et entende. Ni, s'agissant de se parler et de s'entendre de peuple à peuple, que la traduction ne soit pas une traduction, mais ou bien l'original, par quoi le peuple qui entend serait alors superflu, ou un nouvel original, par quoi c'en serait fait du peuple qui parle. Seul pourrait le vouloir un fol égoïsme qui s'imaginerait trouver son content dans son existence propre, individuelle ou nationale, aspirant tout autour de lui au désert ». Sur ce point, cf. notre essai « Traduction et Rédemption », in *Le malin génie des langues*, Vrin, 2000.

1. D'un tel parti pris, la confiscation de la traduction de l'œuvre de Heidegger, en français, donne dans de nombreux volumes, un exemple comique et désolant.

Les Voyages de Gulliver – permettent de le comprendre : 1) l'assimilation forcée, 2) la ghettoïsation. Ils nous font franchir un pas dans l'analyse, car ils ne concernent plus tel ou tel individu singulier (du moins plus seulement), mais des familles entières (ou ce qu'il en reste), la population de villes ou de villages entiers, toutes générations confondues (ceux, du moins, qui se sont échappé ou qui ont survécu). C'est par leur étude qu'il nous faut poursuivre, si nous voulons rejoindre notre question initiale : Qu'en est-il de l'identité d'une langue, d'une culture, d'un territoire ? Mais aussi : de quel avenir les rivages sont-ils porteurs ?

a) L'assimilation est un phénomène complexe qui appelle des distinctions (celles-ci dussent-elles, par la suite, être mises en question). On sera tenté de distinguer, en effet, l'assimilation qui se fait au fil des années, qui procède de la volonté répétée, conjuguée et transmise de plusieurs générations, et celle qui procède de l'intervention brutale d'un État. Cette distinction, il nous faut la faire, car la nier serait supposer que les individus sont enfermés dans une langue et dans une culture (ou du moins dans ce qui se donne à eux pour tel), qu'ils lui sont liés affectivement à un point tel qu'ils ne peuvent éprouver le désir d'en sortir (de renoncer volontairement et de leur plein gré à ce qui les constituent en appartenance). Elle appelle pourtant deux réserves. 1) Si l'assimilation est une affaire de « générations », elle se heurte à un difficile travail de mémoire. Il est difficile de savoir ce que la perte progressive des éléments d'une culture autre (la langue, les vêtements, les mœurs) doivent, plusieurs générations en amont, à un choix propre et ce qui a pu peser sur elle (cette perte ou cet oubli) de contraintes politiques et sociales ; quels maillage et quadrillage institutionnels (l'école, les services sociaux) l'ont imposée comme une condition de l'hospitalité. Difficile de savoir au prix de quelles souffrances, de quels renoncements, de quelle nostalgie effacée, des grands parents aux parents puis aux enfants, cette condition fut « librement » consentie. 2) On est forcé de se demander quelle idée de la culture suppose le concept d'assimilation. N'est-ce pas à une conception unitaire et identitaire (un-identitaire) de la culture qu'on se réfère, chaque fois qu'on utilise une telle notion – c'est-à-dire, comme nous essaierons de le montrer un peu plus loin, à cette conception de la langue et des mœurs qui est le plus opposée à l'hospitalité sans condition, dont l'arrivant absolu invite à penser le modèle ? Tout se passe comme si, parlant d'assimilation, nous avions déjà accepté comme une vérité incontournable, comme le fait même de l'hospitalité, les présupposés les moins avoués des conditions, des restrictions dont s'accompagne sa codification, sa réglementation dans un droit d'hospitalité. Ce présupposé, ce serait celui de l'unité. Ce seraient *une* langue, *une* culture qui accueilleraient l'étranger. Et l'hospitalité serait un devoir tant qu'elles ne sont pas menacées (tant que l'accueil de l'étranger est compatible avec leur protection). Dans l'assimilation, ce seraient cette langue, cette culture qu'on ferait siennes. Nous verrons que l'intérêt de penser les conditions du don de la parole dans l'hospitalité absolue (notamment en termes de traduction) – et de substituer au concept de protection celui d'exposition – est de rompre avec cette figure identitaire et unitaire de la langue et de la culture.

Et pourtant, cette distinction (entre les deux formes d'assimilation) a son prix. Car la volonté hégémonique des États sût imposer l'assimilation avec une violence qui n'a rien de comparable à la nostalgie qu'on évoquait à l'instant. S'assimiler voulait dire alors se fondre dans un tout, sans que rien ne vienne rappeler, dans la langue, les mœurs, la culture une extériorité. Et tout était fait pour que ce rappel, à l'échelle de populations entières, soit rendu impossible. Il n'était plus question de se raconter ni de se traduire. Tout récit, au sens de celui que les Houynhnhnms attendaient de Gulliver, (un récit qui perturbe les frontières, comme toute traduction désorganise la langue) se trouvait, de ce fait, confisqué. S'assimiler, c'était précisément ne pas prendre la parole, comme étranger; c'était même refuser de la prendre, au cas où elle serait donnée. Et cela valait aussi (vaut encore) comme principe d'évaluation. La parole était donnée en priorité à celui qui pouvait proclamer haut et fort qu'il n'était plus un étranger, qu'il n'avait plus rien d'un étranger[1]. De quelqu'un qui toujours éprouvait le désir de parler de son pays (d'en évoquer le souvenir), qui en avait la nostalgie, on disait (et on dit toujours) qu'il ne pouvait pas, ou ne voulait pas s'assimiler.

b) La ghettoïsation est, en quelque sorte, l'inverse de l'assimilation. mais elle procède au moins autant (et au prix d'une tout autre violence) d'un semblable refus de voir les cultures se traduire les unes dans les autres. Rien, en effet, n'assigne autant une langue et une culture à se replier sur elles-mêmes que leur enfermement dans un ghetto – un repli tel qu'il finit par créer une culture, voire une langue autre (la langue et la culture du ghetto). C'est pourquoi le ghetto, autant que le camp de réfugiés, sont les figures extrêmes de l'hospitalité conditionnelle. Ils vident celle-ci, autant que faire ce peu, de toute forme d'échange, de partage et de don. Ils réduisent l'accueil de l'arrivant à la concession d'un territoire restreint, clôturé – un territoire auquel nul n'a accès, sinon pourvu d'autorisations

1. C'est ainsi que les empires coloniaux formaient leurs élites dans les capitales des métropoles. Et la décolonisation devint possible le jour où ces élites, qu'on avait tout fait pour « assimiler », commencèrent par refuser cette assimilation, et affirmèrent qu'envers et tout ce que la métropole leur avait « donné » (à commencer par la parole, les moyens et le droit de parler), elles lui restaient « étrangères ».

diverses. Or ce que cette clôture et ces autorisations rendent délibérément impossible, c'est précisément le don de la parole. Le ghetto, c'est d'abord un lieu où, sauf à être accrédité, il n'est pas possible de rentrer pour recueillir le récit de l'arrivant. C'est aussi un lieu d'où nulle parole n'est censée sortir, sinon sous condition.

Langues, cultures, territoires

L'avenir est-il sur les rivages ? La réponse ne peut être positive que si le risque (éthique et politique) majeur qui menace tout rivage et appartient à sa mémoire se trouve conjuré – un risque dont le nom fut souvent synonyme de destruction de la diversité des cultures et des langues et d'uniformisation du territoire : celui d'empire. Car c'est un fait que les rivages ne furent souvent rien d'autre que la bordure des empires – le lieu où les différences n'étaient plus acceptées qu'au prix de la fabrication d'une image un-identitaire de la culture, le lieu où se construisait une frontière qui était en même temps le rempart d'une forteresse politique et culturelle. La politique des rivages se résumait alors à l'ensemble des stratégies nécessaires pour faire de cette bordure le filtre de la diversité et un laboratoire où s'expérimentaient l'assimilation forcée et/ou la ghettoïsation – c'est-à-dire la protection de l'empire. Le rivage, c'était le lieu où, par définition, la culture un-identitaire de l'empire pouvait faire semblant de s'exposer pour mieux se protéger, le lieu où toute occasion était bonne pour construire et renforcer le mythe de l'unité impériale. Il y allait de sa survie même. L'empire ne pouvait faire oublier l'histoire de ses conquêtes et se donner une autre légitimité qu'à la condition de construire un tel mythe. Il lui fallait, par exemple, mettre en avant la supposée force d'attraction de sa langue et de sa culture, érigées en modèle de civilisation – son rayonnement. Tout individu échoué sur le rivage devait prendre acte de ce rayonnement. Il devait prendre conscience que sa propre culture (autant qu'elle pouvait être tolérée ou respectée) était sans commune mesure avec celle de l'empire. C'est ainsi que s'imposait à tout étranger, à tout arrivant l'autorité impériale. Et c'est au prix d'une telle reconnaissance (d'une telle allégeance) que son avenir se trouvait assuré. Penser l'hospitalité en termes de traduction, ce serait donc une façon (la seule peut-être) de faire en sorte que le rivage ne soit pas d'abord et avant tout le lieu où l'empire fait sa police – que la protection de l'hôte (dans les deux sens du terme) ne soit pas une façon déguisée d'imposer son autorité, de s'arroger la place d'une puissance tutélaire.

Mais c'est aussi se donner les moyens d'une tout autre pensée de la diversité des cultures. Si l'hospitalité est accueil de la traduction, et si cet accueil est forcément exposition, c'est le mythe de l'unité originaire des cultures qui se trouve battu en brèche. S'exposer à la parole dérangeante de l'arrivant, c'est, en effet, éprouver l'inconsistance de cette origine – l'éclatement, la dispersion originelle de son identité culturelle. Le propre de cette parole donnée/reçue est de nous ramener toujours à la différence à soi, ou plutôt à ce mouvement de différenciation qui fait la vie de toute culture. À la vision un-identitaire d'une pluralité de cultures opposées les unes aux autres dans des rapports de force qui font de toute protection une tutelle et de cette tutelle une nouvelle forme d'oppression, l'hospitalité oppose une autre vision de l'unité. Elle impose l'idée que toute culture est en elle-même et originairement cette puissance d'accueil qui la destine à se mêler aux autres. Les cultures n'ont pas pour destin de se replier sur elles-mêmes, de se protéger, dans le culte d'une histoire factice – mais de manifester, dans leur diversité même, l'unité de la culture. C'est pourquoi le métissage culturel ne vient pas après coup. Il n'est pas la conséquence d'une uniformisation, d'un nivellement ou d'un arasement de la diversité, mais le mouvement par lequel toute culture est ramenée à son essence qui est d'exprimer, dans sa façon propre de s'exposer aux autres, l'unité de l'humanité.

Et c'est ici que le paradigme de la traduction se révèle le plus fructueux. Dans son essai intitulé *La tâche du traducteur*, Walter Benjamin soutient la thèse selon laquelle la traduction exprimerait un rapport originel entre les langues. Elle mettrait en évidence leur apparentement profond. Elle aurait pour fonction (et même pour portée historique) d'inverser le mouvement de la séparation (qui est aussi un repli) qui les a rendu étrangères les unes aux autres, en même temps qu'il les instrumentalisait en les réduisant à de simples moyens de communication. Or cette visée n'est possible que parce que la traduction est une double exposition : exposition de l'original qui se modifie et de la langue qui l'accueille et dont les frontières se trouvent élargies. Se faisant, la traduction « dé-nationalise » la langue. Elle l'inscrit dans une histoire qui ne se réduit pas à celle de ses locuteurs.

C'est d'une même puissance de décentrement que se trouve investie l'hospitalité, dès qu'on fait du don de la parole, de la possibilité accordée de (se) traduire le signe de son inconditionnalité. S'exposer à cette parole, c'est reconnaître que *sa* culture n'est pas un bien propre, qu'elle n'a pas pour fonction d'exprimer l'identité d'une communauté donnée qui se retrouverait en elle pour mieux s'opposer aux autres. Telle qu'elle se donne, sous le masque d'une identité factice, chaque culture a en propre d'être la culture de tous et de personne. Elle est celle de personne, car notre identité culturelle est toujours trop complexe pour qu'aucun « nous » puisse lui correspondre. Nous sommes, en vérité, toujours plus métissés que nous ne le pensons. Nous ne pouvons résister à la parole qui, au bout du compte, s'est toujours donnée et se donnera toujours, que nous le voulions ou non, et quand bien même nous nous persuaderions du contraire. Le choix du repli est un choix perdu d'avance, car il n'a pour lui aucune caution, pas même celle de l'histoire. Les frontières des empires n'ont jamais tenu longtemps. L'hospitalité, comme exposition et comme traduction, révèle ainsi la vocation propre à toute culture : témoigner non pas d'une cohabitation possible, ni même d'une convergence ou d'un accord futur des cultures du monde, mais de la capacité propre à chacune d'elle de retrouver ou de reconnaître toutes les autres dans le mouvement de différenciation de soi avec soi qui n'avère d'autre identité que celle de l'humanité même.

Marc CRÉPON
CNRS

ROMPRE AVEC L'IDÉALISME HISTORIQUE : RE-SPATIALISER NOS CONCEPTS

À Didier Franck

Dans une conférence donnée au Centre d'études architecturales en 1967 et publiée après sa mort, Foucault, après avoir présenté l'histoire comme « la grande hantise » du XIXe siècle, déclare : « l'époque actuelle serait peut-être plutôt l'époque de l'espace »[1].

On remarquera que cet énoncé est ici amené pour ainsi dire avec des pincettes. Foucault exprime quelque chose comme ce qui pourrait être la conscience commune à la fin des années 60, ou en tout cas constituer une ligne de fracture de ce moment-là, puisque presqu'immédiatement il est alors fait allusion à ce qui serait le conflit présent (alors) « entre les pieux descendants du temps et les habitants acharnés de l'espace ». L'assimilation des derniers aux structuralistes relativise aussi la portée doctrinale de la référence spatiale sous la plume de Foucault, puisque celui-ci ne saurait nullement être qualifié de structuraliste, et n'a jamais revendiqué une telle identification. Comme souvent, le registre dans lequel se tient Foucault est plus celui du constat que de la position philosophique au sens traditionnel du terme : de fait, l'espace a acquis une importance centrale – qu'il n'avait pas auparavant – dans la pensée contemporaine (entendez : post-hégélienne et post-phénoménologique).

Même par rapport à cette dernière thèse, le texte de Foucault n'est pas sans apporter quelques corrections immédiates. L'irruption de l'espace comme question et préoccupation dans la pensée occidentale n'est certes « pas une innovation ». Et surtout, suivant cette démarche générale qui est celle de Foucault et dans laquelle il faudra bien reconnaître une certaine

1. « Des espaces autres », repris *in* Michel Foucault, *Dits et écrits*, éd. Daniel Defert et François Ewald, Paris, Gallimard, 1994, t. IV, p. 752-762.

forme d'*historicisme*, l'interrogation se fixe alors sur le fait que « l'espace lui-même, dans l'expérience occidentale, a une histoire ». Est-ce à dire qu'il faille ici rétablir comme un privilège du temps, dans sa capacité à capitaliser jusqu'au devenir – et au devenir-sensé – du concept d'espace ? Rien ne permet d'être aussi affirmatif. Ce serait ignorer les efforts propres de Foucault en direction d'une déconstruction du concept d'histoire, qui comportent indiscutablement aussi une réflexion sur les modes de spatialisation humains dans ce qu'ils peuvent avoir d'autonome en termes de pratiques, discursives ou non, et de non immédiatement reconductible au fil unitaire d'une « histoire ». Ce qui est visé alors, c'est « cet entrecroisement fatal du temps et de l'espace » que déploie nécessairement une archéologie comme telle [1]. Dans ce sens, la conférence citée s'oriente vers une étude de cet objet tout à la fois éminemment historique et anhistorique – dans la revendication de la spécificité du déterminant spatial dans l'histoire précisément – que constituent les « espaces autres », ce que Foucault nomme les « hétérotopies ».

Quoi qu'il en soit, nous reviendrons quant à nous à cet énoncé dont est parti Foucault, mi constat, mi *vox populi*, selon lequel notre époque serait celle « de l'espace ». Pour notre part, nous nous garderons bien de formuler un jugement sur ce point. Nous nourrissons toujours les plus grands doutes face à cet exercice dont Foucault fait précisément remonter l'invention à Kant [2] et qui consiste à « caractériser notre époque ». Non pas qu'en tant qu'époque – si nous pouvions en disposer comme époque justement – elle soit moins caractérisable qu'une autre, d'une densité ou d'une pauvreté exceptionnelle. Mais, suivant une intuition lacanienne profonde, nous aurions tendance à penser que là où se tient notre sujet, là se tient notre incertitude, et ce qui nous gêne d'un côté dans l'affaire, c'est le « notre » : comment précisément mesurer une époque comme « la nôtre » et qualifier ainsi comme tel ce que nous sommes prêts ou non à porter comme « notre époque » ? De l'autre côté, le concept d'époque n'est guère plus rassurant. Nous nous étonnons même de voir Foucault raisonner encore dans ces termes-là, et nous demandons jusqu'à quel point ce terme ne condense pas l'illusion historique (la croyance en l'Histoire, comme totalité unifiée et articulée et auto-manifestation du sens) qu'il prétend par ailleurs

1. Cette dimension spatialisante, en référence aux fouilles, à l'étalement du chantier et à l'étagement des strates visitées, est indiscutablement un des aspects centraux de la métaphore archéologique telle qu'elle sert à Foucault à caractériser sa méthode.

2. Cf. Foucault, « Qu'est-ce que les Lumières ? » (1984), in *Dits et écrits*, t. IV, p. 562-578.

dénoncer[1]. Il nous semble, de ce point de vue, qu'une réflexion sur la nécessité d'intégrer toujours aussi une détermination spatiale à notre conceptualité historique pourrait précisément constituer un contre-feu à la représentation de l'Histoire intrinsèquement associée à la notion d'« époques », et véhiculée par elle.

Enfin, le dernier point qui nous chagrine est que, en admettant qu'il faille raisonner en termes d'époques et que celle de Foucault (en 1967) était bien celle de l'espace, trente ans ont passé. Si l'époque de Foucault était celle de l'espace, de quoi la nôtre est-elle donc l'époque ? C'est à dessein que nous exagérons l'absurdité de la question, en la posant sous la forme qui peut manifester le plus clairement le caractère insaisissable et vide de toute herméneutique et de toute généalogie poussée trop loin dans les retranchements de l'auto-examen.

La question que nous poserons donc en dehors de toute « épochalité » et toute considération nombriliste du présent dans lequel nous sommes de toute façon, sera simplement de savoir si, par rapport à la représentation d'une « Histoire » telle que nous pouvons l'hériter *grosso modo* du XIXe siècle, nous pouvons attendre ou non un bénéfice d'une respatialisation des concepts qui y sont associés. Qu'y a-t-il à attendre, en vérité, d'une respatialisation de nos concepts – à supposer que nous soyons capable de donner un sens à ce slogan ?

Ce besoin de respatialisation, nous le voyons certes à l'œuvre sous plus d'une forme dans la philosophie contemporaine, notamment et d'abord dans une certaine philosophie française. On le rencontre bien sûr dans les analyses foucaldiennes. Mais on pourrait penser aussi ici, en un sens bien différent, à la géologie ou à la pensée « rhizomatique » d'un Deleuze.

Or on remarquera que ces références entrent certainement en contradiction avec ce qui semble constituer l'axe de force de la philosophie antérieure. Il faudra bien dire – c'est de là que nous partirons – que la pensée contemporaine au sens historique du terme (c'est-à-dire à partir de Kant) s'est constituée dans une sorte de déni de la spatialité et ce qu'on pourrait appeler une *surenchère à la temporalisation*. – Assurément le développement et le triomphe du concept d'« Histoire » en est-il un aspect. Il n'était possible que de ce que la déchirure du temps devienne la mesure de la vérité elle-même (et réflexivement s'y absolutise, tendant alors inéluctablement à n'être plus caractérisée qu'en termes strictement *ontologiques*, dans sa co-

1. On trouvera dans le livre de Michel Haar, *La fracture de l'Histoire*, Grenoble, Jérôme Millon, 1994, une réflexion intéressante sur la façon dont le thème heideggérien de la fin de la métaphysique induit – tout en faisant fond sur une conception « épochale » de l'Histoire – une certaine forme de dépassement de l'épochalité même. Comment se représenter alors un présent qui ne pourrait plus porter le nom d'une époque ?

extensivité revendiquée à l'être), et que tout *lieu* d'être, y compris pour « l'espace », y soit subordonné.

Emblématiquement se dresse à l'orée de la philosophie du XXe siècle la thèse heideggérienne, telle qu'on la trouve dans *Sein und Zeit*, selon laquelle le temps serait l'horizon de l'être[1]. Il est vrai que cette thèse est introduite plus comme un projet ou comme un programme que comme une vérité définitive, et que le programme qu'elle assigne demanderait à être réalisé, ce qui n'est apparemment pas le cas. Resterait, à l'issue de *Sein und Zeit*, qui a installé sa phénoménologie dans l'intuition du caractère temporel (*Zeitlichkeit*) de la *compréhension* de l'être[2], à mettre en lumière la temporalité (*Temporalität*) effective de l'être même. Or, c'est l'intérêt notamment de l'étude de Didier Franck[3] que de l'avoir montré, cette déduction au sens kantien du terme demeure impossible ou tout au moins définitivement interrompue. De ce point de vue, *Sein und Zeit* reste à jamais sur ce point d'interrogation avec lequel il s'achève. La temporalité intégrale et fondamentale de l'être même pourra-t-elle jamais être mise en lumière ? On peut en douter.

N'en reste pas moins ce projet d'une mise en évidence du caractère temporel de l'être même, caractéristique de la pensée moderne. Il est évidemment décisif que la prétention à une véritable ontologie « temporale » soit ainsi, dans le mouvement inachevé de *Sein und Zeit*, adossée à une référence basale au caractère temporel de notre « compréhension de l'être ». Dans le dépassement affiché de l'idéalisme transcendantal, on y lira, au cœur du premier état de l'œuvre heideggérien, la persistance de la fonction transcendantale du temps (intimement liée à celle du sujet), caractéristique de la pensée moderne. Vu sous cet angle, il est clair que la (relative) remise en question du privilège du temps dans l'œuvre du second Heidegger[4] a quelque chose à voir avec le détachement par rapport à une pensée à ses yeux encore trop centrée sur le *Dasein*. Le passage d'une pensée Daseinocentrique à une pensée ontocentrique, voire véritablement métontologique[5] (pensée de l'*Ereignis*), s'accompagne assez logiquement d'un certain reflux de la thèse qui fait du temps l'horizon exclusif de l'être – ce

1. C'est là-dessus – sous forme d'une question, il est vrai – que s'achève la partie seule publiée de *Sein und Zeit*, Tübingen, Max Niemeyer, 16e éd., 1986, p. 437.

2. *Sein und Zeit*, p. 17.

3. *Heidegger et le problème de l'espace*, Paris, Minuit, 1986.

4. Cf. « Temps et être » (1962), tr. fr. François Fédier in *Questions* IV, Paris, Gallimard, 1976 (repr. Tel, *Questions* III et IV en un volume en 1990).

5. Et non en ce sens de la métontologie avancé dans l'appendice du § 10 du cours de 1928, *Metaphysische Anfangsgründe der Logik im Ausgang von Leibniz* (Ga 26, hg. von Klaus Held, Francfort, Vittorio Klostermann, 1978), qui a encore intimement partie liée avec l'ontologie fondamentale.

qui ne veut pas dire que le caractère toujours aussi temporel de celui-ci ne doive pas être *aussi* marqué. La domination du temps dans l'analyse a bien quelque chose à voir avec le subjectivisme moderne, tel qu'il peut encore être subrepticement à l'œuvre dans *Sein und Zeit*, sous la figure ambiguë du *Dasein*.

Pourtant le sens premier de la référence temporelle telle qu'elle est introduite dans *Sein und Zeit* et mise au centre ne serait-ce que de notre *abord* de la question de l'être se veut subversif et anti-métaphysique, jusqu'à remettre en question même ce qui, de cette métaphysique, passe au titre de la notion de « sujet », présentée comme son accomplissement moderne. Il y a une thèse de Heidegger sur le caractère intrinsèquement métaphysique – au sens de ce qui est à « détruire » – de nos représentations communes, ainsi que des théories philosophiques qui, bien plus qu'elles ne rompent avec elles, en résultent. Or cette imprégnation métaphysique se marque notamment et, faudra-t-il dire, d'abord, au *primat de la spatialité*, au sens propre ou métaphorique, qui caractérise le discours de la quotidienneté comme celui des doctrines philosophiques [1] en tant qu'elles participent de ce qui, depuis les Grecs, s'est constitué comme « métaphysique ». Cette entente naturellement spatialisante des choses (la notion de « chose » est elle-même spatialement connotée) constitue un obstacle majeur sur la route qui nous conduirait à une pensée non-métaphysique, qui aurait précisément pris la mesure du caractère intrinsèquement et en son fond même temporel de l'être. Une entente du caractère temporel de l'être a alors à être conquise contre cette prévalence supposée des représentations spatiales dans notre existence et dans nos théories à l'âge métaphysique. Il y a là somme toute, quelles que soient les grandes différences qui existent par ailleurs, notamment quant à la possibilité, à la nécessité et au sens d'une critique de la métaphysique, quelque chose d'assez proche de ce qu'on trouve chez Bergson. Il est tout de même notable que deux des pensées inaugurales de notre siècle aient pu se déployer sous le signe d'une telle réévaluation du temps contre l'espace, et bien au delà, de la nécessité de retemporaliser systématiquement nos concepts, de les déconstruire dans leur caractère spatialisant donc inadéquat, impropre du point de vue phénoménologique, ou, pour parler la langue de Heidegger, « métaphysique ». L'idée est ici que le caractère spatialisant de nos concepts non seulement est en lui-même impropre, mais qu'il constitue un obstacle. C'est contre lui qu'il faudra reconquérir la vérité du temps – qui se présente évidemment en un sens très différent chez Bergson et chez Heidegger. La tendance épochale (si on peut

1. Cf. Ga 26, p. 174 : « toutes les langues sont, de façon primaire, déterminées par des significations spatiales ».

parler d'époque, c'est la question précisément) alors est à la redécouverte du temps.

Qu'il y ait une valeur subversive d'une telle expérience, indissociablement pratique et intellectuelle, de la radicalité du temps, on n'en doutera pas. On voit bien ce que la dimension spatialisante – souvent métaphoriquement spatialisante, dans un lien sans doute fondamental entre espace et métaphore sur lequel nous aurons l'occasion de revenir – de nos concepts peut avoir de fossilisant, de substantialisant et de réifiant, et ce en quoi elle peut figer la dynamique du temps et l'accès au temps lui-même comme part propre de l'être. La temporalité sera certainement à découvrir, comme le tente déjà en un sens Bergson, et en un autre sens Heidegger, dans la désobstruction de toute sorte de métaphores spatiales, qui viennent en entraver la compréhension et surtout nous empêchent de rester fidèles à ce que celle-ci peut nous communiquer de vérité déterminante pour l'approche des phénomènes en général.

On comprend notamment, suivant un thème heideggérien *et* bergsonien, ce qu'une représentation spatialisante peut entretenir de connivence avec un certain substantialisme qui a, depuis les Grecs, constitué le fond de ce qu'il est convenu de nommer « métaphysique ». En même temps, et d'une façon assez largement corrélative, est mis en cause l'effet depuis toujours détemporalisant, l'illusion éternitaire créés par la référence spatiale. Avec Bergson comme avec Heidegger, d'une certaine façon, l'ontologie est *remise en mouvement*. À ce titre, on pourrait s'interroger sur le point auquel, dans ce qu'il est convenu d'appeler métaphysique, c'est la prégnance de représentations spatiales (symptôme certes plus que cause, mais les formes ont ici leur importance) qui nous empêche de penser réellement de dont Heidegger a fait l'objet central de sa phénoménologie : la mort. De ce point de vue, l'arrière-plan métaphysique (le « parallélisme », qui nous renvoie toujours *aussi* à notre être-spatial) de la « démonstration » de notre être-éternel (terme typiquement métaphysique, beaucoup plus qu'« immortel ») chez Spinoza pourrait bien avoir valeur exemplaire dans l'histoire de la philosophie des trois derniers siècles. Le chemin a été long qui a conduit à la découverte que le temps n'est pas un simple « accident ».

Par rapport à ce que pourrait être une conception de l'Histoire et aux modernes philosophies de l'histoire, cette découverte n'est pas sans ambiguïté. À un certain niveau, chez Heidegger, elle intervient en rupture avec celles-ci, et en un sens elle est même spécifiquement orientée contre elles, avec pour résultat nécessaire (au moins souhaité) la déconstruction d'une certaine fiction de l'Histoire. La question est en effet posée par Heidegger de savoir si l'Histoire des philosophies de l'histoire est réellement temporelle. Si, à partir de Hegel, elle est à concevoir comme l'accomplissement et le devenir de cet opérateur *supra*-temporel qu'est un Sujet (fût-ce celui, impersonnel et asubjectif au sens qui serait en tout cas celui d'une subjectivité privée, qu'est « l'Esprit »), elle représente au contraire le dernier obstacle (« métaphysique ») à surmonter pour conquérir un sens authentique de la temporalité, c'est-à-dire aussi la dernière tentative de mise sous contrôle et sous séquestre exercée par la métaphysique à son endroit – lorsque la métaphysique feint de devenir elle-même « temporelle », en transposant sous l'horizon du temps des déterminations qui ont été conquises en dehors de lui et souvent contre lui, et en essayant (en vain) de les temporaliser.

C'est certainement cet aspect du problème qui se reflète au paragraphe 82 de *Sein und Zeit*, consacré au concept hégélien du Temps. L'analyse débouche alors sur cette affirmation selon laquelle, à l'encontre de ce que dit Hegel, « l'"esprit" ne tombe pas d'abord dans le temps, mais il *existe à titre de temporalisation* (*Zeitigung*) originale de la temporalité (*Zeitlichkeit*) ». Il faudra dès lors retemporaliser jusqu'à « l'Histoire » hégélienne comme déploiement des figures de l'Esprit.

On mesurera l'ambiguïté de la situation de Hegel dans un tel processus, qui est précisément un processus *historique*. En posant comme il le fait dans la Préface de la *Phénoménologie de l'Esprit* l'Absolu comme Sujet, « et non plus comme substance », Hegel tout à la fois accomplit la figure moderne – supposée cartésienne – de la métaphysique, fournissant le modèle même de ce que Heidegger appellera « ontothéologie »[1], et en même temps crée en fait les conditions de son dépassement, par l'approfondissement devenu alors nécessaire (à l'épreuve du temps) de la subjectivité de ce sujet. C'est ainsi qu'on pourrait lire *Sein und Zeit* : bien plus que comme un dépassement de la notion de sujet, comme son approfondissement et sa reconstruction méthodique, une fois affranchie de sa provenance métaphysique. Si dépassement de la subjectivité il y a dans ce livre, il n'intervient en tout cas que par et dans l'interrogation et l'approfondissement même de cette notion et de ce que ce qui est appelé métaphysique (sous la figure si ce n'est de son dernier représentant – Nietzsche – en tout cas du plus parfait, celui qui la conduit à une certaine forme de perfection et de clôture sur soi – Hegel) a à léguer sous ce titre.

De ce point de vue-là, on ne soulignera jamais assez le point auquel Heidegger, qui exhibe l'impensé de l'hégélianisme (la structure ontothéo-

1. Cf. « Identité et différence » (1957), tr. fr. André Préau in *Questions* I, Paris, Gallimard, 1968 (repris en Tel dans *Questions* I et II en un volume en 1990).

logique de la métaphysique), peut rester hégélien et, plus généralement, tout ce que la « destruction » peut comporter de « répétition ».

Nous croyons que, sur ce plan, l'usage heideggérien du thème de « l'histoire de l'être », mis en avant dès les premiers paragraphes de *Sein und Zeit*, ne fait pas exception. Il mène inéluctablement le philosophe de « la fin de la métaphysique » à reconduire ce que nous nommerons, en toute injustice et pour faire simple (il faut faire simple pour « lever » des structures) « l'idéalisme historique », inhérent à la notion même d'Histoire.

Que l'historicisation de la philosophie heideggérienne pose des problèmes, en elle-même ou par rapport au concept d'Histoire (dénoncé alors comme métaphysique) hérité des philosophies de l'histoire du siècle dernier, nous ne le nierons pas. Il est bien vrai qu'il est difficile de penser notamment comment ce qui demeure bien une philosophie de la temporalité individuelle, telle qu'elle est présentée dans *Sein und Zeit*, peut fournir la base d'une véritable philosophie de l'histoire, et, comme le montrait récemment Jean-François Courtine[1], on pourrait dire en un sens qu'il n'y a, à ce niveau, pas de philosophie heideggérienne de l'histoire ou tout au moins une difficulté intrinsèque pour la philosophie heideggérienne de l'histoire à se constituer. Inversement, la mise en évidence de la temporalité originaire ekstatique du *Dasein* constitue un levier puissant de déconstruction de l'Histoire comme processus de réalisation, d'effectuation d'un Sujet absolu. Il n'en reste pas moins que l'idée d'une « histoire de l'être », qui ne s'éclaire précisément que de la référence à la temporalité fondamentale du *Dasein*, même si elle intervient en dépassement d'elle, instaure de nouveau une communication entre un tel niveau de temporalité « subjectif » (ou post-subjectif) et celui de ce qui porte, une fois de plus, le nom d'une « histoire », dans laquelle cette temporalité aurait vocation à s'universaliser, selon le dispositif canonique desdites « philosophies de l'histoire ».

De façon globale, si problématique soit la définition de ce que serait une « histoire » sur le terrain d'une pensée qui se veut post-métaphysique, la pensée heideggérienne nous apparaîtra bien comme ce que nous avons nommé ailleurs un « historicisme »[2]. Cette pensée est celle qui se caractérise par l'exhaussement de cet opérateur transcendantal qu'est le temps à la mesure de l'être même, dans son universalisation supposée. En gagnant sa

1. « Historicité, philosophie et théologie de l'histoire chez Heidegger », *in* Jocelyn Benoist, Fabio Merlini (éd.), *Après la fin de l'histoire. Temps, monde, historicité*, Paris, Vrin, 1998.

2. Cf. Jocelyn Benoist, *in* Jocelyn Benoist, Fabio Merlini (éd.), *Après la fin de l'histoire. Temps, monde, historicité*, Paris, Vrin, 1998 : « La fin de l'histoire comme forme ultime du paradigme historiciste ».

portée ontologique (en tant qu'horizon absolu de la vérité), le Temps devient par là-même Histoire. De ce point de vue, Heidegger est celui qui achève bien plutôt qu'il n'interrompt l'épopée de la métaphysique des modernes, et même de ce que lui-même appellerait métaphysique en général.

Or cette problématique métaphysique de l'histoire, c'est la thèse que nous voudrions avancer ici, est indissociable d'une certaine articulation du temps et de l'espace, qui impartit un certain rôle à l'espace certes, mais toujours pour le subordonner au temps et le penser dans l'horizon du temps (comme « lieux » alors, faussement pluriels, ou tout au moins d'une pluralité prise en un sens *univoque*, de ses manifestations).

Nous croyons que cet aménagement temporel de l'espace (c'est-à-dire aménagement de l'espace dans l'horizon d'*un seul temps*, horizon universel de la vérité et de sa manifestation) est un axe de force très profond qui traverse l'ensemble de ce qui s'est nommé, à l'époque moderne, philosophie de l'histoire – y compris Heidegger – au point d'être devenu à peu près indissociable de la notion même d'Histoire. Nous pensons qu'il y aurait lieu d'étudier comment, de ce point de vue, toutes les grandes « philosophies de l'histoire », depuis la fin du XVIIIe siècle, Kant et Herder, sont solidaires d'un certain mode de spatialisation, d'une représentation spatiale de la temporalité qu'elles déploient – mais celle-là constituant alors une projection de celle-ci, qui est alors, dans son genre propre (progrès ou décadence), seule ordonnatrice du sens.

C'est particulièrement net avec Hegel, dans le grand mouvement de l'Esprit qui, de l'Est, va vers l'Ouest, avec le soleil. Mais on en trouverait aussi bien un écho dans la géographie délirante du Heidegger de la période nazie, où, entre américanisme et bolchevisme, une généalogie serait censée s'inscrire sur les cartes. La propension des philosophes à transformer leur philosophie de l'histoire en géographie n'est plus à prouver. Marc Crépon en a tiré au moins le titre de son livre *Les géographies de l'esprit*. Mais il faudra noter que la question n'est pas alors simplement celle de la diversité humaine et de ses représentations, mais à chaque fois celle d'un mode de spatialisation, et plus précisément d'*appropriation d'un espace* (en un sens qui, dans son genre propre, pourrait bien avoir quelque chose à voir avec cette capitalisation du *Weltmarkt* dont nous parlait Marx de façon prophétique). C'est en cela que la question de la *géographie* se pose bien en un sens qui pourrait d'abord être, de façon troublante, métaphorique. À partir du moment où la représentation de la diversité humaine devient historique (ce qui en constitue un tournant majeur, et le passage à sa forme moderne, dans laquelle, soit dit en passant, deviennent possibles aussi les « nationalismes » modernes), c'est-à-dire prend l'ampleur d'une Histoire, il y va toujours d'une certaine façon pour le temps de traverser l'espace et de se l'approprier dans la projection qui y est faite de son unité. C'est ce qu'on trouve chez Kant dans la représentation du progrès humain – c'est le caractère insupportablement occidentalocentriste de sa *Géographie* –, chez Hegel dans celle, téléologique, du mouvement de l'Esprit, et encore d'une certaine façon chez le Heidegger d'après la *Kehre*, pour lequel le destin de l'être est intimement lié à celui de l'Occident comme lieu et comme histoire – comme lieu *parce que* comme histoire. Le temps traverse, institue et « oriente » pour ainsi dire l'espace de sa charge de « compréhension » et de « sens », qu'il a pour fonction de synthétiser. À quoi nous a jamais servi l'Histoire, si ce n'est précisément à contrôler un espace ?

Ce qui est en jeu à ce niveau-là, au point de passage difficile de l'individuel et du collectif (il est difficile de séparer l'Histoire comme phénomène lui-même historique de l'institution théorique de quelque chose comme un *sujet* qui ne serait plus individuel), c'est un trait extrêmement profond de l'idéalisme moderne. Sans remonter en deçà de cette borne historique qui constitue à plus d'un titre le point d'entrée de la philosophie dans son âge contemporain, on pourrait dire qu'en un sens tout est déjà en place chez Kant, dans les hésitations et les décisions qui sont les siennes autour de cette difficile question qui est celle du « privilège du temps » comme constitutif de la conscience. Déjà chez Kant, c'est le génie de la lecture heideggérienne de l'avoir vu et construit, le temps est découvert comme horizon universel de la vérité et dans sa fonction proprement *transcendantale*. En ce sens-là, l'ontologie fondamentale heideggérienne, en tant que temporelle, ne fait que radicaliser la découverte kantienne et représente son point d'aboutissement.

Or ce primat du temps, comme figure ultime et lieu d'appropriation de la vérité, a quelque chose à voir avec ce que nous nommerons idéalisme moderne, en ce qu'il instaure sur les choses, les phénomènes, les événements, la domination d'une synthèse qui aurait pour fonction de les rassembler et de leur faire exprimer leur vérité. Ainsi, la pensée du premier Heidegger, vouée à l'auscultation et au dépassement (s'il est possible) de la synthèse prédicative, débouche-t-elle sur la mise en lumière d'autres synthèses – d'un sens fondamentalement *temporel* de la synthèse – et aucunement sur le dépassement de l'idée même de synthèse en général. Tout demeure toujours pris dans son apparaître dans la récollection du temps, et sans doute ne l'avait-on jamais entendu à ce point jusqu'ici. De ce point de vue, Heidegger révèle l'impensé de la pensée moderne, dans sa radicalisation progressive du concept de phénomène, de Kant à Husserl.

Mais il y a là quelque chose de profondément insatisfaisant. La difficulté est bien cristallisée par la fameuse *Réfutation de l'idéalisme*, qui est une addition de la seconde édition de la *Critique de la raison pure* (celle qui, précisément, témoignerait d'un « recul » selon Heidegger). Il est tout à fait remarquable qu'alors la récusation de « l'idéalisme » qu'on pourrait imputer au criticisme si on le mésinterprétait passe par une mise en évidence de l'intrication fondamentale du temps et de l'espace et de l'impossibilité d'une détermination exclusivement temporelle du niveau « fondamental » de la phénoménalité.

On pourrait croire qu'une telle problématique est strictement liée à une représentation internaliste du temps, qui mesure le temps au préalable d'une intériorité et d'une détermination métaphysique « subjective ». De ce point de vue, suivant le célèbre verdict heideggérien prononcé au paragraphe 43 de *Sein und Zeit*, « le "scandale de la philosophie" ne consiste pas en ce que cette démonstration [de l'existence du monde] reste depuis longtemps encore en souffrance, mais à l'inverse *en ce que de telles démonstrations sont encore et toujours attendues et tentées* » [1]. Le fait même que l'on pose la question semble en effet reposer sur une ignorance de la transcendance constitutive du temps en tant qu'articulation de notre « être-au-monde », en vertu de laquelle nous sommes toujours déjà « dehors ».

Tout le problème est alors celui de la nature de ce « dehors ». L'arrachement du temps suffit-il à constituer ce dehors en tant que dehors au sens obvie du terme, c'est-à-dire en tant qu'extériorité ? Le travail de Didier Franck a mis en évidence l'impossibilité d'une telle « déduction temporelle de l'espace », et c'est là une des principales apories qui grèvent *Sein und Zeit*.

À ce titre, à l'orée de ce que nous avons nommé idéalisme moderne (qui est idéalisme transcendantal assurément, et non idéalisme *empirique*, mais c'est précisément le point), la *Réfutation* kantienne reprend toute sa valeur, car, dans sa critique de l'idéalisme empirique, elle formule aussi bien une contrainte sur ce type nouveau d'idéalisme que la *Critique* inaugure : celle d'une prise en compte nécessaire de l'entrelacs qui est celui de l'espace et du temps. Or cet impératif demeure valable même une fois surmonté l'internalisme métaphysique qui certainement, chez Kant, demeure attaché à la représentation du temps. Ce qui est alors en jeu, c'est l'intériorité du temps à lui-même (et non plus à aucun « sujet » préconstitué), dont il faut le faire sortir. De ce point de vue, la *Réfutation* kantienne de l'idéalisme représente certainement une mise en garde salutaire, valable y compris contre les formes modernes (post-kantiennes) d'« idéalisme ».

Évidemment, on dira que Heidegger échapperait assez largement à une telle critique, dans la mesure où lui-même, après avoir constaté l'échec de son projet initial d'ontologie temporelle, semble s'être rallié à une pensée

1. *Sein und Zeit*, p. 255.

de « l'espace-temps », tel qu'il nous serait donné dans l'*Ereignis*. Mais, outre les difficultés architectoniques propres à cette pensée, nous attirerons l'attention sur le fait que, chez Kant (peut-être en vertu des « préjugés métaphysiques » mêmes qui sont les siens; mais les préjugés métaphysiques peuvent parfois avoir du bon), la référence spatiale telle qu'elle est introduite dans ladite *Réfutation* a aussi une autre fonction : elle fonctionne aussi et d'abord comme un *principe d'empiricité*.

L'idéalisme transcendantal kantien est aussi un réalisme empirique. Il y a là une thèse, répétée, et à laquelle Kant semble s'accrocher obstinément, dont on ne saurait sous-estimer l'importance. Une lecture transcendantale de type heideggérien y verra l'aveu de la détermination préjudicielle du « transcendantal » kantien par un certain sens métaphysique de la « réalité », auquel il demeure suspendu. Mais inversement, ne peut-on y voir au contraire l'institution d'un certain sens de la réalité – pour ne pas dire d'une certaine *épreuve de réalité* – comme limite pour la philosophie transcendantale[1] ? Qu'est-ce qui s'exprime là en effet, si ce n'est ce fait ultime que *l'empiricité n'est pas déductible*? Or, à ce niveau, la spatialité joue manifestement pour Kant un rôle décisif, apparemment comme *forme ultime de l'empiricité* – cela ne veut pas dire bien sûr que toute empiricité soit spatiale, mais que, du point de vue kantien, il n'y a d'empiricité qu'*en référence à* une spatialité. L'espace apparaît ici comme principe ultime d'empiricité.

Faut-il reconduire un tel dispositif à une « métaphysique de la présence », qui se trahirait par sa fixation sur le réel spatial – catégorie ontologique non critiquée et non encore mise à l'épreuve de ce mouvement du temps, qui est le lieu (critique) de l'ontologie fondamentale ? Il n'est pas sûr qu'on puisse si facilement éluder cette valeur subversive de la spatialité que Kant, quant à lui, a si bien pressentie. Il y a là un obstacle très profond à toute mise en forme transcendantale de l'horizon de l'apparaître en un sens absolu – qui le referme sur le régime d'auto-manifestation de son temps.

Cela devient particulièrement net si on transporte la critique sur le terrain des philosophies de l'histoire, et si on utilise cette tension introduite au cœur de la pensée kantienne par le dédoublement des formes de la sensibilité en temps et espace pour faire apparaître ce qu'il peut y avoir de constitutivement anhistorique (une anhistoricité qui n'a rien à voir avec quelque « éternité » que ce soit) dans l'histoire. Ce n'est pas que quelque chose précède l'histoire qui se réaliserait et se mettrait en scène en elle (ce serait la représentation traditionnelle de l'histoire précisément, qui s'accomplit

1. C'est le sens général de notre *Kant et les limites de la synthèse*, Paris, PUF., 1996, et notamment de sa conclusion.

lorsqu'on supprime cette instance préalable et qu'on en fait l'Histoire elle-même, comme lieu unique de la Vérité) ; mais, sur le terrain même de l'histoire et de ce type de construction temporelle plus ou moins artificielle – qui suppose des régimes de récits différenciés – qu'elle est, se dégagent constitutivement, et en résistance à ces récits, des marges d'anhistoricité. Cela tient une fois de plus à ce déterminant spatial qui est toujours aussi celui de l'histoire, et qui intervient ainsi toujours comme une *limite à l'histoire*.

Nous n'avons pas parlé de « nature ». Cette anhistoricité que nous avons en vue n'est pas celle d'une nature supposée intangible et soustraite à l'histoire. Par spatialité, nous entendons cette extériorité qui se présente à nous essentiellement sur le mode de l'extension, de l'exposition, et dans laquelle nous sommes toujours déjà pris, par laquelle chacune de nos paroles, chacun de nos gestes, d'être corps, sont originairement contaminés et déjetés en dehors d'eux-mêmes. Cette référence à l'extensivité peut donner lieu à une critique du type « histoire de la métaphysique », dénonçant ici le dernier avatar de la *res extensa* cartésienne. Mais notre thèse est que dans l'extensivité il y a bien autre chose que ce qui peut être synthétisé comme *res* – ou alors, c'est le sens de la *res* qu'il faut enrichir. La détermination de l'espace comme étendue neutre, où vient se loger la *res extensa* comme objet de la conscience est en fait solidaire de la priorité de la synthèse temporelle et de la neutralisation préalable de l'espace comme principe actif de constitution des choses que conditionne celle-ci.

Est-ce à dire que nous voulions ici défendre une pensée du *lieu*, telle qu'on peut la trouver dans une certaine mesure chez le dernier Heidegger – ou du reste de façon diffuse dans l'ensemble de la phénoménologie contemporaine ? Tel n'est pas le cas[1], car le lieu est en soi indissociable d'une habitation ou tout au moins d'un habiter[2]. Il est à la mesure de l'usage d'un sujet. Or, ce que nous recherchons – « l'anhistorique » – est ce qui, y

1. Nous nous opposons ainsi à cette « provenance de l'espace à partir du lieu » qu'invoque, en correction de l'ontologie temporelle de *Sein und Zeit*, « Temps et être ».

2. Cf. « Bâtir, habiter, penser » (1951), tr. fr. André Préau in *Essais et conférences*, Paris, Gallimard, 1958. Précisons que nous ne nions nullement l'intérêt d'une phénoménologie du « lieu », ni la pertinence ontologique d'une telle catégorie (cf. par exemple la belle conférence de Ludwig Binswanger, *Le problème de l'espace en psychopathologie*, tr. fr. Caroline Gros-Azorin, Toulouse, Presses Universitaires du Mirail, 1998). Nous pensons que son intérêt *local* précisément est grand. L'espace n'est pas le lieu; mais celui-ci suppose celui-là, et ne s'aménage – ne se détache – que par rapport à lui. Le lieu n'est rien d'autre que construction d'intériorité sur fond d'extériorité et « dans » l'extériorité même. Or l'espace est cette extériorité. Ce qui explique le registre suivant lequel s'impose phénoménologiquement le lieu, qui est celui du « privé », qui n'est qu'en *retrait* du public, qui le domine de son préalable ; là où l'espace en lui-même (« hors lieu ») est essentiellement « public », publicité dans laquelle réside le sens toujours aussi anhistorique qui est celui de « l'histoire », et que nous cherchons à cerner.

compris d'un sujet, et de sujets, au pluriel, échappe au sujet, et se présente sous la forme de son inscription positive, extensive et étendue dans le monde. Nous avons ici en vue toutes les formes d'incorporation du sujet, qui ont pour propriété de le déposséder jusqu'à de son être de sujet, et de le faire coexister avec l'ensemble des corps, choses parmi les choses dans un monde qui est fait de corps disjoints. Ces corps apparaissent, se rôdent et s'érodent, changent en leur délimitation, et, de cette érosion, finissent par disparaître. Il y a là comme une vie objective de la pensée et de l'action (des différentes formes de la pensée) qui représente comme le contraire de la fameuse « vie du sujet », et dont pourtant celle-ci est solidaire, dans cette exposition – c'est cette dimension d'*exposition* que nous voudrions retrouver dans l'idée d'extensivité – à son dehors et ce constant échappement à soi qui sont les siens. Or tout cela, en son extériorité ouverte – définitivement ouverte : qui pourrait la refermer ? – n'est pas synthétisable, pas plus par une histoire que par quelque autre instance transcendantale. Il reste toujours dans sa constitution un *reste*, et celle-ci, comme celle du corps propre selon Husserl, demeure toujours imparfaite.

Qu'on nous comprenne bien, il ne s'agit pas ici de défendre par exemple un point de vue nominaliste pour lequel le texte écrit sur un parchemin (le « document historique ») se réduirait à son inscription spatiale ; de jouer en quelque sorte la *res extensa* contre « l'esprit », suivant ce dualisme caractéristique de la tradition métaphysique moderne. Le nominalisme participe des catégories mêmes qu'il critique, au sens où il n'envisage d'alternative à la dramaturgie du sens, dont il pressent effectivement les limites, que la pure extériorité *nue* de la « chose » étendue. Mais ce que nous voudrions défendre quant à nous, c'est l'idée selon laquelle il n'y a rien qui ne soit étendu, et par là même il est impossible de séparer le *sens* de l'*extension*, pas plus pour envisager l'extension sans le sens que le sens sans l'extension. Toujours le sens vient s'inscrire, s'imprimer et, par là-même, vient rencontrer cette limite (par les ruptures qu'elle instaure comme par l'espèce de résistance ou d'insistance qu'elle lui oppose ou dans lequel elle le précipite) que lui est l'extension. Nous voudrions faire remarquer que nous ne sommes aucunement ici dans le registre de la *métaphore*. Traditionnellement, la métaphore est associée à la spatialité, en vertu même de cette image du déplacement qui serait censée la définir. Mais on remarquera que précisément, dans la mesure où il s'agit alors d'un usage métaphorique de la spatialité (la métaphore étant donc en elle-même une métaphore), et très souvent purement et simplement d'une traduction dans des termes spatiaux de ce qui ne le serait pas, c'est toujours et encore la domination de l'espace par autre chose que lui-même qu'instaure la métaphore. Si la métaphore est, comme le croit Heidegger, caractéristique de la métaphysique[1], c'est alors au moins, autant que par son caractère intrinsèquement spatialisant, par la façon qu'elle a de mettre l'espace sous le contrôle d'autre chose que lui-même, et, de ce point de vue, d'instruire la domination exercée sur cet espace par le temps où est synthétisé ce quelque chose. On pourrait même dire que la métaphore est le symptôme par excellence de cette domination et de cet enrégimentement de l'espace par le temps, puisqu'elle n'est rien d'autre, en règle générale, que l'art de manipuler des significations spatiales aux fins du déploiement de la diachronie d'un discours qui s'y voit projetée pour ainsi dire – telle est l'apparence créée – « en un instant ». Le discours métaphorique, ou le caractère métaphorique du discours, consacre la domination du temps sur l'espace, l'appropriation de l'espace au temps.

Au contraire, ce que nous voudrions souligner quant à nous c'est le caractère intrinsèquement – et non seulement métaphoriquement – spatial du discours. Il nous est arrivé, lorsque nous invoquions un sens de la « positivité » contre la représentation idéaliste de l'histoire, de nous heurter à une certaine ironie de la part des herméneuticiens, objectant que les textes eux-mêmes s'inscrivent et ont cette sorte de « positivité » dont nous parlons. Mais nous persistons et signons : il est fondamental que *dans l'espace* existent ces choses-là, ces textes et ces corps (humains ou autres). On nous dira alors : vous ne parlez donc pas de la seule *res extensa*, mais vous vous donnez déjà le sens que vous prétendez critiquer, vous délivrant ainsi d'une main ce que vous vous retirez de l'autre ! Mais c'est précisément manquer le sens de la « positivité » et continuer à raisonner dans les termes du dualisme et du transcendantalisme que nous condamnons. Le sens est *exactement* là où il s'inscrit, et nulle part « ailleurs » – il est fondamental qu'il ait un « ici », et il ne préexiste pas à son inscription. Il est « dehors », dans ce dehors en un sens non métaphorique, mais propre, qui est celui que conditionne sa détermination toujours (aussi) spatiale.

Il en est précisément ainsi des discours : ils sont là où sont leurs inscriptions, dans ces mécanismes d'effectuation et de transmission qui font les délices des historiens. Là est le sens, c'est ainsi qu'il est *donné*, et, au delà d'une thèse qui pourrait passer pour phénoménologique (celle des « objets investis d'esprit »[2]), c'est ainsi qu'il est soumis à cette usure qui est celle de l'extériorité, qu'il peut *se produire comme événement* comme, aussi bien, disparaître – cette disparition du discours que le philosophe a toujours tant de mal à se représenter et à laquelle Foucault a consacré les si belles pages qui terminent *L'archéologie du savoir*. Cette dimension d'événementialité

1. Cf. *Le principe de raison* (1957), tr. fr. André Préau, Paris, Gallimard, 1962, p. 126.
2. Vincent Descombes en a dit tout ce qu'il y a à en dire dans son livre *Les Institutions du Sens*, Paris, Minuit, 1996, p. 280-291.

qu'on ne peut retirer aux choses historiques (à l'historique comme tel) mobilise évidemment un mode de la temporalité ; mais la particularité de ce mode de la temporalité est qu'il est indissociable de sa spatialisation, de cette incorporation – cet être porté en ou sur un corps – que requiert l'*effectuation* de l'événement – ce qui pointe bien, qu'on le veuille ou non, en direction de l'effectivité. De ce point de vue, la référence à ce mode d'effectivité très étrange et en un sens très paradoxal (d'où « cela » *sort*-il ?) qui est celui des discours est particulièrement intéressante : en effet il n'y va de rien d'autre que du rappel de cette simple évidence qui est que *s'écrire – et même en un sens se dire, c'est se spatialiser*.

Le sens est dehors, dans les choses, parce que les choses ne sont pas ce que vous croyez. Mais il ne faut pas croire pour autant qu'elles récupèrent toutes les propriétés fondatrices et compréhensives du « Sens », comme horizon sous lequel elles seraient censées apparaître, ce qui vous assurerait un triomphe trop facile. Dire que le sens est dehors et collé sur les choses, avec toutes les vicissitudes que cela comporte, c'est dire aussi bien qu'il ne peut y avoir de fondation et renoncer au fait qu'il y ait un sens à ce qu'il y ait du sens – que le sens soit sens de lui-même, dans cette réflexivité qui caractérise la conscience de soi.

Une telle découverte a indubitablement des conséquences en ce qui concerne l'histoire et sa philosophie. Elle conduit en premier lieu à renoncer à ce que le récit – car l'histoire est de part en part récit, et c'est en cela qu'elle met en œuvre une espèce de synthèse du temps – soit clos, et à réintroduire en lui la nécessité de l'inventaire, de la mesure préalable et continue des différents espaces où il se projette. C'est à la rencontre de temps (au pluriel) et d'espaces que se constitue, que s'institue et se désinstitue – dans son impuissance constitutive à se « constituer » absolument – quelque chose comme une histoire. À la fois l'histoire n'est que récit – elle est *constitutivement* cela – et, à chacun de ses détours, elle rencontre les limites du récit – ce qui fait sa dimension d'inventaire et ce qui reste définitivement en elle d'« histoire naturelle » : la prise en compte et en charge des corps en vertu de la référence auxquels on n'est pas dans la fiction ni dans le pur récit. Cet espace discontinu (et changeant : un corps disparaît, un autre vient) vient sans arrêt briser le cours de la narration, et en réalise autant qu'en pluralise les temps. Qu'à chaque moment le récit ait à se projeter, mais aussi se perdre dans un certain espace, n'est pas ici un accident, une pure contingence : ou alors cette contingence renvoie à cette contingence même qui est essentiellement celle de l'objet de l'histoire, et qui n'est pas simplement assujettissement au temps, mais se définit par la rencontre d'un temps et d'un espace, dans ce que celle-ci peut avoir de fragile, de probable[1], et d'improbable.

En ce sens-là, ce qui empêche l'histoire d'être une Histoire, dans la capitalisation d'un temps qui prétend alors être *le temps*, est aussi ce qui constitue la nature même de l'historique, d'être non simplement maîtrise de son dehors (ce dehors qu'il a à prendre en charge en en assurant la récapitulation, qui est toujours aussi capitalisation), mais toujours aussi sa récollection à même la surface d'un monde qu'il est impuissant à embrasser et dont les écarts réels, spatiaux, précèdent toujours son dire.

C'est ce que, pour ma part, j'ai pu essayer de saisir dans la tension épistémologique, à mes yeux éminemment féconde, qui peut exister entre l'histoire et la géographie, ces deux disciplines que l'histoire a pu associer d'une façon plus ou moins nette suivant les pays (répétition encore de cette même coupure), sans jamais que leur articulation puisse être nettement dégagée ni rompue. Tout le problème est alors de comprendre, pour en finir avec l'Histoire – et rouvrir aussi bien le sens des problèmes historiques comme tels – ce en quoi les géographies ne peuvent jamais seulement être « de l'esprit ».

Jocelyn BENOIST
Université de Paris-I, Archives-Husserl de Paris

1. Sur le probable, voir notre essai « La fin de l'histoire comme forme ultime du paradigme historiciste », p. 58.

DEUXIÈME PARTIE

GÉOGRAPHIES

L'ÉCRITURE DE L'ESPACE

RÉCIT HISTORIQUE ET DESCRIPTION GÉOGRAPHIQUE DANS LA *GÉOGRAPHIE PHYSIQUE* DE KANT

La question « de quoi la géographie parle-t-elle ? » présuppose en elle-même que la géographie est *une* et qu'il y ait *un* discours ou type de discours propre à cette discipline. Cette question en impliquerait donc immédiatement une autre, relative au discours lui-même : *comment* la géographie appréhende-t-elle spécifiquement son objet, de sorte qu'elle puisse ainsi constituer une discipline unitaire ?

Or si un tel discours unitaire existe, c'est, semble-t-il, par-delà des différences qui frappent dès que l'on considère historiquement la constitution du savoir géographique. En effet, traditionnellement, la géographie est plurielle, ne serait-ce tout d'abord que parce qu'elle s'est constituée, comme on sait, en suivant deux grandes traditions. D'une part, la tradition d'une géographie mathématique qui est avant tout cartographie, avec Ératosthène, Ptolémée, Varenius. Et d'autre part une tradition dite compréhensive qui remonte à Strabon et qui veut décrire la réalité du monde humain, éventuellement dans le cadre d'un projet orienté vers l'éthique et la politique. On peut encore distinguer plus avant une géographie physique, mathématique, politique, et encore une géographie morale, théologique, ou économique.

Si, malgré tout, ces diverses formes ressortissent d'une seule et même géographie, il faut que par-delà leurs différences elles aient un objet et une approche fondamentalement communs.

Dans l'histoire de la géographie, il semble que la détermination théorique de cet objet par Kant ait eu une importance non négligeable au moins parce qu'elle a participé à la tentative de réunir progressivement ces deux traditions dans la perspective d'un projet éducatif global, qui fut le cadre de l'enseignement et de la théorie de cette discipline proposés par Kant.

Selon Kant la géographie est utile à plusieurs égards :

1) Principalement, elle apporte aux jeunes élèves [1] et aux étudiants [2] un savoir concret leur permettant de suppléer à l'expérience qui leur fait défaut; elle est une condition de possibilité de raisonner juste en permettant de ne pas penser à vide, mais sur des faits; elle vise donc à rendre *savant* en procurant la matière du savoir.

2) D'autre part, elle vaut comme propédeutique à la connaissance du monde [3], en particulier pour permettre aux hommes d'assurer leur rôle de citoyens. Formant le citoyen du monde, elle est une condition de possibilité du cosmopolitisme si celui-ci ne doit pas rester formel et abstrait. D'une manière générale, ce savoir de nature *mondaine* se propose de contribuer à rendre les hommes *prudents* [4], c'est-à-dire habiles à agir sur leurs semblables et à prendre soin de leurs propres intérêts.

Pour cela, le but immédiat visé par l'enseignement de la géographie est de produire une connaissance systématique et totale de la Terre qui rende capable d'assigner leur place à toutes nos expériences particulières, car selon Kant l'expérience n'est profitable que si son lieu théorique a au préalable été aménagé dans un système. Ceci implique qu'on anticipe sur l'expérience possible future par une expérience mentale guidée dans un cadre scolaire.

Les ouvrages de géographie de son époque n'ayant, semble-t-il, pas donné satisfaction à ces exigences, on sait que Kant élabora lui-même le matériel de son enseignement, contrairement à l'usage en vigueur qui était de commenter un manuel officiel [5].

C'est pourquoi on peut se proposer de déterminer la spécificité de la géographie, tant pour son objet que pour sa méthode, en se fondant conjointement sur la théorie qu'en a donnée Kant *et* sur la manière dont il a lui-même fait œuvre de géographe. Pour cela on se propose d'esquisser en parallèle une enquête sur la théorie *et* sur la pratique du discours de Kant dans la *Géographie physique*, et plus particulièrement sur le rapport du discours historique au discours géographique comme différence entre *récit* et *description*, ou entre *explication* et *présentation*. C'est la possibilité et la

1. Kant propose d'utiliser les cartes de géographie pour distraire les enfants tout en les instruisant, cf. *Réflexions sur l'éducation*, trad. A. Philonenko, Paris, Vrin, 2000[8], p. 158.

2. Kant, *Annonce de M. Emmanuel Kant sur le programme de ses leçons pour le semestre d'hiver 1765-1766*, trad. M. Jean Ferrari, *Œuvres philosophiques*, Bibl. de la Pléiade, t. I, Paris, Gallimard, 1980, p. 521, 522.

3. Kant, *Géographie*, Aubier, 1999, p. 66.

4. Sur la prudence, voir par exemple Kant, *Fondements de la métaphysique des mœurs*, *op. cit.*, t. II, 1985, p. 278.

5. Décret de Von Zedlitz du 16 oct. 1778; voir l'*Introduction* de M. Cohen-Halimi à la *Géographie*, *op. cit.*, p. 11.

réussite de cette différenciation qu'on voudrait ainsi interroger, étant entendu que c'est sur elle qu'est censée reposer la spécificité de la géographie comme discipline unitaire.

THÉORIE DE LA DIFFÉRENCE ENTRE HISTOIRE ET GÉOGRAPHIE

La spécificité de la géographie par rapport à l'histoire est essentiellement présentée dans l'Introduction à la *Géographie physique*. La géographie physique y est d'abord caractérisée comme *description de la terre* (*Erdbeschreibung*), incluant tous les phénomènes qui ont lieu à la surface de celle-ci, y compris l'homme considéré au physique. Cette *description* (*Beschreibung*) s'oppose au *récit* (*Erzählung*) propre à l'histoire. La question est donc tout d'abord de savoir quelle est la différence entre *décrire* et *raconter*.

Mais d'un autre côté, Kant dit que

> l'histoire comme la géographie peuvent être appelées toutes deux une description, avec cette différence cependant que la première est une description selon le temps et la seconde une description selon l'*espace*[1].

Donc il y a clairement une hésitation sur le sens de la différence entre *raconter* et *décrire* qui semblent ici se distinguer moins par des caractères discursifs intrinsèques que par la forme principalement spatiale ou temporelle de l'objet abordé dans un discours qui, dans les deux cas, relèverait de la description. Il semblerait alors que c'est le type d'objet étudié qui détermine le type de discours déployé et qui donne à celui-ci – mais pour le moment de manière encore seulement formelle et extérieure – ses caractères et sa définition. La différence entre décrire et raconter correspondrait ainsi à une différence entre deux types de description, le récit étant une subdivision de celle-ci. La question est toutefois de savoir si une différence propre au discours prolonge celle des objets.

a) Temporalité des objets. Or, l'histoire aborde des successions d'événements, ou des événements considérés du point de vue de leur succession :

> L'*histoire* concerne les événements qui se sont déroulés *les uns après les autres* du point de vue du temps. La *géographie* concerne les phénomènes qui se produisent *en même temps* du point de vue de l'espace[2].

La simultanéité détermine donc le caractère spatial; mais tandis que chez Leibniz l'ordre possible des coexistences est l'espace[3], chez Kant

1. *Op. cit.*, p. 69.
2. *Ibid.*, p. 69-70.
3. Leibniz, Lettre à Remond, juillet 1714, Leipzig, Lorenz, (éd. Gerhardt), t. 3, p. 622; Correspondance Leibniz-Clarke, *op. cit.*, t. 7, p. 400 (éd. Robinet, PUF, 1957, p. 142).

l'instantané ou le simultané sont temporels au même titre que le successif car toute expérience se fait dans le temps, où il n'y a pas à proprement parler de réalité de la simultanéité, au sens où celle-ci correspondrait à la réalité d'un atome de temps; le spatial en tant que simultané s'appréhende donc à partir d'un certain ordre du successif. La simultanéité, ne se manifestant pas de manière immédiate, ne peut pas directement produire des caractères spatiaux en faisant l'économie d'une mise en ordre de la succession. Autrement dit c'est par la manière dont les phénomènes sont appréhendés et explorés dans le temps, c'est-à-dire par la possibilité de faire varier l'ordre des perceptions, qu'il est possible de construire l'expérience de la simultanéité comme une construction qui ouvre à l'expérience de l'espace, ou à tout le moins au sens de son exploration.

On sait ainsi que dans la troisième « Analogie de l'expérience » de la *Critique de la raison pure*, la perception de la simultanéité est liée à la perception de différences de lieux dans l'espace, de telle sorte que je ne sais que des choses sont simultanées que parce que je peux inverser l'ordre de leur perception, par exemple « je puis me mettre à percevoir d'abord la Lune, ensuite la Terre, ou inversement d'abord la Terre, puis la Lune »[1]. La certitude de la simultanéité n'est acquise que comme type spécifique de « succession réciproque » des phénomènes pour un sujet, et elle repose donc sur la possibilité de parcourir l'espace dans tous les sens; l'espace se manifeste ainsi comme cette possibilité même.

b) Temporalité des discours. Si l'on transpose au discours la présentation de la perception et de l'expérience du simultané et du successif dans la *Critique de la raison pure*, on voit que si le discours doit correspondre à l'expérience, tous les phénomènes qui peuvent être décrits sur le mode du réversible sont simultanés et spatiaux, et relèvent donc de la géographie, et qu'en revanche tous les phénomènes qui ne peuvent pas être décrits sur ce mode, et pour lesquels l'ordre de la description est imposé, sont historiques.

Lorsque, par conséquent, Kant dit que l'histoire comme récit (*Historie*) diffère de la géographie en ce qu'elle est la relation d'événements consécutifs, tandis que la géographie est la relation de phénomènes qui se produisent les uns à côté des autres dans l'espace, il faut, semble-t-il, entendre – puisqu'il n'y a, corollaire de la révolution copernicienne, pas d'espace en soi – que l'ordre de la description des phénomènes ne peut pas énoncer directement comment existent les objets, mais doit dire leur mode d'existence indirectement à partir de l'explication de la manière dont les objets sont perçus. En l'occurrence, c'est la réversibilité de l'ordre de la

1. Kant, *Critique de la raison pure*, Gallimard, Bibliothèque de la Pléiade, t. I, 1980, p. 942.

perception qui fait la différence. Le récit présente un ordre irréversible tandis que la description présente un ordre que je peux inverser. Pour autant la description reste tributaire d'un ordre, mais qui doit encore être spécifié.

À partir de là s'établit en principe un véritable lien entre la forme temporelle ou spatiale de l'objet et le type de discours qui s'y applique. L'arbitraire relatif des parcours spatiaux est par exemple manifeste avec la détermination du premier méridien pour lequel Kant exprime le souhait qu'on s'accorde enfin et choisisse entre le méridien de Greenwich, celui de Hierro et celui de Flores[1]. Puisque l'espace peut être parcouru en tous sens; la description géographique implique qu'on s'accorde au préalable sur un certain nombre de conventions qui permettent de s'entendre. Par ailleurs, pour mesurer la longitude d'un lieu il est possible soit de mesurer sa longitude *est* soit sa longitude *ouest*; la manière dont on l'aborde est indifférente[2]. Pour y mettre bon ordre, Kant estime qu'il faudrait que la longitude soit déterminée « soit seulement à l'est, soit seulement à l'ouest ». Autrement dit, il faut fixer le sens du parcours tout en sachant qu'il peut être inversé et reste donc arbitraire.

Maintenant, étant posée cette possible différence théorique, quel est le rapport entre l'histoire et la géographie? Considérés formellement, leurs discours respectifs sont-ils radicalement hétérogènes ou s'articulent-ils l'un à l'autre?

Kant dit que « l'histoire (*Geschichte*) de ce qui se passe à des époques différentes et qui est l'histoire (*Historie*) proprement dite, n'est rien d'autre qu'une géographie continue »[3]. Cette continuité semble ici encore rapprocher les deux disciplines et homogénéiser leurs discours : l'histoire se construit par élargissement temporel d'une description; je saisis la Terre comme totalité de choses que je peux décrire dans un ordre indifférent (géographie), et je prolonge cette totalité vers le passé pour découvrir l'ordre de sa succession imposée (histoire). Le récit consiste alors à suivre l'ordre chronologique des événements qui se succèdent jusqu'au présent de l'historien au travail. En liant ainsi l'histoire à la géographie, le récit à la description, Kant esquisse un projet de restitution totale et absolue des phénomènes du monde :

> Si [...] on expose les événements de l'ensemble de la nature tels qu'ils ont existé à travers toutes les époques, on donne alors une histoire de la nature proprement dite. Si l'on examinait, par exemple, comment les différentes

1. *Op. cit.*, p. 83.
2. « Ainsi par exemple *Philadelphie* serait à 320 degrés de longitude est, même si cette ville n'est qu'à 40 degrés du premier méridien en comptant les degrés d'est en ouest. », *op. cit.*, p. 83.
3. *Id.*, p. 70.

> races de chiens sont issues d'une même souche et quelles transformations elles ont pu connaître à travers toutes les époques sous l'effet de la différence des pays, des climats, de la reproduction, etc., on aurait une histoire naturelle des chiens et on pourrait en produire une pour chaque partie distincte de la nature, par exemple, pour les plantes, etc [1].

Mais Kant estime irréaliste la perspective de véritablement continuer la géographie pour construire une histoire de la nature : « nous pouvons bien avoir une *description de la nature* mais non une *histoire de la nature* ». Pour cela il nous manque les documents indispensables à la construction d'une expérience. Faute d'informations suffisantes, le passé ne peut donc être construit que sur un mode conjectural. En-deçà du projet grandiose d'une géographie continuée, l'articulation entre l'histoire et la géographie consiste donc plus modestement à savoir où ont eu lieu les événements historiques ; et Kant déplore qu'on ne sache pas toujours compléter chaque *récit* par la *description* nécessaire à sa compréhension.

Il semblerait ainsi que l'on ait d'un côté une *géographie* qui existe comme description de la nature, et une *histoire* de la nature désirable mais inexistante et sans doute impossible à réaliser parce que son matériau est impossible à collecter. Histoire et géographie s'opposent comme le réel et le désirable impossible :

> Si l'on examinait l'état de la nature afin de remarquer quelles transformations celle-ci a subies au cours des temps, cette procédure donnerait une histoire de la nature proprement dite [2]

Mais cette définition ne correspond qu'à une hypothèse impossible. Kant dit en effet dans *Sur l'emploi des principes téléologiques dans la philosophie* que « l'histoire de la nature ne peut exhiber que fragments et hypothèses chancelantes » ; comme science elle est « réalisable plutôt sous forme d'esquisse plutôt que sous forme d'œuvre (science dans laquelle on pourrait bien trouver que pour la plupart des questions figure un *blanc*) » [3] ; la description de la nature, ou *physiographie* [4] se montre en revanche « dans tout le prestige d'un grand système » [5], qui, pour être complet, devrait pourtant inclure une archéologie de la nature [6], puisqu'il est nécessaire de connaître la géographie « ancienne » pour comprendre l'état présent de la Terre :

1. *Id.*, p. 71.
2. *Id.*, p. 71.
3. *Œuvres philosophiques*, *op. cit.*, t. II, p. 565.
4. *Op. cit.*, p. 566.
5. *Id.*, p. 565.
6. *Critique de la faculté de juger*, § 82, *op. cit.*, t. II, p. 1230, note.

> La description qui a pour objet l'état de la nature à notre époque est loin de suffire pour indiquer la raison d'être de la diversité des dérivations. On doit, si ennemi qu'on soit – et certes avec raison – des opinions téméraires, tenter une histoire de la nature : il s'agit là d'une science séparée, susceptible de progresser peu à peu du stade des opinions à celui des connaissances [1]

Il semble qu'on soit au rouet devant cette hésitation de Kant sur la nécessité de lier la géographie à l'histoire. D'un côté il pose que la géographie est susceptible de prendre par elle-même une forme systématique parce que son objet est le tout de la Terre. Et d'un autre il affirme qu'elle n'est complète qu'en intégrant le devenir, et en s'ouvrant sur l'histoire, laquelle est impossible : elle n'est donc complète (comme système) qu'en s'ouvrant sur ce qui la rend impossible (comme système).

LES HISTOIRES DANS LA GÉOGRAPHIE DE KANT

Pourtant, si l'on se reporte au texte même de la *Géographie physique* de Kant, il est frappant de constater que l'histoire y fait régulièrement son apparition, au moins dans le titre de divers chapitres : « histoire des sources et des fontaines », « histoire des fleuves », « histoire de l'atmosphère », « histoire des grandes transformations que la Terre a autrefois subies et qu'elle éprouve encore ». La question est de savoir quel est le sens de ces histoires insérées dans le cadre général de la géographie, et si avec elles on ne passe pas de la description au récit.

L'« histoire des sources et des fontaines » cherche à rendre compte de leur formation par l'eau de pluie infiltrée dans les couches de terre et réapparaissant plus bas. L'« histoire des fleuves » vise à rendre compte de la formation de ceux-ci à partir des ruisseaux provenant des sources, qui réunissent leurs eaux. Comprendre l'histoire des fleuves, c'est donc comprendre l'« échange cyclique entre l'eau de la mer et l'eau des fleuves » [2] en précisant qu'une partie du cycle passe par la pluie et la neige et non par des circuits souterrains comme le croyaient à tort certains auteurs, parfois inspirés par Descartes [3]. L'« histoire de l'atmosphère » traite de la densité de l'air, de la division de l'atmosphère en régions et des propriétés de l'air : son humidité, sa sécheresse, sa teneur en sels minéraux, sa pureté, sa salubrité, sa couleur, avant de traiter des causes des vents qui sont : la différence des régions chaudes et des régions froides (par exemple la terre

1. *Des différentes races humaines*, in *Opuscules sur l'histoire*, Paris, Flammarion, 1990, p. 66, 67.

2. *Géographie physique*, p. 185.

3. Sur les sources, cf. Descartes, *Principia philosophiae*, IV, § 64 *sq.*

par rapport à la mer) ; ou la différence de pression de l'air entre deux régions (air plus ou moins dense); ou l'action des vapeurs souterraines (et en particulier les vapeurs de soufre) qui provoquent des vents inégaux; ou encore l'action de la rotation de la Terre.

Toutes ces histoires relèvent de la géographie, pour autant qu'on y étudie la manière dont interagissent des zones : interaction de la terre ferme et de la mer dans le cycle de l'eau, interaction du sous-sol et de la surface pour le mouvement des vents ou les tremblements de terre ; interaction de la terre et de l'atmosphère. Pourtant ces chapitres sont dits *historiques* en un sens rigoureusement kantien parce qu'ils sont consacrés à l'étude des causes, c'est-à-dire à des processus de formation : la cause du fleuve est la réunion des ruisseaux ; les sources sont la cause des ruisseaux ; etc. Mais comme le système considéré est clos (notamment parce que la Terre est ronde), cause et effet finissent par se rejoindre, de sorte que leur système complet forme un cycle.

Toutefois, concernant l'« histoire des grandes transformations que la Terre a autrefois subies et qu'elle éprouve encore », il semble que la situation soit différente. La Terre se transforme du fait des tremblements de terre, de l'action des rivières, de la pluie, du vent et du gel, de la mer qui « se retire progressivement des côtes dans la plupart des pays » ou qui en ronge au contraire certaines autres. En outre, la Terre se transforme sous l'action des hommes, qui construisent des digues, assèchent des marais, abattent des forêts et modifient ainsi considérablement le climat. Ce qui se transforme ici, c'est la Terre considérée comme un tout, dans son rapport à elle-même, sans qu'elle soit mise en rapport avec un autre astre, la Lune ou le Soleil, comme le fait Kant pour expliquer l'alternance des saisons ou les marées ; il n'y a donc plus de cycles à ce niveau, ni aucun des procédés qui, au plan narratif, visent à restituer la simultanéité.

Avec l'étude des « preuves »[1] (*Beweisthümer*) que la mer a autrefois recouvert toute la Terre (coquillages au sommet des hautes montagnes, formes de certaines vallées qui témoignent de la présence ancienne de courants marins, strates des couches du sol qui témoignent de la constitution progressive de l'écorce terrestre), c'est la durée de la Terre considérée comme un tout, et non pas l'interaction de contrées qui est considérée. Et on remarque qu'au-delà des hypothèses, Kant pose ici un certain nombre de faits comme des certitudes (*es ist Gewiss, dass*...) Il serait ainsi certain que : – la Terre a autrefois été liquide en toute sa masse car ceci explique la forme qu'elle a prise dans son mouvement de rotation et le fait que les montagnes sont plus hautes à mesure qu'on se rapproche de

1. *Op. cit.*, p. 209.

l'équateur; – la mer a jadis tout découvert, de sorte que le fond marin constituait la surface de la Terre; – qu'il y a eu de grands affaissements un peu partout sur Terre, dus au fait que la Terre est creuse en dessous.

Ces faits permettent de tirer la conclusion que la Terre était d'abord une masse liquide qui a durci progressivement depuis la surface, prenant la forme d'une sphère aplatie aux pôles. Dans le cours de son durcissement, les masses lourdes se sont enfoncées vers le centre de la Terre tandis que les masses légères remontaient vers la surface. Pour autant donc que ce phénomène dans son ensemble est totalement singulier, qu'il concerne le tout et qu'il ne manifeste aucun caractère réversible, il relève pleinement du récit et de l'histoire, même si c'est sur un mode spéculatif.

Enfin, concernant l'homme considéré au physique, les différences entre les races relèvent également d'une histoire (dont le principe n'est pas restreint aux hommes). Dans l'Introduction de la *Géographie physique*, Kant donne comme exemple d'une histoire de la nature l'examen de la manière dont

> les différentes races de chiens sont issues d'une même souche et quelles transformations elles ont pu connaître à travers toutes les époques sous l'effet de la différence des pays, des climats, de la reproduction, etc [1].

On comprend donc le rapport entre différentes formes d'animaux ou de plantes par la différence de leur histoire respective à partir d'une souche commune, et cette histoire elle-même n'est rendue compréhensible dans son détail que par la connaissance de différences géographiques. Ainsi, lorsque Kant dit que « le lézard et le crocodile ne sont au fond qu'un seul et même animal. Le crocodile n'est qu'un lézard prodigieusement grand », leur différence est rapportée à la différence de localisation des deux animaux (celui-ci vit dans le Nil, celui-là sur la terre ferme ailleurs que dans le Nil); mais si par-delà cette différence « ils ne sont au fond qu'un seul et même animal »[2], c'est probablement qu'une histoire les réunit dans le passé par une souche commune. Et c'est encore ainsi que Kant procède pour expliquer la différence des races humaines, pour lesquelles il fait remonter toute l'humanité à une souche unique. La compréhension de la différence des races implique ainsi la succession des générations *et* les différences de climats, la géographie *et* l'histoire, d'autant qu'à ce principe de différenciation s'ajoute un principe d'irréversibilité puisque Kant dit dans *Des différentes races humaines* qu'il peut arriver que la modification héréditaire d'une souche arrive au point où elle est « désormais incapable

1. *Op. cit.*, p. 71.
2. *Op. cit.*, p. 69.

de reproduire l'organisation originelle de la souche »[1]. Ce caractère irréversible dans la constitution des différences est encore proprement historique.

On voit donc que malgré l'affirmation de la différence du récit historique et de la description géographique, le discours géographique ne fait jamais totalement l'économie chez Kant d'un discours historique qui peut prendre plusieurs formes. D'une part le discours se présente comme historique à chaque fois que l'on donne la cause d'un phénomène et que de ce fait on développe une séquence temporelle reliant une cause et un effet. Toutefois, si par exemple on explique le cycle de l'eau, le récit historique de type causal tend à devenir une description : il suffit en effet pour « expliquer » ce cycle de décrire le mouvement global de l'eau des sources jusqu'aux fleuves et à la mer puis aux nuages, à la pluie, etc. Il devient alors impossible qu'un élément du processus prenne la valeur d'une cause sans être aussi effet. Dans de tels cas la différence entre récit et description disparaît à mesure que la description se fait plus exhaustive et parvient à considérer le processus dans son ensemble par une sorte de présentation panoptique qui n'impose aucun ordre pour être comprise, puisqu'il est indifférent que la description progresse de la source vers la mer ou inversement. La mise en évidence de cycles aboutit à ce résultat de neutralisation de la chronologie, et donc de la dimension historique, par quoi il rejoint le discours géographique.

En revanche dans le cas de la constitution de la Terre ou de la formation des races animales ou humaines, les moments temporels ne peuvent être nivelés, ni la cause ou l'origine être considérées comme un moment indifférent dans un processus qu'on pourrait décrire à sa guise. Donc bien que la géographie s'avance parfois vers les confins de l'histoire, et que celle-ci fasse parfois symétriquement de même, la différence entre les deux types de discours subsiste, de même que la distinction entre les deux formes de savoir auxquels respectivement ils correspondent.

DE LA PHYSIQUE ET DE LA CHIMIE DANS LA GÉOGRAPHIE

Par ailleurs, la description n'étant souvent complète que si elle devient explication, la recherche des causes qui donne cette explication conduit à explorer un autre axe que l'axe temporel et spatial, et qui est l'axe physico-chimique incluant la physiologie et la géologie. En effet les phénomènes décrits par la géographie impliquent la compréhension de la constitution des choses sur lesquelles on s'interroge. On trouve ainsi chez Kant des considérations chimiques pour comprendre le rapport du sel et de l'eau, ou

1. *Opuscules sur l'histoire*, *op. cit.*, p. 48.

pour préciser que le chaud et le froid peuvent être produits en combinant certains matériaux, par exemple lorsqu'ils fermentent; quant aux considérations physiques, elles apparaissent dès le texte des « Concepts mathématiques préliminaires » qui ouvre la description physique de la Terre par une réflexion sur les unités et les procédures de mesure.

Quand il étudie la Terre par éléments: eau, air, terre et feu, Kant développe des considérations sur la nature de ceux-ci et les intègre à la compréhension des phénomènes géographiques, comme par exemple l'évaporation pour comprendre le mouvement circulaire de l'eau; la force d'attraction, la chaleur, la lumière, l'électricité et le magnétisme pour comprendre les phénomènes qui ont lieu à la surface de la Terre, en particulier les marées ou la chaleur. La cause des tremblements de terre est également considérée comme relevant des compétences du physicien ou du chimiste, pour autant qu'ils s'expliquent peut-être par la réaction de la pyrite à l'air ou par l'action de l'atmosphère, ou encore par des mouvement de flots souterrains. La question, note Kant, ne pourra être tranchée que de manière expérimentale.

Le physicien est convoqué encore pour expliquer le changement de couleur des caméléons, ou la couleur noire de la peau de certains hommes. La spéculation sur les souches et sur les modes de transmission des caractères héréditaires donne en effet le principe des différences entre les races, mais non la raison physiologique de tel ou tel phénomène précis, lequel implique qu'on recherche un autre type de cause. Ainsi pour la couleur noire

> De nombreux physiciens croient qu'elle provient de l'épiderme et de la matière noire qui le teinte. D'autres encore la font venir du *corpore reticulari*. [...]
>
> Il semble que le dessèchement des vaisseaux qui conduisent le sang et le sérum sous la peau soit la cause du manque de barbe et aussi de ce que les cheveux sont courts et crépus. C'est le fait que la lumière, qui passe au travers de l'épiderme pour arriver dans les voies desséchés du *corporis reticularis*, est avalée, qui produit l'aspect de couleur noire [...] [1].

Pour expliquer la couleur noire des hommes, et sa différence selon les lieux, il est nécessaire de faire intervenir *et* la différence des climats, *et* la théorie des souches, *et* la constitution de la peau et sa réaction à la chaleur. La description ne devient complète qu'à la condition d'être ainsi développée par de multiples explications causales. Le texte géographique se produit au confluent de toutes les compétences qu'il convoque.

1. *Op. cit.*, p. 220, 221.

On voit donc clairement que d'une manière générale Kant recourt à la compétence du physicien à chaque fois surtout que la cause des phénomènes constatés à la surface de la Terre nécessite de faire des hypothèses causales. À bien des égards, le physicien et l'historien se retrouvent, chacun à sa manière, dans leur spéculation sur les cause. Toutefois, comme ici les causes ne s'intègrent pas dans une description cyclique plus vaste, leur étude ne ressortit jamais directement de la géographie, mais introduit toujours un apport extérieur.

INVENTAIRE OU DESCRIPTION SELON L'ESPACE

Que la géographie fasse ainsi nécessairement appel à diverses compétences n'empêche pas toutefois qu'elle puisse avoir un caractère singulier autour duquel elle articule celles-ci, ni qu'elle puisse se construire autour d'un objet ou d'une méthode spécifiques. On a vu que pour Kant ce trait spécifique est son rapport à l'espace et le type de discours que cela implique. Il importe donc maintenant de préciser ce que peut signifier, d'une manière précise, le projet d'une description selon l'espace, ce qui revient à demander où est l'espace dans la géographie, comment il intervient concrètement dans le discours qui vise à rendre compte du « côte à côte » et de la simultanéité. Pour le dire autrement, la question est de savoir ce qu'est une description.

Or Kant s'avère extrêmement discret sur ce que signifie « décrire selon l'espace », et à lire le texte de la *Géographie physique*, on constate que l'espace est loin d'y être partout également présent à titre explicite.

Tout d'abord, pour autant que la *Géographie physique* s'ouvre par la présentation de « *concepts mathématiques préliminaires* », et que ces concepts interviennent essentiellement pour le calcul des différences de situation et pour le calcul des distances, l'espace est pris en compte dans la géographie au titre de ce qui se mesure. La description générale de la Terre selon l'espace vise à la décrire par exemple en la rapportant au Soleil et à la Lune ; cette entreprise relève proprement de la cosmographie. L'espace intervient encore pour rapporter les lieux décrits sur Terre à des repères soit naturels (les pôles, les cercles polaires, les tropiques, l'équateur et les zones déterminées par ces repères) soit conventionnels (la longitude). Ici, l'objet « Terre » est construit comme un pur objet géométrique sur lequel on engendre des points, des lignes, découpe des sphères et des cercles, bref, que l'on peut construire dans l'intuition pure. Ensuite le rapport à l'espace prend la forme de descriptions ayant valeur de définitions : descriptions des formes générales de l'eau, de la terre et de l'atmosphère pour déterminer ce qu'est un continent, un archipel, un île, une baie, un golfe, un détroit, etc. Les différences de qualité entre les éléments sont aussi souvent expliquées en rapport à leur situation; par exemple le degré de salinité des mers est rapporté au nombre de fleuves qui se jettent en elles, ou à l'évaporation propre à une zone climatique. Enfin, Kant précise le lieu où peuvent être vues toutes sortes de choses remarquables: la présence de micro-organismes phosphorescents en mer, les Sargasses au milieu de l'océan Atlantique, le bois flotté des mers du grand nord; les pierres ponces flottant au large du cap de Bonne Espérance. La géographie générale donne ainsi un inventaire localisé de phénomènes remarquables, et une description de formes typiques qu'on retrouve en plusieurs endroits de la Terre.

La deuxième partie de la *Géographie physique* propose ensuite l'examen particulier de tout ce que la Terre contient, qui aborde les réalités de la Terre de manière plus particularisée. Chez l'homme les différences de couleur de peau sont rapportées au climat, ainsi que les différences de tempérament: on est plus beau, plus industrieux et plus doué de talents au nord qu'au sud, plus endurant et soucieux de liberté en montagne qu'en plaine. Mais Kant ne s'engage pas pour autant dans une spéculation qui rapporterait les formes de culture au climat, et se contente à ce propos d'esquisser un inventaire des modifications que les hommes apportent à leur propre forme, ainsi que des différences d'habillement et de goût. Ici l'espace perd sa pertinence explicative pour se limiter à localiser ce qu'on ne peut que constater. Quant à la présentation des animaux et des plantes, elle ne donne pas sa méthode générale, laquelle, malgré l'annonce faite dans l'Introduction, semble être au mieux un mixte de classification anatomique ou formelle et de localisation spatiale. Les animaux sont distingués à la manière de Linné selon le nombre de leurs sabots, de leurs doigts; par le fait d'être terrestres ou aquatiques, ou d'avoir une coquille; les arbres sont classés par famille, par exemple la famille du palmier; ou bien ils sont regroupés en bois odorants, ou arbres médicinaux, ou arbres qui donnent des fruits agréables, ou encore arbres à épices. Enfin les minéraux sont classés en métaux, non-métaux, sels, pierres, fossiles. Ce n'est que dans le cadre de cette classification aux principes variés que Kant rapporte parfois les spécimens qu'il décrit aux régions où on les trouve. La géographie comme description des choses rapportées aux lieux et aux différences de lieux est donc encore présente, mais de manière secondaire, derrière un inventaire, qui, selon les critères mêmes de Kant, est de type plutôt logique et scolastique. En cela, la *Géographie physique* ne remplit que de manière allusive le programme, qu'elle se fixe en Introduction, de toujours rapporter les êtres à des lieux, et ne rompt que très partiellement avec les classifications antérieures.

Enfin la description des pays « selon un ordre géographique » aborde ceux-ci par continents. L'Asie est décrite en partant de la Chine, puis en progressant vers le sud et l'ouest jusqu'à l'Arabie, après quoi on remonte vers le nord et l'est jusqu'à la Russie, la Sibérie et le Kamtchatka, décrivant ainsi une boucle qui va de la Chine à la Chine. Toutefois, si le Tonkin est explicitement situé au sud-ouest de la Chine, la situation respective des autres pays n'est pas fournie par Kant, de sorte que cette situation semble présupposée pour que le parcours trouve son orientation géographique. Le rapport des pays les uns par rapport aux autres est impossible à reconstituer à partir du seul texte de la *Géographie physique*, qui n'indique pas qu'il procède en suivant un sens giratoire, et qui, donc, ne donne pas explicitement le sens de ses parcours, son ordre. De même, pour décrire l'Afrique Kant part de l'extrême sud, du cap de Bonne Espérance, puis remonte au nord-est vers l'équateur, puis vers le nord-ouest, après quoi il part des îles Canaries au nord-ouest pour descendre vers les contrées du Cap Vert, le fleuve Gambie et la côte de Guinée ; ensuite il passe à l'Afrique du nord-est, l'Égypte, l'Abyssinie et la côte nord de l'Afrique. Mais ici encore le sens du parcours n'est pas explicite, et semble assez erratique au total, peu d'indications étant données sur la situation de chaque pays, ce qui s'explique en partie sans doute par l'état des explorations mais manifeste aussi que Kant ne s'est pas préoccupé de franchir le pas qui conduirait de l'inventaire à la description proprement dite. Dans le meilleur des cas, c'est-à-dire lorsqu'on peut facilement reconstituer le sens de son parcours, Kant semble procéder à une description tournante, comme c'est le cas pour l'Asie, partant d'un pays pour y revenir après être passé par une série de pays intermédiaires : dans ce cas le cercle restitue dans la description l'ordre d'un parcours qui, dans l'imagination, peut être suivi dans le sens qu'on voudra, et qui peut, sans pertes, aller à rebours du sens linéaire de la présentation telle que la donne Kant : on peut décrire l'Asie en faisant une boucle qui descend vers le sud, le sud-ouest, puis remonte vers le nord-ouest et le nord-est, ou dans le sens inverse.

Par ses présupposés, qui restent donc largement implicites et ne sont en outre pas toujours suivis, cette description ne prend en fait véritablement sens que si l'on est capable de la rapporter à une carte des territoires concernés. Et il en va de même pour l'Europe et l'Amérique. Le texte ne suffit donc pas à produire par lui-même une description de son objet, car en tant que simple inventaire il ne donne pas les moyens d'organiser dans l'imagination la manière dont les contrées sont disposées les unes par rapport aux autres.

De la carte

Ceci pose donc le problème du rapport de la géographie à la carte. En effet, le texte de Kant n'est pas accompagné de cartes, et on sait que son cours se faisait sans cartes, alors que depuis la Renaissance et la redécouverte des cartes de Ptolémée la cartographie avait fait des progrès considérables. La carte géographique ne fait pas même l'objet d'une analyse. À cet égard on peut se demander dans quelle mesure le texte de la description selon l'espace peut prétendre rendre compte de son objet par le seul discours, ou si implicitement il ne renvoie pas à son accompagnement obligé qu'est la carte, sans quoi la manière dont les lieux sont les uns à côté des autres reste largement indéterminée. Cela renvoie à une évaluation des performances respectives de l'image et du discours (texte et parole), tels que l'avait engagée Lessing dans son *Laocoon*, où, comme on sait, il défendait l'idée que les arts ne peuvent pas représenter des objets qui ne leur sont pas en quelque sorte homogènes, car « il est incontestable que les signes doivent avoir une relation naturelle et simple avec l'objet signifié »[1]. De ce fait, selon Lessing, la poésie ne peut représenter que ce qui a, comme elle, une durée (des actes, des objets ou éléments d'objets qui se succèdent), tandis que la peinture ne peut représenter que ce qui est spatial (des corps)[2]. Par conséquent, le principe même d'une description selon l'espace reviendrait, selon cette distinction, à tenter d'instaurer entre les signes du discours et la réalité (spatiale) qu'ils visent à restituer une relation qui, du fait de leur différence, ne pourrait être ni simple ni naturelle. La tentative serait ainsi vouée à l'échec, et le pur discours géographique se révélerait ainsi être un discours forcé.

Concernant l'utilité des cartes, Kant répond d'une certaine manière d'abord dans ses *Réflexions sur l'éducation*, où il les présente comme un élément stimulant pour les enfants, dans la mesure où elles contiennent et entraînent l'imagination dans et par des figures précises et non fictionnelles.

Toutefois, on peut se demander si la carte n'est qu'un élément de formation transitoire de l'imagination, ou si elle est présupposée ou requise constamment par tout travail sur l'espace, soit explicitement, soit implicitement pour autant que des cartes mémorisées rendraient possible l'orientation dans l'espace géographique.

Dans le texte *Histoire et description naturelle des plus remarquables cas de tremblements de terre de l'année 1755* Kant dit que les côtes ouest sont plus exposées aux tremblements de terre en Italie, au Portugal, en Amérique du sud et en Irlande. La cause en serait que les côtes ouest et sud de presque tous les pays sont plus abruptes que les côtes est et nord, ce que confirmeraient les *cartes* et les informations fournies par les voyageurs

1. Lessing, *Laocoon*, Paris, Hermann, 1990, p. 120.
2. *Id.*

(Dampier)[1]. Par ailleurs, dans la présentation de sa théorie des vents, Kant note que, par exemple, pour comprendre les vents de la côte de Guinée il suffit d'observer la carte que Jurin a jointe à la *Géographie générale* de Varenius ou que Musschenbroek a jointe à sa *Physique*. Alors, dit Kant, si l'on a à l'esprit la règle selon laquelle un plus haut degré de température dans une région provoque un vent qui se dirige vers cette région et qui dure aussi longtemps que celle-ci reste relativement plus chaude[2], en regardant le vent d'est naturel habituel sur la carte on comprend/voit (*einsehen*) et s'explique (*erklären*) en un clin d'œil toutes les directions du vent qui souffle sur la mer près de la Guinée, ainsi que les tornades et tout le reste[3]. Il semble donc clair que la carte est, à tout le moins, un instrument qui *facilite* la compréhension des descriptions.

Enfin dans l'*Anthropologie*, la carte est citée comme instrument mnémotechnique dans le cadre d'une « présentation de la faculté de rendre présents par l'imagination le passé et l'avenir »[4], c'est-à-dire qu'elle est rapportée à la faculté de se souvenir. Paradoxalement, la carte est donc reconduite à une destination temporelle, celle de la mémorisation, et non à une fonction spatiale. Dans ce passage de l'*Anthropologie*, Kant distingue en effet plusieurs méthodes de mémorisation dont une qui relève du jugement et qui consiste à faire des tableaux de classement systématique, comme celui de Linné. On répare un oubli en énumérant les éléments dont on se souvient pour retrouver ceux qu'on a oubliés ; ou bien on se représente visuellement le tableau des divisions d'un tout, ou une carte qui répartit la totalité d'un espace en provinces situées au nord, à l'ouest, etc[5]. Ici la carte est donc clairement un instrument qui vise à une autre fin qu'à la perception et à la compréhension de l'espace. De même que pour l'enfant elle est un moyen utile pour mettre en forme l'imagination afin de la domestiquer, de même ici la carte est un instrument qui vise à se remémorer le passé plutôt qu'à représenter l'espace en lui-même. L'image renvoie, paradoxalement, à un art de la mémoire[6]. Et donc, malgré quelques allusions aux cartes, il semblerait que celles-ci ne soient pas indispensables à la représentation de

1. Kant, *Geschichte und Naturbeschreibung der merkwürdigsten Vorfälle des Erdbebens, welches an dem Ende des 1755sten Jahres einen grossen Theil der Erde erschüttert hat* [*Histoire et description naturelle des événements les plus remarquables du tremblement de terre qui a ébranlé une grande partie de la Terre à la fin de l'année 1755*], Berlin, Reimer, 1910, Édition de l'académie de Berlin, t. I, p. 459.

2. *Op. cit.*, p. 504.

3. Kant, *Neue Anmerkungen zur Erläuterung der Theorie der Winde* [*Nouvelles remarques pour l'explication de la théorie des vents*], *op. cit.*, p. 493.

4. Kant, *Anthropologie*, *op. cit.*, t. III, p. 1000. Cf. aussi *Annonce ...*, *op. cit.*, p. 522.

5. *Id.*, p. 1002.

6. Voir Michèle Cohen-Halimi, *op. cit.*, p. 30.

l'espace, et que le texte suffise et réussisse à produire les impressions spatiales. Mais jusqu'à présent, cela reste un postulat à confirmer et à justifier.

La question qui se pose maintenant est donc de savoir si, chez Kant lui-même, nous trouvons des indications permettant de justifier le projet d'une description selon l'espace, c'est-à-dire d'une description pouvant par elle-même restituer le caractère spatial de son objet, sans recourir à l'image – ce qui justifierait théoriquement que Kant tente de réaliser ce que Lessing avait considéré comme illégitime.

Dans *Du premier fondement de la différence des régions dans l'espace*, Kant notait que notre connaissance géographique et notre connaissance du ciel ne nous servirait à rien si nous ne pouvions pas déterminer « tout le système des situations réciproques d'après leur rapport aux côtés de notre corps suivant les régions »[1]. Kant donne donc bien une indication précise sur les conditions sous lesquelles une description selon l'espace – la « connaissance géographique » – sert à quelque chose, c'est-à-dire est susceptible de réussir. Il faut qu'elle soit référée à notre corps et à une « région ». Autrement dit, si nous ne connaissons que « les situations des objets les uns par rapport aux autres », à la manière de ce que pourrait proposer une analyse des sites purement conceptuelle, de type leibnizien, nous n'accéderions pas encore à une véritable connaissance selon l'espace. Outre la simultanéité (l'ordre des coexistences) la description doit donc permettre de référer l'objet au corps « suivant les régions ». Or celles-ci ne sont rien d'autre que des déterminations de l'espace en fonction du rapport des parties de celui-ci avec les côtés de notre corps. Par conséquent, il n'y a de description susceptible de produire un savoir géographique que celle qui permet, au moins dans l'imagination, de se situer corporellement par rapport à l'objet qu'elle vise à faire connaître.

Ici encore, il faut donc tenir compte du fait qu'il n'y a pas de géographie sans géographe corporel, autrement dit qu'il n'y a pas un discours pur qui serait adéquat à un objet subsistant par lui-même comme une chose en soi, mais que, entre le discours et l'objet intervient l'espace tel qu'il se manifeste avec le(s) corps comme forme non conceptuelle qui, pourtant, rend seule compréhensible l'objet en donnant sens au discours qui se rapporte à celui-ci en référence au corps. La référence à la droite et à la gauche, au dessus et au dessous, est donc, autant ou plus que la simple présentation abstraite d'un ordre de coexistence, la marque intuitive indispensable à l'orientation dans l'espace, sans laquelle par conséquent il n'y a pas non plus de description selon l'espace. Par rapport à une telle exigence, le

1. Kant, *Du premier fondement de la différence des régions dans l'espace* (1768), in *Quelques opuscules précritiques*, trad. S. Zac, Vrin, 1970, p. 94.

manque d'indications spatiales régulières et précises dans le texte de Kant semblerait donc accidentel, au sens où une telle description semble possible, même si de fait ces indications n'ont guère retenu l'attention de Kant.

Pour autant aussi, la question se pose toujours de savoir s'il est possible aussi de se représenter la Terre comme système de régions orientées grâce aux seules ressources du discours et sans avoir recours à une carte qui permette, le cas échéant, d'organiser l'espace à échelle humaine pour comprendre ce qui en réalité se déploie à l'échelle planétaire. La question revient à se demander si, grâce au discours, une représentation spatiale satisfaisante peut être produite dans l'imagination, qui, comme l'annonce l'introduction, anticipe sur l'expérience future, ou si la représentation spatiale est toujours de l'ordre d'une certaine passivité, et relève de ce fait d'une explication essentiellement empiriste, pour laquelle l'expérience (spatiale) ne pourrait, en fait, être anticipée d'aucune manière, même imaginaire.

Kant précise dans son Introduction de la *Géographie physique* qu'il faut par la géographie élargir notre expérience au-delà de notre finitude individuelle de sorte que cette acquisition de connaissances permette d'anticiper sur notre expérience future, celle, dit Kant, « que nous ferons plus tard dans le monde » [1]. Kant évoque alors la nécessité de faire l'acquisition d'un *concept* préliminaire (*Vorbegriff*) de toutes choses, d'un *aperçu* (*Abriss*) et d'un *plan* (*Plan*). Or, concernant la géographie, les connaissances ainsi anticipées sont certes pour une part d'ordre conceptuel, mais aussi, on l'a vu, de l'ordre de la spatialisation au sens d'une disposition non conceptuelle de l'objet de la géographie dans l'espace. Cet objet ne peut donc être abordé de manière seulement logique et on ne peut s'en faire un simple *concept* préliminaire. À un moment ou à un autre, le passage du concept au sensible est nécessaire. C'est donc aussi une sorte d'*espace préliminaire* qui semble requis, espace qui n'est pas encore celui du monde, mais qui serait proprement celui du géographe [2]. Par conséquent il faut ici user d'une autre faculté que de l'entendement seul pour appréhender l'objet géographique : à savoir de l'imagination, comme faculté des intuitions spatiales hors de la présence de l'objet.

Les caractères élémentaires de l'orientation dans l'espace sont, comme on sait, présentés de manière exemplaire dans l'opuscule *Qu'est-ce que s'orienter dans la pensée ?* qui, par rapport au texte *Du premier*

1. *Op. cit.*, p. 66.

2. L'espace étant une des deux formes *a priori* de la sensibilité, il ne saurait y avoir deux espaces. Mais il peut y avoir deux manières de se rapporter au même espace, l'une naturelle, l'autre artificielle, selon qu'on se rapporte au monde ou à des substituts imaginaires du monde.

fondement... déjà cité déplace l'espace vers le sujet, et en fait une forme *a priori* de la sensibilité de celui-ci. En effet, on sait que dans le texte *Du premier fondement ...* l'espace se caractérise par le fait que, comme dans la période qui suivra la *Dissertation de 1770*, l'espace n'est pas purement conceptuel et relève d'une esthétique et non de la logique; mais à la différence de ce qui vaudra dans la période du criticisme, l'espace n'est pas lié au corps / sujet, c'est-à-dire à la sensibilité de ce dernier, mais au corps / objet pris comme référent nécessaire et premier, quoique objectif, de toute orientation, c'est-à-dire de toute compréhension de la disposition d'objets dans des régions. Alors que dans l'opuscule de 1768 les régions sont inscrites dans l'espace absolu et que comme le note S. Zac, « le fondement des objets symétriques ne se trouve pas dans l'espace, intuition pure, forme a priori de la sensibilité, mais dans la réalité même des choses étendues » [1], dans la période critique l'espace cesse de pouvoir être défini en régions à partir de différences inscrites à même les choses dans l'espace absolu et originaire [2] et reconduit radicalement au sujet. Par conséquent le sujet semble dès lors avoir en lui tous les éléments nécessaires pour produire une intuition spatiale pure à partir des données fournies par les concepts. On sait d'ailleurs que c'est ainsi que sont produits les objets mathématiques qui peuvent être construits et présentés dans l'intuition sans avoir au préalable dû être intuitionnés empiriquement. Je puis donc référer les objets à des régions orientées qui ne se déterminent plus par rapport au corps mais à la sensibilité du sujet; et en ce sens l'expérience des dispositions (spatiales) peut se faire en l'absence de tout référent empirique, car je peux me représenter la gauche et la droite de manière totalement abstraite, dans mon imagi-nation, sans avoir besoin pour cela de me rapporter à mon corps (c'est au contraire cette possibilité a priori qui maintenant rend possible la différenciation du corps selon la gauche et la droite). L'orientation que doit rendre possible une description selon l'espace est la mise en rapport des repères propres à l'observateur avec les régions du monde qu'il appréhende, ce qui signifie tout d'abord la mise en rapport de la droite et de la gauche (du côté de l'observateur) avec les quatre points cardinaux (du côté du monde exploré) [3]. Ainsi encore, on voit que *décrire conceptuellement selon l'espace* n'est pas suffisant pour accéder au niveau de l'étude géographique, c'est-à-dire pour passer du tableau logique à la géographie proprement dite comme une véritable description qui aurait « intégré » l'espace. Il n'y a mise en espace que si le lecteur, ou l'auditeur, ou

1. *Op. cit.*, p. 136.
2. Kant, *op. cit.*, p. 98.
3. Kant, *Qu'est-ce que s'orienter dans la pensée ?*, *op. cit.*, t. II, p. 531.

l'étudiant, bref si le sujet situé peut (re)produire pour son compte, subjectivement, l'espace exploré et décrit par le géographe.

Kant fournit-il alors des indications qui permettent de présager de la capacité du sujet à construire une représentation de la Terre à partir des seules données d'un texte incluant les indications requises pour une description selon l'espace? La question revient ici à évaluer les performances de l'imagination productrice, d'autant qu'on n'apprend correctement que ce qu'on l'on sait faire, comme le précise Kant dans ses *Réflexions sur l'éducation*, en notant que « la meilleure manière de comprendre une carte de géographie, c'est de pouvoir la réaliser soi-même », car « le principal moyen qui aide la compréhension est la production des choses »[1]. Mais, en l'occurrence, ce n'est pas une carte que je suis censé pouvoir produire, mais, par anticipation, une expérience de la Terre elle-même, ce qui pose au moins un problème d'échelle car on peut estimer que par sa taille la Terre et ses régions excèdent les pouvoirs de l'imagination. En effet, même si la Terre peut être mesurée et a été mesurée, cette mesure ne correspond à rien de déterminé pour l'imagination, en ce sens que pour mesurer la Terre en imagination il faudrait pouvoir unifier en une représentation la somme de perceptions ou d'appréhensions nécessaires pour pouvoir composer celles-ci en un tout. Pour composer un tel espace il faudrait que les unités ou les impressions posées en premier restent sensibles tandis qu'on pose les suivantes, de sorte que la « compréhension » de la terre ou de ses parties (continents) consisterait à tenir ensemble ce qui est progressivement posé par l'appréhension. Sans cela il y a connaissance logique mais non expérience esthétique. Or « toute évaluation de la grandeur des objets de la nature est une définition d'ordre esthétique »[2].

L'imagination n'est plus capable d'opérer cette synthèse sensible à partir d'une certaine grandeur: « il y a ainsi dans la compréhension un maximum que l'imagination ne peut dépasser »[3]. Si je veux saisir un espace comme tel, je dois en effet le faire en une intuition par laquelle toutes ses parties sont retenues simultanément en fin de construction. C'est ce qu'il me faudrait faire aussi, mais que je ne peux pas faire, pour la Terre, dont, par exemple, dit Kant, le diamètre peut bien être appréhendé en un sens logique (*compréhensio logica*) mais dont n'est pas possible la « compréhension par l'imagination dans l'intuition »[4] (*comprehensio aesthetica*); ou encore, pour le dire dans le langage des Analogies de l'expérience : je ne pourrais construire une séquence de perceptions car le début de la série serait perdu

1. *Réflexions sur l'éducation*, *op. cit.*, p. 160.
2. *Critique de la faculté de juger*, *op. cit.*, p. 1018-1019.
3. *Id.*, p. 1019.
4. *Id.*, p. 1022.

avant que sa fin ne soit produite : à plus forte raison alors serait-il impossible de faire le trajet retour qui garantit la simultanéité de l'existence de tous les éléments de la perception ; cette simultanéité ne serait donc jamais acquise à titre d'expérience.

En revanche l'espace de la carte est largement en-deçà du maximum de l'imagination, et se laisse saisir et rapporter sur un mode *analogique* à l'espace dont il vise à rendre compte, de sorte qu'au lieu d'être désorienté le sujet connaissant (sensible) peut construire analogiquement, sur un modèle réduit, son expérience imaginaire d'un grand espace, sans perdre l'essentiel des rapports entre les lieux, car le changement d'échelle n'affecte pas les rapports entre ceux-ci ni avec la sensibilité du sujet[1].

La question générale de savoir ce qu'est une description géographique selon l'espace présente donc deux volets, qui sont 1) un problème d'échelle (l'espace à imaginer n'est-il pas trop grand ?) et 2) un problème de principe (peut-on, d'une manière générale, produire des représentations spatiales à partir de concepts ?). Or on sait avec les mathématiques que pour Kant passer de la forme conceptuelle à une forme sensible est une performance que l'esprit humain est capable d'accomplir, contrairement à ce que peuvent croire les empiristes. Le schématisme, « art caché dans les profondeurs de l'esprit humain »[2], réalise cette « présentation » du concept à une intuition. Mais notre imagination n'est capable, comme notre perception empirique, de se rapporter qu'à des objets dont la taille n'excède pas un certain seuil, et qui, par rapport à la Terre, sont comme des modèles réduits. Autrement dit, ils ont le format de la carte, qui est le vis-à-vis perceptif et imaginaire adéquat de l'homme pour expérimenter le monde par anticipation. De fait, dans les « Concepts mathématiques préliminaires » qui ouvrent la *Géographie physique*, Kant présente une structuration de la Terre opérée sur un sphéroïde imaginaire, c'est-à-dire sur un objet mathématique (géométrique) abstrait valant comme modèle réduit pour la Terre réelle.

Reprenant le langage de la rhétorique classique, Kant appelle « hypotypose »[3] la présentation d'un concept ; dans la *Critique de la faculté de*

1. Cf. *Du premier fondement...*, p. 94.

2. *Critique de la raison pure*, *op. cit.*, t. I, p. 886-887.

3. Celle-ci présente dans un cadre critique des problèmes qu'elle ne soulevait pas jadis, car tandis que dans une perspective pré-critique le sensible pouvait être considéré comme homogène à l'intelligible (le concept étant, pour Leibniz, une idée claire et le sensible une idée confuse) le cadre critique (qui distingue nettement logique et esthétique) instaure une différence radicale entre eux. Par conséquent on ne peut passer *insensiblement* du concept à l'image, par obscurcissement, ou de l'image au concept, par éclaircissement. Comprendre comment est possible une description selon l'espace revient donc à comprendre comment l'hypotypose peut surmonter la différence entre ces deux ordres hétérogènes.

juger, Kant en distingue deux formes : elle est *schématique*, lorsqu'à un concept que l'entendement saisit, l'intuition correspondante est donnée *a priori* (et une telle hypotypose schématique est produite avec les « concepts mathématiques préliminaires ») ; ou bien elle est *symbolique*, lorsqu'à un concept que seule la raison peut penser, et auquel aucune intuition sensible ne peut être adéquate, une intuition est attribuée, avec laquelle la faculté de juger peut opérer sur un mode analogue à celui qui serait le sien si elle était capable de schématiser ce concept[1].

Dans le cas des objets dont la grandeur dépasse les capacités de l'imagination, et qui ne peuvent donc être présentés, on doit donc se rapporter à de tels symboles. En ce sens, la description est un symbole. Toutefois, le concept à présenter n'est pas en soi nécessairement irreprésentable : il n'est tel que du fait des limites (contingentes) de notre imagination. La Terre n'est en effet pas un concept que seule la raison peut penser : elle est une réalité empirique dont le concept correspondant est un *concept empirique*[2] ; la géographie relève donc à la fois de l'exemple, pour son caractère empirique, et du symbole, lorsque son objet n'est pas directement intuitionnable du fait de sa grandeur. La description selon l'espace dans un texte a ainsi un caractère à la fois exemplaire et symbolique qui se rapporte à l'extension de l'espace (au monde) sur un mode analogique. Aux analogies temporelles de l'expérience la géographie nous invite donc à ajouter des analogies spatiales qui mettraient en rapport le discours et le monde par l'intermédiaire d'une expérience intuitive dans l'imagination, qui peut être soit une image, soit une carte.

Kant, pourtant, a tenu l'image hors de son propos, et semble paradoxalement s'en être tenu pour la géographie à une « esthétique » essentiellement discursive, c'est-à-dire logique. On peut s'interroger sur le motif de ce choix de la part du penseur qui a donné à l'esthétique et à l'imagination une place qui leur avait jusque-là été refusée par tous les théoriciens (rationalistes) du savoir objectif.

Une indication nous est peut être donnée dans les textes de Kant sur la poésie et la peinture. La poésie, en effet, est présentée comme l'art qui donne du concept une présentation qui joue avec l'apparence sans rendre celle-ci trompeuse[3]. Autrement dit, le concept dans le discours est à même de ne pas tromper ou de tromper le moins possible dans sa production de formes. En revanche, la peinture, qui présente l'apparence sensible, est caractérisée par Kant comme un art qui ne donne que « l'apparence de

1. *Op. cit.*, t. III, p. 1142.

2. « Présenter la réalité de nos concepts requiert toujours des intuitions. Si ce sont des concepts empiriques, celles-ci se nomment des exemples », *id.*, p. 1141.

3. *Id.*, § 53, p. 1113 et 1117-1118.

l'extension physique » (*gibt nur den Schein der körperlichen Ausdehnung*). Autrement dit, Kant semble, à l'inverse de Lessing, tenir pour indifférent que la peinture ait une affinité avec l'espace et lui soit plus homogène que, par exemple, la poésie. Lorsqu'au §. 51 de la *Critique de la faculté de juger* Kant présente la peinture comme art de la belle description de la nature, cette description est *Schilderung*, affichage, et non *Beschreibung*, travail descriptif par l'écriture. Dès lors on comprend que les cartes soient davantage valorisées pour l'agrément qu'elles procurent à titre d'affiches que pour le savoir qu'elles pourraient transmettre. Quoi qu'ait pu en dire un Lessing, le tableau, ne donnant que l'*apparenc*e de l'extension physique, ne l'emporterait pas sur le discours pour décrire l'espace. Et celui-là resterait à bon droit le meilleur moyen de faire connaître celui-ci, puisque Kant ne fait pas de réserves particulières sur la capacité du langage à élargir l'expérience du sujet par une *description* de l'espace, dont il ne dit d'ailleurs nulle part qu'elle ne donnerait que l'*apparence* de l'« extension physique ».

Quel que soit son rapport à l'intuition, la géographie reste donc, pour Kant, avant tout un discours. Le prix de cette option est peut-être qu'elle reste malgré lui davantage un inventaire qu'elle ne donne une véritable description. Mais pour qu'il en soit autrement il aurait sans doute fallu, outre un souci constant des indications propre à créer une orientation véritable, concevoir une autre forme d'écriture, mêlant l'image au texte, l'icône à la légende, un hiéroglyphe nouveau.

Max MARCUZZI
Université d'Aix-en-Provence

VOLNEY, LE VOYAGE CONTRE L'HISTOIRE

Les hommes des Lumières ont tous été des adversaires de l'histoire, au nom de la philosophie et de la raison, retrouvant ainsi quelquefois la critique cartésienne de l'érudition[1]. La Révolution française a fait sienne cette hostilité à l'histoire : il a été justement souligné que « le mot de Rabaut Saint-Étienne, « notre histoire n'est pas notre code » exprime totalement la pensée des révolutionnaires »[2]. Cette hostilité à l'histoire tient d'abord à ce que le passé de l'humanité est un recueil des crimes et des aberrations du genre humain. Mais aussi à ce que l'histoire, comme connaissance de ce passé de l'humanité, n'est pas une véritable science. La philosophie devrait désormais remplacer l'histoire comme discipline-modèle. L'expression la plus déterminée et la plus développée de ce refus révolutionnaire de l'histoire est le fait d'un autre membre de la Constituante, l'Idéologue C.F. Volney (1757-1820). Célèbre depuis son *Voyage en Égypte et en Syrie* de 1787 et ses *Ruines ou méditation sur les révolutions des empires* de 1791, le « voyageur Volney » donne à l'École normale, durant l'hiver 1795, des *Leçons d'histoire,* où il ne se contente pas de critiquer l'histoire, mais propose de la remplacer par une nouvelle discipline scientifique, celle du « voyage ».

1. Parmi bien d'autres exemples, Louis-Sébastien Mercier, qui s'inspire de Rousseau : « l'histoire est la honte de l'humanité », chacune de ses pages est « un tissu de crimes et de folies, de brigandages et d'ambition », ses « exemples pernicieux et pervers » ne « servent qu'à enseigner le despotisme » (*L'an 2440. Rêve s'il en fut jamais*, (1771), Paris, 1999, p. 76-77).

2. C. Nicolet note également que ce mot « inspirera les réflexions méthodologiques de Volney et Daunou » et bien au-delà établit que « le républicanisme français se veut a-historique » (*L'idée républicaine en France,* Paris, 1982, p. 291, 290).

DES LEÇONS CONTRE L'HISTOIRE

Conformément au décret de fondation de l'École normale de l'an III qui prévoyait qu'on ne devait pas y professer les sciences, mais « l'art de les enseigner », Volney n'enseigne pas l'histoire mais réfléchit sur les problèmes méthodologiques que pose cet enseignement [1]. Il va même jusqu'à donner toutes les bonnes raisons pour ne pas enseigner l'histoire, à tel point que Sainte-Beuve a pu dire de ces *Leçons* qu'« elles ont cela de remarquable qu'elles sont plutôt contre que pour l'histoire » [2].

Volney aurait été choisi pour assurer ce cours du fait du désistement de Garat, chargé au dernier moment d'assurer le cours d'« analyse », c'est-à-dire de philosophie. C'était en fait une décision judicieuse, puisque Volney s'était préoccupé, dès le début de son œuvre, de questions de critique historique. Sa première publication, en 1777, était un *Mémoire sur la chronologie d'Hérodote* et l'une des dernières, en 1814, est consacrée à de *Nouvelles recherches sur l'histoire ancienne.* Dans ces diverses recherches, son hostilité à l'histoire sous ses formes traditionnelles ne se dément pas. Il précise le sens de ce ces *Nouvelles recherches :* « je fais un dernier volume de recherches sur les Égyptiens ; il y a de ma part combat à outrance contre tous les compilateurs depuis 200 ans. Si j'ai raison, ils iront tous chez l'épicier, y compris le roman juif de Bossuet tant prôné et le moindre de tous » [3].

De même, dès les premières lignes de l'Avertissement des *Leçons d'histoire*, il explique quel est l'objectif de son livre : « je croirais donc avoir rendu un service éminent, si mon livre pouvait ébranler le respect pour l'histoire, passé en dogme dans le système d'éducation de l'Europe » [4]. Plus loin il avoue sa perplexité devant l'enseignement de l'histoire : « je ne conçois point la nécessité de connaître tant de faits qui ne sont plus et j'aperçois plus d'un inconvénient à en faire le sujet d'une occupation générale et classique » [5]. Toutes les *Leçons d'histoire* sont ainsi para-

1. Comme l'a montré P. Macherey, l'enseignement de l'École normale de l'an III « consistait, non pas à transmettre des contenus de connaissance, mais à soumettre les connaissances, dans tous les domaines, à un examen préalable, dont les principes étaient philosophiques » (P. Macherey, « L'Idéologie avant l'idéologie : l'École normale de l'an III », *in* F. Azouvi (dir.), *L'institution de la raison,* Paris, 1992, p. 46.

2. C.A. Sainte-Beuve, "Volney", in *Causeries du lundi,* éd. Paris, 1928, t. VII, p. 419.

3. Lettre à Bérard du 26 décembre 1814, citée par J. Gaulmier, *L'Idéologue Volney (1757-1820). Contribution à l'histoire de l'orientalisme en France,* Beyrouth, 1951, p. 524.

4. *Leçons d'histoire,* p. 56. Les *Leçons d'histoire* seront citées d'après l'édition de D. Nordman (dir.), *L'École normale de l'an III. Leçons d'histoire, de géographie, d'économie politique,* Paris, 1994.

5. *Ibid.,* p. 97.

doxalement consacrées à établir l'inutilité ou le danger de l'enseignement de l'histoire, au moins dans l'enseignement primaire et secondaire.

Dans cette critique Volney confond volontiers l'histoire comme passé de l'humanité et l'histoire comme connaissance de ce passé. L'histoire comme *res gestae* est remplie de préjugés, en particulier religieux, de folies et de crimes, et l'histoire comme *historia rerum gestarum,* est un amas d'erreurs et de récits invérifiables. En ces deux sens l'histoire est « l'une des sources les plus fécondes des préjugés et des erreurs des hommes » : « si l'on soumettait au calcul les erreurs des hommes, j'oserais assurer que sur mille articles, neuf cent quatre-vingt appartiennent à l'histoire » [1].

L'histoire, exemple de crimes

L'histoire en son premier sens est éminemment criminelle : elle offre d'innombrables exemples d'injustices et de crimes. Il semble évident à Volney qu'elle n'offre aucun modèle digne d'être suivi. Au contraire, le tableau de tous ces crimes, loin d'en détourner, y accoutume : l'histoire offre « presque éternellement des scènes de folie, de vice et de crime, et par conséquent des modèles et des encouragements aux écarts les plus monstrueux (...) car le spectacle du désordre et du vice (...) sert moins à en détourner qu'à y accoutumer par la vue, et à y enhardir par l'excuse que fournit l'exemple » [2]. L'histoire ne parle qu'aux passions et non à la raison, elle engendre « l'enthousiasme », en particulier chez les jeunes gens, chez qui elle excite les « passions militaires » [3].

L'originalité de Volney par rapport aux autres critiques contemporains de l'histoire est qu'il dénonce également les ravages que le culte de l'histoire a pu occasionner pendant la Révolution française. Il s'indigne du « vertige » que l'« adoration superstitieuse » de l'Antiquité grecque et romaine a produit durant la Terreur : après avoir engendré une « admiration de la littérature et des arts anciens, portée jusqu'au ridicule » [4], cet « enthousiasme » pour l'Antiquité avait servi quelques mois auparavant à autoriser une nouvelle sorte de « fanatisme », qui n'a rien à envier au « fanatisme juif », c'est-à-dire religieux. « Après nous être affranchis du fanatisme juif, repoussons ce fanatisme vandale ou romain, qui, sous des dénominations politiques, nous retrace les fureurs du monde religieux » [5]. Volney souligne que ces zélateurs criminels de l'Antiquité, qui font appel au cœur plus qu'à la raison, sont bien là des « disciples et admirateurs de

1. *Ibid.*, p. 56.
2. *Ibid.*, p. 94.
3. *Ibid.*, p. 92.
4. *Ibid.*, p. 111 n.
5. *Ibid.*, p. 114 n.

J.-J. Rousseau », une sorte de « secte renouvelée d'Omar ou du Vieux de la montagne », appuyant un « nouveau Koran »[1]. À l'inverse, pour la froide raison de Volney, l'Antiquité n'est rien d'autre qu'esclavage et oligarchie : « ils nous ont vanté la liberté de Rome et de la Grèce et ils ont oublié qu'à Sparte une aristocratie de trente mille nobles tenait, sous un joug affreux, six cent mille serfs »[2].

Un des moyens proposés par Volney pour éviter ces deux fanatismes, juif et antique, religieux et révolutionnaire, serait d'élargir le domaine de l'histoire. Au-delà de l'histoire sacrée et de l'histoire ancienne, il conviendrait de s'intéresser aussi, comme Voltaire avait commencé de le faire, à l'« histoire universelle », en ne se limitant pas à l'histoire de la France et de l'Europe. « Nos classiques d'Europe n'ont voulu nous parler que de *Grecs*, que de *Romains,* que de *Juifs*...en sorte qu'il ne me semble pas que l'histoire ait encore été traitée avec cette universalité qu'elle comporte »[3].

L'histoire, maîtresse d'erreurs

En son deuxième sens, de « connaissance du passé », l'histoire n'est pas une science véritable, dans la mesure où elle n'est pas une science d'observation. Cela explique son retard par rapport aux sciences « exactes et naturelles » que Volney note dans la Préface aux *Nouvelles recherches :* « Quoi ! Depuis moins de cent ans, l'esprit humain a su pénétrer une foule d'énigmes de la nature, dans l'astronomie, dans la physique générale et particulière, dans la chimie, etc. ; et il ne pourra deviner les logogriphes que lui même s'est composés dans les récits de l'histoire ? »[4].

Le problème de l'histoire est qu'elle ne repose que sur des faits par définition invérifiables, puisque passés. C'est la première phrase des *Leçons d'histoire :* « l'histoire, si on la considère comme une science, diffère essentiellement des sciences exactes et naturelles : dans celles-ci, les faits subsistent encore, ils sont vivants, et l'on peut les représenter au spectateur et au témoin ; dans celle-là les faits ne subsistent plus ; ils sont morts, et l'on ne peut les ressusciter devant l'auditeur, ou les confronter au témoin »[5]. Les véritables sciences s'adressent aux sens et à la raison, alors que l'histoire ne s'adresse qu'à l'imagination.

1. *Ibid.*, p. 78 n.
2. *Ibid.*, p. 112.
3. *Ibid.*, p. 62 n.
4. *Nouvelles recherches sur l'histoire ancienne, Œuvres Complètes,* t. IV, p. V. Sauf pour les *Leçons d'histoire,* Volney sera cité d'après cette édition de ses *Œuvres complètes,* en sept volumes, Paris, 1821, citée *O.C.*
5. *Leçons d'histoire,* p. 59.

L'histoire n'est donc, en l'état actuel, qu'un récit futile, un spectacle distrayant, bon pour les enfants qui aiment qu'on leur raconte des histoires. Chez les « raconteurs », elle répond au « besoin mécanique qu'éprouvent tous les hommes de répéter leurs sensations », chez les « auditeurs » elle assouvit la « curiosité », qui se plaît à « suppléer par des images aux réalités : besoin qui fait de toute narration un spectacle, si j'ose le dire, de *lanterne magique,* pour lequel les hommes raisonnables n'ont pas moins de goût que les enfants »[1]. L'histoire n'est pas une discipline sérieuse : « l'homme pensant » doit se défier de « l'homme raconteur »[2].

L'enseignement de l'histoire est donc à proscrire, au moins de l'enseignement primaire. Il ne présente aucune utilité, à la différence de celui de l'arithmétique, de la géométrie, de la médecine ou de la géographie. On peut même penser qu'il comporte un certain nombre de risques : « les enfants y pourraient contracter des erreurs et des préjugés dont l'influence s'étendrait sur toute leur vie ». Au contraire il faut « asseoir le système de l'instruction et de l'éducation, non sur les faits du monde idéal (...) mais sur les faits du monde physique dont la connaissance, toujours réductible à la démonstration et à l'évidence, offre une base fixe au jugement ou à l'opinion, et mérite seule le nom de philosophie et de science »[3].

Vers une histoire « philosophique »

Volney estime qu'il serait cependant possible de faire entrer l'histoire dans une voie plus scientifique, qui pourrait avoir des applications utiles. Il existe depuis peu une nouvelle méthode d'écrire l'histoire, qu'il appelle « analytique ou philosophique »[4]. C'est « presque seulement depuis un siècle que l'histoire a pris ce caractère de philosophie qui, dans la série des événements, cherche un ordre généalogique de causes et d'effets pour en déduire une théorie de règles et de principes propres à diriger les particuliers et les peuples vers le but de leur conservation ou de leur perfection »[5]. Pour se rapprocher de la science l'histoire doit dès lors s'aider de la critique historique, pour vérifier les événements passés, et du calcul des probabilités, pour mesurer leur probabilité.

La critique historique suppose un « doute examinateur », un doute prudent. Selon Volney, il ne faut croire qu'« avec poids et mesure »[6]. L'esprit de doute, qui convient le mieux à la « faiblesse de l'entendement

1. *Ibid.*, p. 76.
2. *Ibid.*, p. 56.
3. *Ibid.*, p. 57.
4. *Ibid.*, p. 103.
5. *Ibid.*, p. 76.
6. *Ibid.*, p. 72-73.

humain », est également lié, « soit sous l'aspect politique, soit sous l'aspect religieux » « aux idées de *liberté,* de *vérité,* de *génie* ». Alors que « l'esprit de certitude » est lié « aux idées de *tyrannie, d'abrutissement* et *d'ignorance* »[1]. Ce doute ne doit cependant pas être confondu avec le pyrrhonisme historique qui est une « maladie chronique, rare et seulement ridicule des esprits faibles »[2].

Un des préceptes de la méthode historique est donc d'engager « tout homme pensant à soumettre tout homme raconteur à un interrogatoire sévère sur ses moyens d'information, et sur la source première des ouï-dire »[3]. L'historien doit critiquer les témoignages, comme le fait un juge au tribunal, pour parvenir à l'établissement du fait. Il « doit se regarder comme un juge qui appelle devant lui les narrateurs et les témoins des faits, les confronte, les questionne et tâche d'arriver à la vérité, c'est-à-dire à l'existence du fait *tel qu'il a été* »[4]. Le modèle est aussi celui de l'établissement du fait dans les sciences exactes : « il faut suivre la méthode des géomètres et des physiciens dans les sciences exactes, n'admettre par anticipation aucun fait, aucune assertion dont la certitude, la vraisemblance morale n'aient été préalablement discutées et réduites à leur juste valeur »[5].

Une fois ces faits recueillis, il convient d'en évaluer l'importance. Paradoxalement, plus qu'aux « grands faits », il conviendrait de s'intéresser aux « notions de détail », aux « petits faits » trop souvent négligés, alors qu'ils sont essentiels dans la causalité des « faits majeurs ». »Il est remarquable que dans l'histoire, ce ne sont pas tant les faits majeurs et marquants qui sont instructifs que les faits accessoires, que les circonstances qui les ont préparés ou produits; car ce n'est qu'en connaissant ces circonstances préparatoires que l'on peut parvenir à éviter ou à obtenir de semblables résultats »[6].

Il convient enfin de comprendre que l'histoire ne peut prétendre qu'à un certain degré de « vraisemblance » et de « probabilité ». Sur ce point Volney renvoie à Laplace, qui enseigne également à l'École normale de l'an III : « la certitude que nous pouvons nous permettre a besoin, pour être raisonnable, d'un calcul de probabilités qu'à juste titre l'on a classé au rang des sciences les plus importantes qui vous seront démontrées dans l'École normale »[7].

1. *Lettre au Docteur Priestley, O.C.*, t. I, p. 381-382.
2. *Leçons d'histoire,* p. 73.
3. *Ibid.*, p. 56.
4. *Ibid.*, p. 62.
5. *Recherches nouvelles sur l'histoire ancienne, O.C.*, t. IV, p. x.
6. *Leçons d'histoire,* p. 82.
7. *Ibid.*, p. 72.

L'histoire n'a affaire qu'au probable et non au certain : elle n'est donc pas une science à proprement parler, mais plutôt un « art », du même type que la médecine. Volney, qui a fait des études de médecine, explique qu'il regarde l'histoire « non point comme une science parce que ce nom ne paraît applicable qu'à des connaissances démontrables, telles que celles des mathématiques, de la physique, de la géographie; mais comme un art systématique de calculs, qui ne sont que probables, tel qu'est l'art de la médecine »[1].

Histoire, médecine et politique

Ayant défini le type de rationalité auquel l'histoire peut prétendre, Volney définit ensuite son utilité. Sur ce point, sa réponse est claire : le « propre et unique but » de l'histoire est politique[2]. L'histoire permet de fonder une science du corps social et politique et ainsi d'agir sur lui. L'histoire « prise dans son universalité, est un immense recueil d'expériences morales et sociales, que le genre humain fait involontairement et très dispendieusement sur lui-même »[3]. C'est à partir de ce recueil d'expériences qu'il devrait être possible d'établir une théorie scientifique du gouvernement à l'usage des mécaniciens sociaux que devraient être les politiques : « si l'on avait un tableau exact du jeu réciproque de toutes les parties de chaque machine sociale, c'est à dire des habitudes, des mœurs, des opinions, des lois, du régime intérieur et extérieur de chaque nation, il serait possible d'établir une théorie générale de l'art de les composer et de poser des principes fixes et déterminés de législation, d'économie politique et de gouvernement »[4].

Évidemment cette connaissance des lois de la machine sociale est difficile : les combinaisons des éléments du corps social et politique sont aussi nombreuses et complexes que celles du corps humain. Volney retrouve alors la comparaison avec la médecine. Comme la physiologie décrit le fonctionnement de l'organisme, l'histoire décrit les lois de

1. *Ibid.*, p. 97.

2. De ce point de vue il est curieux de noter que le seul contenu véritablement positif des *Leçons d'histoire,* consiste en une digression étonnante, à laquelle les commentateurs n'ont guère prêté d'attention, sur « l'art de construire les salles d'assemblée publiques et délibérantes », complétée en annexe par les plans d'une telle salle. Selon Volney, « il est donc d'une véritable importance de s'occuper activement des recherches à cet égard, et nous avons tout à gagner, en consultant, sur cette matière, l'histoire et les monuments de la Grèce et de l'Italie » (*Leçons d'histoire,* p. 80). Il convient selon lui de tenir le public à l'écart de l'assemblée, d'améliorer l'acoustique, de prévoir des conditions d'aération et de salubrité surveillées par des médecins, etc. Volney estime que les débats politiques pourraient être résolus par une meilleure organisation de l'espace.

3. *Leçons d'histoire,* p. 81.

4. *Ibid.*

fonctionnement du corps social. Elle « s'attache à un peuple, à une nation considérés comme individus identiques, elle les suit pas à pas dans toute la durée de leur existence physique et morale », comme le récit clinique du médecin suit pas à pas le déroulement d'une maladie. L'histoire « est en quelque sorte l'histoire biographique d'un peuple et l'étude des lois d'accroissement et de décroissement de son corps social » [1]. Elle étudie les maladies du corps social et les moyens d'y remédier. « J'appellerais volontiers l'histoire la science physiologique des gouvernements, parce qu'elle apprend à connaître par la comparaison des états passés la marche des corps politiques, futurs et présents, les symptômes de leurs maladies, les indications de leur santé, les pronostics de leurs agitations et de leurs crises, enfin les remèdes que l'on peut y apporter » [2]. Il faut cependant, en politique comme en médecine, du « tact », de la prudence dans l'administration du traitement. Il faut savoir éviter les erreurs qui découlent d'hypothèses sans fondement

C'est du fait de cette utilité essentiellement politique que l'histoire ne doit pas être destinée à un large public, mais réservée à l'homme d'État. D'ailleurs, dans l'Antiquité l'histoire n'était enseignée qu'aux hommes qui allaient prendre en main les affaires publiques. « Plus je considère la nature de l'histoire, moins je la trouve propre à devenir le sujet d'études vulgaires et répandues dans toutes les classes » [3]. L'étude de l'histoire ne convient en particulier « sous aucun rapport » aux enfants, et elle n'est pas plus utile « au laboureur, à l'artisan, au marchand, au négociant » [4].

DE L'HISTOIRE AU VOYAGE

Le voyage philosophique

Volney le souligne : cette manière, « analytique et philosophique », d'écrire l'histoire est « un genre neuf dont moi-même je n'ai acquis d'idée bien complète que depuis quelques années », lorsqu'il m'a fallu « chercher une méthode pour rédiger mon voyage en Syrie » [5]. Il fait allusion ici à son voyage de trois ans en Égypte et en Syrie et à la relation qu'il en a donnée en 1787, qui l'a rendu célèbre sous le nom de « voyageur Volney ». Ce voyage est pour lui une expérience fondatrice, une véritable nouvelle naissance, puisque c'est à cette occasion qu'il abandonne son nom de Constantin-François Chassebeuf pour adopter le pseudonyme de Volney, formé à

1. *Ibid.*, p. 103.
2. *Ibid.*, p. 97.
3. *Ibid.*, p. 96.
4. *Ibid.*
5. *Ibid.*, p. 103.

partir de Voltaire et Ferney. Ce voyage est à la fois l'expérience qui le détourne de l'histoire au sens traditionnel, mais qui lui fournit aussi le modèle de ce que peut-être une véritable histoire scientifique conçue comme « enquête de faits ».

Son voyage l'a éloigné définitivement de l'histoire, en lui faisant vérifier sur place que la réalité n'a rien à voir avec les récits historiques. Il le souligne dans son *Histoire de Samuel*: « je ne saurais vous exprimer le changement que cette tournée de quelques mois a produit dans mon esprit, et surtout dans mes opinions du genre historique; presque rien de tout ce que j'ai vu n'a ressemblé aux images que je m'en étais faites, aux idées que nous en donne notre éducation »[1]. Plus généralement, dans l'Avertissement des *Leçons d'histoire,* il note: du fait de mon expérience de voyageur « d'un pays à l'autre », « chaque jour, je suis plus porté à refuser ma confiance aux *historiens* et à *l'histoire* »[2].

À l'inverse le voyage, s'il est véritablement philosophique, offre le modèle d'une véritable « enquête de faits ». En effet, lorsque Volney récuse l'histoire, ce n'est bien sûr pas pour « écarter tous les faits » à la manière de Rousseau. Il veut au contraire recueillir par lui-même des faits vérifiables et les évaluer. L'histoire est volontiers prise par lui en son sens grec d'« enquête de faits » : « pour nous le mot histoire sera toujours synonyme à ceux de *recherche, examen, étude des faits* »[3]. C'est alors le voyage qui peut fournir un substitut fiable à l'histoire. C'est par l'« historien acteur et auteur », dont fait partie l'écrivain de voyages que les faits sont le « moins altérés »[4]. Il fait l'éloge du voyageur lorsqu'il constate qu'il est « dans le monde savant, une classe essentiellement questionneuse (...) celle des voyageurs »[5].

Le voyage est plus proche de l'histoire en son sens philosophique que du roman, il est bien plus scientifique que ne l'est l'histoire traditionnelle : « je me suis interdit tout tableau d'imagination, quoique je n'ignore pas les avantages de l'illusion auprès de la plupart des lecteurs; mais j'ai pensé que le genre des voyages appartenait à l'histoire et non au roman »[6].

Le voyage de Volney est d'ailleurs, pour ses contemporains, l'exemple même du voyage philosophique, au sens que cela pouvait avoir pour le Rousseau de la note X du *Discours sur l'inégalité,* qui formait le vœu que la philosophie voyage comme au temps « où les Platons, les Thalès et les

1. *Histoire de Samuel, O.C.*, t. VI, p. 145.
2. *Leçons d'histoire*, p. 57.
3. *Ibid.*, p. 62.
4. *Ibid.*, p. 66.
5. *Questions de statistique à l'usage des voyageurs, O.C.*, t. VI, p. 383.
6. *Voyage en Égypte et en Syrie, O.C.*, t. II, p. VIII.

Pythagores (…) entreprenaient les plus grands voyages uniquement pour s'instruire et (…) apprendre à connaître les hommes par leurs conformités et leurs différences»[1]. Pour Cabanis le *Voyage en Égypte* est l'exemple d'un «exact et très philosophique voyage»[2]. Bonaparte lui-même avait le livre de Volney pour livre de chevet lors de l'expédition d'Égypte. À son retour en France il reçoit Volney et le très officiel *Moniteur* rapporte: «Bonaparte a fait de grands compliments à Volney sur son *Voyage d'Égypte et de Syrie*. Il lui a dit qu'il était à peu près le seul des voyageurs qui n'ait pas menti, et qu'il avait su joindre au mérite de la fidélité, le plus grand talent d'observation»[3].

L'Idéologue Daunou, des années plus tard, verra toujours dans le *Voyage* «le plus heureux modèle de la manière dont chaque partie de la terre devrait être étudiée et décrite»[4]. Selon lui, «jamais enfin le tableau de l'Égypte n'avait été dégagé avec tant de franchise et de rigueur des illusions et des prestiges dont le surchargent l'imagination des voyageurs, l'art des graveurs et l'emphase des récits[5].

Le voyage comme histoire

Pour Volney le voyage est un équivalent plus sûr de l'histoire. Il permet de se déplacer dans le temps en même temps que dans l'espace, de remonter dans le passé en voyageant vers des civilisations qui en sont restées à des états antérieurs de développement. Le voyage permet de «juger par l'état présent quel fut l'état passé»[6]. Les informations que nous donne le voyage sont plus fidèles que les récits sujets à caution des historiens: «la vue de l'état présent est devenue pour moi un moyen d'apprécier l'état passé, cet état idéal pour nous et qui ne nous est indiqué que par des livres dont le sens est obscur ou méconnu ou falsifié par ceux qui s'en font les docteurs»[7].

On retrouve la même idée chez un autre Idéologue, Degérando, qui s'intéresse pour la même raison à l'étude des «peuples sauvages». Pour Degérando, «le voyageur philosophe qui navigue vers les extrémités de la

1. J.-J. Rousseau, *Discours sur l'origine de l'inégalité parmi les hommes, O.C.,* éd. La Pléiade, t. III, Paris, 1964, p. 213.

2. P.-J. Cabanis, *Rapports du physique et du moral de l'homme, in* Cabanis, *Œuvres philosophiques,* Paris, 1956, t. I, p. 409 n.

3. Cité par J. Gaulmier, *op. cit.*, p. 118. Sur l'aspect philosophique de cette expédition d'Égypte, cf. J. F. Braunstein, «Le voyage des Idéologues», *Oui la philosophie,* 3, 1984.

4. P.C.F. Daunou, *Cours d'études historiques,* t. II, Paris, 1842, p. 501.

5. *Ibid.*, p. 500.

6. *Voyage en Égypte et* en *Syrie, O.C.,* t. II, p. IV.

7. *Histoire de Samuel, O.C.,* t. VI, p. 148.

terre traverse en effet la suite des âges; il voyage dans la pensée; chaque pas qu'il fait est un siècle qu'il franchit »[1].

Le voyageur peut également mieux parvenir au but politique de l'histoire. Il analysera de manière plus judicieuse l'état présent d'un pays : « les voyages atteignent au but de l'histoire et ils y marchent avec plus d'avantage, car traitant des objets présents, l'observateur peut mieux que l'écrivain posthume saisir l'ensemble des faits, démêler leurs rapports, se rendre compte des causes; en un mot analyser le jeu compliqué de toute la machine politique »[2]. Il pourra alors mieux prévoir le devenir des empires : « en exposant, avec l'état du pays, les circonstances d'administration qui l'accompagnent, le récit du voyageur devient une indication des mobiles de grandeur ou de décadence, un moyen d'apprécier le terme actuel de tout empire »[3].

L'histoire comme voyage

À l'inverse, l'histoire peut être considérée comme un voyage, certes plus facile à réaliser, mais dont les résultats sont moins satisfaisants. « Ce fruit de sagesse et d'utilité que l'on recueille des voyages, l'histoire le procure aussi : car l'histoire est un voyage qui se fait avec cet agrément, que sans péril ni fatigue, et sans changer de place, on parcourt l'univers des temps et des lieux »[4].

Cependant, pour être scientifiquement acceptable, ce voyage dans le temps devrait suivre les mêmes règles que le voyage philosophique. Ainsi l'historien ne devrait pas « sauter » directement vers des périodes très reculées de l'histoire, car « un voyageur ne commence pas par s'aller placer en ballon dans les terres australes, ni dans les pays inaccessibles et inconnus, pour prendre de là sa course vers la terre habitée »[5]. Il faut procéder lentement et progressivement, séjourner suffisamment longtemps dans les

1. Degérando, *Considérations sur les méthodes à suivre dans l'observation des peuples sauvages,* Paris, 1801, rééditées dans J. Copans, J. Jamin, *Aux origines de l'anthropologie française,* Paris, 1978, p. 168. Sur Degérando, cf. J.-F.. Braunstein, « Degérando, le "social" et la fin de l'Idéologie », *Corpus,* 14-15, 1990. La même idée se retrouve aussi chez Talleyrand, à propos de son voyage en Amérique : « un voyage en Amérique est une sorte d'analyse pratique et vivante de l'origine des peuples et des États; on part de l'ensemble le plus composé pour arriver aux éléments les plus simples, à chaque journée on perd de vue quelques unes de ces inventions que nos besoins, en se multipliant, ont rendues nécessaires, et il semble que l'on voyage en arrière dans l'histoire des progrès de l'esprit humain » (Cité par F. Picavet, *Les Idéologues. Essai sur l'histoire des idées et des théories scientifiques, philosophiques, religieuses, etc. en France depuis 1789,* Paris, 1891, p. 74).

2. *Voyage en Égypte et en Syrie, O.C.* t. III, p. 324.

3. *Ibid.*

4. *Leçons d'histoire,* p. 95.

5. *Ibid.*

époques comme dans les pays que l'on visite. À la manière de Volney qui avait séjourné huit mois dans un monastère libanais pour apprendre l'arabe au début de son voyage en Égypte et en Syrie. La démarche historique est comparée par Volney à un voyage vers les échelles du Levant. Il faut embarquer de l'état présent vers l'Antiquité, mais en navigant de proche en proche, à partir de pays que l'on connaît :

> Suivant toujours mon principe de ne procéder que du connu à l'inconnu, et du voisin à l'éloigné, je ne voudrais pas qu'ils remontâssent dans les temps reculés, avant d'avoir une idée complète de l'état présent; cette idée acquise, nous nous embarquerions pour l'Antiquité, mais avec prudence, et gagnant d'échelle en échelle, de peur de nous perdre sur une mer privée de rivages et d'étoiles; arrivés aux confins extrêmes des temps historiques, et là, trouvant quelques époques certaines, nous nous y placerions comme sur des promontoires et nous tâcherions d'apercevoir, dans l'océan ténébreux de l'Antiquité, quelques uns de ces points saillants qui, comme des îles, surnagent aux flots des événements. Sans quitter terre, nous essayerions de connaître par divers rapports, comme par des triangles, la distance de quelques uns, et elle deviendrait pour nous une base chronologique qui servirait à mesurer la distance des autres [1].

La critique des voyageurs traditionnels et de l'exotisme

Cette volonté de faire un voyage philosophique, scientifique, conduit Volney à une critique sévère du récit de voyage traditionnel, qui ne vise que le merveilleux et l'éblouissement du lecteur. Un chapitre entier du *Voyage* est consacré aux « exagérations du voyageur », exagérations que Volney explique par le besoin de briller. Le voyageur traditionnel sait bien qu'à son retour, « il n'intéresse qu'autant qu'il excite des sensations nouvelles. Le besoin de soutenir, l'envie même d'augmenter l'intérêt, l'engagent à donner des couleurs plus fortes à ses tableaux : il peint les objets plus grands pour qu'ils frappent davantage » [2]. Ces exagérations du voyageur sont amplifiées par ceux qui l'écoutent car « le merveilleux de ce qu'il a vu rejaillit d'abord sur lui-même, puis, par une seconde gradation, sur ceux qui l'ont entendu, et qui à leur tour le racontent : ainsi la vanité, qui se mêle à tout, devient une des causes de ce penchant que nous avons tous, soit pour croire, soit pour raconter les prodiges » [3].

Volney critique également l'exotisme qui fait trouver admirables des coutumes ou des paysages qui ne susciteraient que dégoût dans le pays

1. *Ibid.*, p. 95-96.
2. *Voyage en Égypte et en Syrie, O.C.*, t. II, p. 218.
3. *Ibid.*

d'origine du voyageur. Il s'en prend surtout ici à Savary, auteur de célèbres *Lettres sur l'Égypte,* parues en 1785. Ainsi, à la description idyllique des baigneuses du Nil par Savary, il oppose sa propre description, bien plus prosaïque.

> Savary— leurs cruches et leurs vêtements sont sur le rivage. Elles se frottent le corps avec le limon du Nil, s'y précipitent et se jouent parmi les ondes. Plusieurs sont venues à la nage autour de notre bateau en nous criant *ïa sidi at maïdi,* Seigneur, donne moi un médin. Elles nagent avec beaucoup de grâce, leurs cheveux tressés flottent sur leurs épaules. Elles ont la peau fort brune, le teint hâlé mais la plupart sont fort bien faites... telles la belle Nausicaa après avoir lavé ses vêtement, se baignait avec ses compagnes lorsqu'Ulysse tout nu parut devant elles [1].
>
> Volney — il faut pardonner à un Européen, si, lorsqu'il entend vanter la beauté des eaux (du Nil), il sourit de leur ignorance. Jamais ces eaux troubles et fangeuses n'auront pour lui le charme des claires fontaines et des ruisseaux limpides; jamais, à moins d'un sentiment exalté par la privation, le corps d'une Égyptienne, hâlé et ruisselant d'une eau jaunâtre, ne lui rappellera les Naïades sortant du bain [2].

Volney refuse également toutes les « scènes d'imagination », car il ne vise que « la vérité ». « Dans ma relation, j'ai tâché de conserver l'esprit que j'ai porté dans l'examen des faits; c'est-à-dire, un amour impartial de la vérité. Je me suis interdit tout tableau d'imagination quoique je n'ignore pas les avantages de l'illusion auprès de la plupart des lecteurs » [3]. Ainsi, lorsqu'il fait, très rarement, quelques concessions et décrit des scènes plus pittoresques, devant les Pyramides, les ruines de Palmyre ou « la chute du fleuve Saint-Laurent à Niagara », il use d'un stratagème, qui consiste à céder la parole à un autre auteur ou à présenter une gravure. Il évite ainsi le reproche d'être trop personnel. De toute façon, pour éviter de paraître rechercher l'originalité, il compare toujours les lieux qu'il décrit à des paysages connus du lecteur, d'une manière quelquefois assez dérisoire, puisque les chutes du Niagara se voient ainsi réduites aux dimensions des Tuileries et les Pyramides à celles de l'Hôtel des Invalides.

L'éducation du regard

Ce souci de scientificité se traduit aussi dans l'éducation du regard que propose Volney. Il s'agit de transformer le simple « voir » en « regarder » et « observer ». « Bien voir est un art qui veut plus d'exercice que l'on ne

1. C.-E. Savary, *Lettres sur l'Égypte,* Paris, 1785, p. 69.
2. *Voyage en Égypte et en Syrie, O.C.*, t. II, p. 15.
3. *Ibid.*, p. VIII.

pense »[1]. Comme l'a noté S. Moravia, « le verbe « observer » en particulier revient dans le texte du *Voyage* à chaque moment, de manière obsédante »[2]. « J'ai observé », « il est bon d'observer », l'« œil qui observe » se retrouvent à chaque page. Pour aller au-delà du « désordre » et du « tumulte » que produisent en nous « le premier aspect des objets nouveaux »[3], il faut que le regard soit instruit par des lectures et par d'autres observations fiables : « ce n'est qu'en rassemblant ce que l'on a vu soi même et ce que d'autres ont observé, que l'on peut acquérir quelques idées générales »[4]. De même dans les *Questions de statistique,* Volney veut apprendre aux voyageurs à « fixer leurs regards sur le modèle de la nature et sur celui des faits sans cesse présents à leurs yeux »[5].

La vue est privilégiée par rapport aux autres sens, moins sûrs, moins analytiques : aucune place n'est faite aux sons et moins encore aux goûts et aux odeurs des pays traversés. Volney illustre bien ici les remarques de Foucault sur l'exclusion du « ouï-dire », « du goût et de la saveur » et sur le « privilège presque exclusif de la vue » à l'âge classique, en tant qu'elle est le « sens de l'évidence et de l'étendue, et par conséquent d'une analyse *partes extra-partes* admise par tout le monde »[6].

Les descriptions données par Volney manifestent cette prééminence de la vue en proposant de véritables photographies de paysages, dotées d'une grande profondeur de champ. Ainsi lorsqu'il donne un « tableau résumé de l'Égypte » au chapitre XIII du premier livre du *Voyage :*

> Si l'on se rappelle ce que j'ai exposé de la nature et de l'aspect du sol, si l'on se peint un pays plat, coupé de canaux, inondé pendant trois mois, fangeux et verdoyant pendant trois autres, poudreux et gercé le reste de l'année; si l'on se figure sur ce terrain des villages de boue et de briques ruinés, des paysans nus et hâlés, des buffles, des chameaux, des sycomores, des dattiers clairsemés, des lacs, des champs cultivés, et de grands espaces vides; si l'on y joint un soleil étincelant sur l'azur d'un ciel toujours sans nuages, des vents plus ou moins forts, mais perpétuels; l'on aura pu se former une idée rapprochée de l'état physique du pays[7].

1. *Ibid.*, p. VII.
2. S. Moravia, *Il pensiero degli Idéologues. Scienza e filosofia in Francia (1780-1815)*, Florence, 1974, p. 597.
3. *Voyage en Égypte et en Syrie, O.C.*, t. II, p. VI.
4. *Ibid*, p. 10-11.
5. *Questions de statistique à l'usage des voyageurs, O.C.*, t. VI, p. 386
6. M. Foucault, *Les mots et les choses. Une archéologie des sciences humaines*, Paris, 1966, p. 144-145.
7. *Voyage en Égypte et en Syrie, O.C.*, t. II, p. 210.

D'où la recherche systématique de sommets à partir desquels on peut avoir des vues d'ensemble, comme lorsqu'il décrit la Syrie, vue du haut du mont Liban :

> Là, de toutes parts, s'étend un horizon sans bornes ; là, par un temps clair, la vue s'égare et sur le désert qui confine au golfe Persique, et sur la mer qui baigne l'Europe : l'âme croit embrasser le monde. Tantôt les regards errant sur la chaîne successive des montagnes, portent l'esprit, en un clin d'œil, d'Antioche à Jérusalem ; tantôt se rapprochant de ce qui les environne, ils sondent la lointaine profondeur du rivage. Enfin, l'attention fixée par des objets distincts, examine avec détail les rochers, les bois les torrents, les coteaux, les villages et les villes [1].

Disparition du voyageur et dépouillement du style

Le même souci d'objectivité conduit à une élision volontaire et quasi complète du voyageur dans le *Voyage*, à tel point qu'il est extrêmement difficile de reconstituer ce qu'a pu être l'itinéraire de Volney. Il ne donne aucune indication personnelle et récuse explicitement l'idée même d'« itinéraire » : « quant à la forme de cet ouvrage, je n'ai point suivi la méthode ordinaire des relations, quoique peut-être la plus simple. J'ai rejeté comme trop longs l'ordre et les détails itinéraires ainsi que les aventures personnelles » [2].

Comme on a pu le noter, ce voyage est « impersonnel d'une manière presque oppressante » [3]. Volney est bien ici l'anti-Chateaubriand, qui parcourra quelques années plus tard les mêmes paysages pour y affirmer au contraire la prééminence de son « moi ». Dans un épisode pour nous caricatural de *l'Itinéraire de Paris à Jérusalem,* Chateaubriand ne prend pas le temps d'aller aux Pyramides, mais charge néanmoins un négociant français d'aller y inscrire son nom, car « l'on doit remplir tous les petits devoirs d'un pieux voyageur » [4].

La volonté de dépouillement de Volney apparaît également dans son style, absolument neutre : « l'histoire surtout veut la précision d'un procès-verbal » [5]. Un exemple est donné par sa description de la campagne égyptienne : « une plaine nue à perte de vue ; toujours un horizon plat et

1. *Ibid.*, p. 281.

2. *Voyage en Égypte et en Syrie,* édition de 1787, préface, p. XI. Reproduit dans Volney, *Œuvres,* t. III, Paris, 1998, p. 14 n.

3. E. Saïd, *L'orientalisme. L'Orient créé par l'Occident,* Paris, 1980, p. 99.

4. Chateaubriand, *Itinéraire de Paris à Jérusalem,* Paris, 1811, éd. G.F., Paris, 1968, p. 41.

5. « Lettre à M. le directeur de *la Revue* sur une nouvelle traduction d'Hérodote », 10 août 1819, *O.C.*, t. VI, p. 372.

uniforme; des dattiers sur leur tige maigre, ou des huttes de terre sur des chaussées : jamais cette richesse de paysages, où la variété des objets, où la diversité des sites occupent l'esprit et les yeux par des scène et des sensations renaissantes : nul pays n'est moins pittoresque, moins propre aux pinceaux des peintres et des poètes »[1].

Sainte-Beuve a bien parlé de la « beauté physique, médicale en quelque sorte » du style de Volney. Il donne comme exemple une autre page, du *Tableau des États-Unis :*

> Telle est, en résumé, la physionomie générale du territoire des États-Unis : une forêt continentale presqu'universelle ; cinq grands lacs au nord ; à l'ouest, de vastes *prairies ;* dans le centre, une chaîne de montagnes dont les sillons courent parallèlement au rivage de la mer, à une distance de 20 à 50 lieues, versant à l'est et à l'ouest des fleuves d'un cours plus long, d'un lit plus large, d'un volume d'eau plus considérable que dans notre Europe ; la plupart de ces fleuves ayant des cascades ou chutes depuis 20 jusqu'à 140 pieds de hauteur, des embouchures spacieuses comme des golfes ; dans les plages du Sud, des marécages continus pendant plus de 100 lieues ; dans les parties du nord, des neiges pendant quatre et cinq mois de l'année ; sur une côte de 300 lieues, dix à douze villes toutes construites en briques ou en planches peintes de diverses couleurs, contenant depuis 10 jusqu'à 60000 âmes ; autour de ces villes, des fermes bâties de troncs d'arbres *(log houses)*, environnées de quelques champs de blé, de tabac ou de maïs, couverts encore la plupart de troncs d'arbres debout, brûlés ou écorcés ; ces champs séparés par des barrières de branches d'arbres *(fences)* au lieu de haies ; ces maisons et ces champs encaissés pour ainsi dire, dans les massifs de la forêt qui les englobe ; diminuant de nombre et d'étendue à mesure qu'ils s'y avancent, et finissant par n'y paraître du haut de quelques sommets que de petits carrés d'échiquier bruns ou jaunâtres, inscrits dans un fond de verdure : ajoutez un ciel capricieux et bourru, un air tour à tour très humide ou très sec, très brumeux ou très serein, très chaud ou très froid, si variable qu'un même jour offrira les frimas de Norvège, le soleil d'Afrique, les quatre saisons de l'année, et vous aurez le tableau physique et sommaire des États Unis[2].

Et Sainte-Beuve de conclure : « cette page me paraît le beau idéal dans le genre de la statistique »[3].

1. *Voyage en Égypte et en Syrie, O.C.*, t. II, p. 215.
2. *Tableau du sol et du climat des États-Unis, O.C.*, t. VII, p. 10-12.
3. Sainte-Beuve, *op. cit.*, p. 426.

DU VOYAGE AU TABLEAU

Cette volonté d'éliminer le voyageur au profit d'une description purement objective et scientifique conduit Volney à privilégier une méthode, qu'il qualifie de construction de « tableaux ». Dès le *Voyage*, il s'était proposé de recourir à des « tableaux généraux parce qu'ils rassemblent plus de faits et d'idées » [1]. Mais surtout l'aboutissement de son œuvre de voyageur sera le *Tableau du sol et du climat des États-Unis*, paru en 1803. Le « voyage » est alors totalement remplacé par le « tableau ».

La méthode du tableau

Ce tableau est d'abord un tableau « synchronique ». Il s'agit de décrire l'état présent d'un pays, l'Égypte, les États-Unis ou la Corse, alors que « la plupart des voyageurs se sont occupés de recherche d'antiquités, plutôt que de l'état moderne » [2]. Il oppose cette méthode synchronique à la méthode « par ordre de temps », propre aux annalistes [3].

Pour ce qui est du contenu, c'est un tableau à double entrée avec d'un côté « l'état physique » d'un pays, c'est-à-dire le climat et le sol, et de l'autre son « état politique », c'est-à-dire les caractères de la société : géographie physique et géographie humaine ou politique. Volney entend ainsi parvenir à l'« exposition analytique de tout le système physique et moral d'un peuple » [4]. Il s'en explique dans la préface du *Tableau :* « dans le plan que je traçai, je posais d'abord pour base le climat et le sol; puis suivant la méthode que je crois la plus riche en résultat (celle par ordre de matières), je considérais la quantité de la population, sa répartition sur le territoire; sa distribution en genres de travail et d'occupations : les habitudes, c'est-à-dire les mœurs, résultant de ces occupations; la combinaison de ces habitudes avec les idées et les préjugés de l'origine première » [5]. Volney applique la même méthode dans des œuvres moins connues comme *l'État physique de la Corse* ou le *Précis de l'état de la Corse*, qui vise à « présenter à la nation entière un tableau complet de cette portion d'elle-même » [6].

Cette structure à double entrée est plus apparente encore dans les *Questions de statistique à l'usage des voyageurs* de 1795. Destiné à l'origine aux agents de la République à l'étranger, ce livre, sorte de mémento de l'espion français, est un « livre de questions », une série de

1. *Voyage en Égypte et en Syrie*, édition de 1787, préface, p. XI. Reproduit dans Volney, *Œuvres*, t. III, *Paris*, 1998, p. 14 n.

2. *Voyage en Égypte et en Syrie, O.C.*, t. II, p. VI.

3. *Leçons d'histoire*, p. 101.

4. *Ibid.*

5. *Tableau du sol et du climat des États-Unis, O.C.*, t. VII, p. V-VI.

6. *Précis de l'état de la Corse, O.C.*, t. VI, p. 321.

chapitres à remplir[1]. Il énumère d'abord quarante-quatre questions de géographie physique : latitude, surface, climat – c'est-à-dire état du ciel, vents, pluies-, état du sol, mines, géologie, végétaux, animaux. Puis il fait une liste de questions de géographie humaine : onze sur la population, sa constitution, sa couleur, ses nourritures, ses maladies, son habitat, ses voies de communication. Trente-sept sur l'agriculture : baux, cultures, animaux, instruments, engrais. Dix-sept sur l'industrie et le commerce : arts lucratifs, fabriques, mines de fer, importations et exportations, transports, ports, intérêt de l'argent. Enfin vingt-six questions sur le gouvernement et l'administration : forme du gouvernement, pouvoirs, impôts, lois, héritages, luxe des femmes, éducations des enfants, imprimeries et bibliothèques. Ces questions ne sont pas, selon la présentation ministérielle officielle du livre, « le fruit d'une vaine curiosité ou d'une perquisition inquiétante, mais toutes tendent vers des fins d'utilité publique et sociale »[2]. Même celles qui semblent le moins directement utiles, « par exemple, celles sur les vents qu'on croirait n'appartenir qu'à une science de physique abstraite, touchent cependant de près l'administration et le commerce » ou les « expéditions maritimes »[3]. Suivant Volney de tels tableaux seraient surtout instructifs s'ils étaient dressés sur des peuples et des pays très divers, ou sur le même peuple à différentes époques. Il n'y aurait alors qu'à « comparer ces tableaux d'un même peuple, d'une même nation à diverses époques, pour connaître l'action successive et l'ordre généalogique qu'ont suivi les faits, tant moraux que physiques, pour en déduire les lois de combinaison et les règles de probabilités raisonnables »[4]. Il serait ainsi possible de mieux connaître un pays et d'envisager les améliorations à apporter à sa situation politique, en mettant au point une sorte de combinatoire des différents éléments constituant le tableau. « D'un tel tableau de faits positifs et bien constatés résulteraient d'abord toutes les données nécessaires à bien connaître la constitution morale et politique d'une nation. Et alors ce jeu d'action et de réaction de toutes ses parties les unes sur les autres devien-

1. Ce guide s'inscrit dans la tradition des « instructions de voyage » initiée par l'*Instructio peregrinatoris* de Linné en 1759 et illustrée par Michaelis *(Les voyageurs savants ou curieux : ou tablettes instructives,* 1768). En France Degérando rédigera de telles instructions de voyage pour l'expédition Baudin vers les terres australes (*Considérations sur la méthode à suivre pour l'observation des peuples sauvages,* 1801). Sur ces instructions de voyage, cf. S. Moravia, « Philosophie et géographie à la fin du XVIIIe siècle », *Studies on Voltaire and the eighteenth century,* LVII, 1967.

2. *Questions de statistique à l'usage des voyageurs, O. C.,* t. VI, p. 387.

3. *Ibid.*

4. *Leçons d'histoire,* p. 105.

drait le sujet non équivoque des réflexions et des combinaisons le plus utiles à la théorie de l'art profond de gouverner et de faire des lois »[1].

Hippocrate contre Montesquieu : la naissance de la géographie humaine

Dans ces tableaux, le poids respectif de la géographie physique et de la géographie humaine semble varier d'une œuvre à l'autre de Volney. En présentant toujours d'abord l'homme dans son milieu physique, il est fidèle à l'idée hippocratique qu'il convient d'étudier « les airs, les eaux, les lieux » dans lesquels vit l'homme pour le comprendre. De même il décrit à chaque fois, à la manière hippocratique, les « constitutions épidémiques » des pays qu'il visite. En même temps il n'a pas une vision déterministe simpliste de l'action du milieu sur l'homme. Au contraire, puisqu'il critique explicitement la théorie des climats de Montesquieu, qui ne se révèle à l'analyse qu'un « pur paradoxe, qui n'a dû son succès qu'à la nouveauté des esprits sur ces matières, lorsque *l'Esprit des lois* parut »[2].

Volney dénonce les inconséquences de cette théorie des climats. « Que veut-on dire par pays chauds ? Où pose-t-on les limites du froid, du tempéré ? Que Montesquieu le déclare, afin que l'on sache désormais par quelle température l'on pourra déterminer l'énergie d'une nation, et à quel degré du thermomètre l'on reconnaîtra son aptitude à la liberté ou à l'esclavage »[3]. De même il semble difficile à Volney de comprendre « pourquoi, sous un même ciel, la classe des tyrans (aurait) plus d'énergie pour opprimer que celle du peuple pour se défendre ? »[4]. D'ailleurs les faits contredisent la théorie de Montesquieu : les Orientaux ne sont pas indolents comme le montrent l'activité des matelots ou le « courage » des fellahs, qualité « qui tient bien plus au moral qu'au physique », à la « confiance en ses forces » plutôt qu'au « plus ou moins de chaleur du climat »[5]. À l'inverse la théorie des climats n'explique pas que des Européens vivant aux États-Unis, sous le même climat, ne prennent pas le même caractère que les autres habitants : le colon français ne perd pas ses « habitudes causeuses » au milieu d'un peuple « taciturne »[6].

Pour étayer ses critiques de Montesquieu, Volney se sert paradoxalement d'Hippocrate. *Air, Eaux, Lieux* n'a pas, selon lui, la signification déterministe qu'on lui attribue ordinairement. Hippocrate explique certes

1. *Ibid.*
2. *Voyage en Égypte et en Syrie, O.C.*, t. III, p. 299.
3. *Ibid.*, p. 298.
4. *Ibid.*
5. *Voyage en Égypte et en Syrie, O.C.*, t. II, p. 164.
6. *Tableau du sol et du climat des États-Unis, O.C.*, t. VII, p. 380.

la « mollesse et l'indolence des Asiatiques » par le climat, mais aussi et surtout par « la forme de leurs gouvernements » et de leurs « institutions sociales »[1]. Le milieu de l'homme est transformé par son activité et les véritables causes sont proprement humaines. « Pour établir quelque chose de précis dans la question de l'activité, il était un moyen plus prochain et plus sûr que ces raisonnement lointains et équivoques : c'était d'en considérer la nature même ; d'en examiner l'origine et les mobiles dans l'homme »[2].

« Ce sont ces institutions sociales, que l'on appelle *gouvernement* et *religion* » qui sont « les vrais régulateurs de l'activité ou de l'inertie des particuliers et des nations »[3]. Si les Orientaux d'aujourd'hui sont indolents et esclaves, c'est pour des raisons politiques et religieuses. Volney souligne ici l'influence tout à fait négative de l'islam. Dès son arrivée à Alexandrie, il constate cette misère et en devine les causes : « déjà l'air général de misère qu'il voit sur les hommes, et le mystère qui enveloppe les maisons, lui font soupçonner la rapacité de la tyrannie, et la défiance de l'esclavage »[4].

À l'inverse, il est possible à la volonté et à l'activité humaines de surmonter des conditions géographiques très défavorables, comme l'illustre l'exemple de Jérusalem. « Placée dans un terrain scabreux et privé d'eau, entourée de ravines et de hauteurs difficiles, écartée de tout grand passage, elle ne semblait propre à devenir ni un entrepôt de commerce, ni un siège de consommation ; mais elle a vaincu tous les obstacles pour prouver sans doute ce que peut l'opinion maniée par un législateur habile, ou favorisée par des circonstances heureuses »[5].

Cette étude du « moral des hommes » d'un pays est la plus importante, mais aussi la plus difficile. Volney souligne pour cette fin l'intérêt de l'étude des langues, qui sont de véritables « monuments » de l'activité des hommes. « Je dirais presque que chaque langue est une histoire complète puisqu'elle est le tableau de toutes les idées d'un peuple ». C'est par l'étude des langues « que l'on remontera le plus haut dans la généalogie des nations ». On ne peut donc « rien faire de plus utile en recherches historiques, que de recueillir des vocabulaires et des grammaires »[6].

1. *Voyage en Égypte et en Syrie, O.C.*, t. III, p. 305.
2. *Ibid.*, p. 299.
3. *Voyage en Égypte et en Syrie, O.C.*, t. III, p. 303.
4. *Voyage en Égypte et en Syrie, O.C.*, t. II, p. 4.
5. *Voyage en Égypte et en Syrie, O.C.*, t. III, p. 171.
6. *Leçons d'histoire*, p. 109-110. Volney publie toute une série de travaux linguistiques, à la fois pédagogiques et théoriques : *L'alphabet européen appliqué aux langues asiatiques, Simplification des langues orientales ou méthode nouvelle et facile d'apprendre les langues arabe, persane et turque avec des caractères européens, L'hébreu simplifié par la méthode alphabétique, Vues nouvelles sur l'enseignement des langues orientales.*

On a pu dire de ces travaux de Volney qu'ils sont à l'origine de la géographie humaine : « d'emblée, l'enquête de Volney couvre un très vaste domaine et englobe non seulement la géographie naturelle et « politique », mais encore la sociologie et ce que Volney appelle l'économie publique ». Le *Voyage en Égypte* est peut-être « une des œuvres géographiques les plus importantes du XVIIIe siècle, ou plutôt une des œuvres qui se rapproche le plus de la conception que nous nous faisons aujourd'hui de la géographie »[1]. Cette insistance sur ce que l'on appellera par la suite « anthropologie culturelle » est également au centre de la réflexion de la Société des observateurs de l'homme, où Volney fut reçu dès sa création en 1799 et où il côtoie Tracy, Cabanis, Degérando, Pinel ou Itard.

Les roches, les vents, les forêts : la géographie physique

En revanche, dans le *Tableau du sol et du climat des États-Unis,* la géographie physique est privilégiée. Volney avait d'abord prévu de rédiger également une seconde partie sur la géographie politique, ce qu'il ne fera pas, en partie pour des raisons politiques de circonstance. Il est cependant possible de penser que ce délaissement de la géographie humaine répond à des raisons plus profondes et lui permet d'arriver à une histoire encore plus élémentaire, quasi minérale.

L'objectivité de la vision semble devoir être atteinte par une vision d'en haut : « si l'on pouvait rassembler sous un seul coup d'œil l'ensemble de ce pays, l'on verrait que cette forêt est divisée en trois cantons distincts »[2]. Le voyageur est désormais complètement absent du tableau. Il n'y a plus aucune couleur locale, plus aucune anecdote, et même quasiment plus d'hommes, mis à part quelques Indiens repoussants. Il n'y a plus que des pierres, des vents, des forêts, et personne pour perturber cet ordonnancement.

Le passage du « voyage » au « tableau » dans le titre de l'ouvrage répond à l'idéal d'un voyage pleinement scientifique. Volney se vante que le *Tableau* soit « effectivement moins varié, plus sérieux, plus scientifique » que le *Voyage*[3]. Il sent bien qu'il s'écarte ainsi du voyage au sens classique et qu'il se rapproche de la géographie. Insistant sur les « échantillons des bancs et couches de pierre » qu'il a ramené au géologue de La Métherie, il se flatte d'avoir essayé de « mettre en ordre une espèce de géographie physique des États-Unis »[4].

1. N. Broc, *La géographie des philosophes. Géographes et voyageurs français au XVIIIe siècle,* Paris, 1975, p. 353.
2. *Tableau du sol et du climat des États-Unis, O.C.,* t. VII, p. 8.
3. *Ibid.,* p. XVII.
4. *Ibid.,* p. 42.

L'histoire du climat et du sol est bien plus satisfaisante que l'histoire des hommes « pour les lecteurs qui attachent à la géographie physique l'importance que mérite cette science ». « Pour qui sait observer des faits et en tirer de sages inductions, la structure de notre globe est un livre bien autrement instructif et authentique sur ses révolution et sur leur histoire, que les traditions, vagues d'abord et sans autorité, des peuples ignorants et sauvages, érigées ensuite en systèmes dogmatiques chez les peuples civilisés »[1].

Une telle réhabilitation de la géographie physique se retrouve aussi dans le cours de géographie donné par Mentelle et Buache de Neuville à l'École normale de l'an III. La géographie est en quelque sorte le « berceau de l'étude » historique, dans la mesure où « la terre est la demeure de l'homme »[2]. Cette idée que la géographie est la « base » de l'histoire est reprise par Michelet qui publie son *Tableau de la France* en tête du deuxième volume de son *Histoire de France :* « sans une base géographique, le peuple, l'acteur historique semble marcher en l'air, comme dans les peintures chinoises où le sol manque »[3]. Michelet tient sans doute cette conception de celui qui fut, de 1819 à 1830, son prédécesseur à la chaire d'histoire et morale du Collège de France, P.C.F. Daunou, lecteur attentif de Volney. Selon Daunou « il semble enfin reconnu qu'il n'y a point de littérature et de philosophie sans histoire, ni d'histoire sans géographie ». Et, comme Volney, Daunou estime qu'il n'y a pas de géographie sans voyage : « depuis Marco Polo jusqu'à nos jours, c'est dans les livres de voyage que se manifestent et se succèdent presque tous les progrès de la géographie positive : c'est là que la terre s'étend graduellement, se développe, se configure et s'achève »[4].

Les ruines : passé et présent

Paradoxalement l'intérêt, voire la jouissance, du voyage réside aussi dans les rapprochements que le voyageur peut établir entre présent et passé. Ainsi les « Sauvages de l'Amérique » nous offrent une image de ce que devaient être ces « peuples si vantés de la Grèce et de l'Italie ». « Je retrouve dans les Grecs d'Homère surtout dans ceux de son *Iliade* les usages, les

1. *Ibid.*, p. 41.
2. Buache et Mentelle *Leçons de géographie,* éd. D. Nordman, *op. cit.*, p. 167.
3. J. Michelet, *Histoire de France,* préface de 1869, cité par J. Gaulmier, *op. cit.*, p. 338.
4. P.C.F. Daunou, *Cours d'études historiques,* t. II, Paris, 1842, p. 515. Le *Cours d'études historiques* de Daunou a été publié en vingt volumes après sa mort, à partir de 1842. Daunou se proclamait "classique" contre l'historiographie romantique alors florissante, et affirmait que l'histoire est une « science qui peut devenir exacte et rigoureuse, par l'examen attentif des faits et des circonstances, par la confrontation des textes, des monuments et des témoignages de toute espèce » (*Cours d'études historiques,* t. VI, Paris, 1843, p. 507).

discours, les mœurs des Iroquois, des Delaware, des Miami. Sophocle et Euripide me peignent presque littéralement les opinions des hommes rouges sur la nécessité, sur la fatalité, sur la misère de la condition humaine et sur la dureté du destin aveugle »[1]. Indiens et Grecs ont les mêmes conceptions philosophiques et religieuses : « l'analogie se continue jusque dans les conceptions philosophiques et religieuses : les principes de l'école stoïcienne des grecs se retrouvent tous dans la pratique des sauvages américains »[2]. Quant à Jupiter, il n'est rien d'autre que le « Grand Manitou ».

Contre le mythe rousseauiste du bon sauvage, Volney décrit les Indiens comme orgueilleux et perfides, comme l'étaient les Grecs de l'Antiquité. Il se donne même le plaisir de faire critiquer les théories de Rousseau par un Indien, Petite-Tortue, qui a pris conscience que la « base essentielle de l'état social » est « la culture de la terre et, par conséquence immédiate, la propriété foncière ». « Maintenant, que l'on compare à cette doctrine celle du citoyen de Genève, qui prétend que la dépravation de l'état social dérive de l'introduction du droit de propriété, et qui regrette que la horde sauvage chez laquelle furent posées les premières bornes d'un champ, ne les ait pas arrachées comme des entraves »[3].

Dans le cas de l'Égypte et de la Syrie, l'intérêt du voyage, une fois décrit leur état présent, est de constater le contraste entre ce présent misérable et un passé glorieux. C'est d'ailleurs la raison pour laquelle Volney avait choisi cette destination. « La Syrie et surtout l'Égypte, sous le double rapport de ce qu'elles furent jadis et de ce qu'elles sont aujourd'hui, me parurent un champ propre aux observations politiques et morales dont je voulais m'occuper »[4]. Le voyage fournit une « indication des mobiles de grandeur ou de décadence, un moyen d'apprécier le terme actuel de tout empire »[5]. Ce n'est d'ailleurs que lorsqu'il constate le contraste entre les ruines imposantes et la réalité actuelle que Volney emploie dans le *Voyage* le terme de « philosophe » pour désigner le voyageur.

Le décalage est frappant en Égypte entre la splendide et opulente vision des pyramides et la réalité alentour, faite de pauvreté et de décadence. Devant ce contraste Volney se réjouit presque que les pyramides soient pillées par les pauvres, car « le philosophe, après cette première émotion que cause la perte de toute belle chose, ne peut s'empêcher de sourire à la justice secrète du sort, qui rend au peuple ce qui lui coûta tant de peine, et

1. *Tableau du sol et du climat des États-Unis, O.C.*, t. VII, p. 456.
2. *Ibid.*, p. 463.
3. *Ibid.*, p. 423-424.
4. *Voyage en Égypte et en Syrie, O.C.*, t. II, p. IV.
5. *Ibid.*, p. 413.

qui soumet au plus humble de ses besoins, l'orgueil d'un luxe inutile »[1]. Un autre exemple du décalage entre passé et présent est donné par ce monument vivant qu'est la population copte : « quel sujet de méditation de penser que cette race d'hommes noirs, aujourd'hui notre esclave et l'objet de nos mépris, est celle-là même à laquelle nous devons nos arts, nos sciences, et jusqu'à l'usage de la parole »[2].

Cette émotion liée à l'effondrement des anciennes civilisations est au cœur du plus grand succès de Volney, *les Ruines ou méditation sur les révolutions des empires.* Dans cet ouvrage à la sensibilité préromantique, Volney fait des ruines « la mémoire des temps passés, la comparaison de l'état présent »[3]. Les ruines marquent bien la fragilité de toutes les constructions humaines, car si les plus grands empires se sont effondrés, qui nous dit que notre civilisation n'est pas elle aussi mortelle ? Face à la fragilité de ce qui apparaissait comme le plus solide, l'auteur est d'abord enclin à « l'attendrissement », puis à la « méditation » philosophique.

Volney estime parvenir à une plus haute sagesse lorsqu'il constate qu'il existe une sorte de cycle qui fait périr puis renaître les civilisations. Ces grandes civilisations ont péri, et nous allons périr nous aussi, si nous ne tenons pas compte de leur expérience. La méditation devient inspirée, sur les ruines de Palmyre. Un fantôme y parle au voyageur et l'emporte dans les cieux, lui faisant voir le monde depuis le ciel, comme d'une montgolfière. Cette vision d'en haut du globe terrestre est indissolublement une vision des traces de l'activité de l'homme sur la surface de la terre.

> O jeune homme ! Puisque ton cœur cherche avec droiture la vérité, puisque tes yeux peuvent encore la reconnaître à travers le bandeau des préjugés, ta prière ne sera point vaine : j'exposerai à tes regards cette vérité que tu appelles ; j'enseignerai à ta raison cette sagesse que tu réclames ; je te révélerai la sagesse des tombeaux et la science des siècles (...) Élève-toi, mortel, dit-il, et dégage tes sens de la poussière où tu rampes (...) Et tel qu'une vapeur légère, enlevé par le vol du génie, je me sentis transporté dans la région supérieure. Là, du plus haut des airs, abaissant mes regards vers la terre, j'aperçus une scène nouvelle. Sous mes pieds, nageant dans l'espace, un globe, semblable à celui de la lune (...) C'est là cette terre où vivent les nôtres ! (...) Le vaste océan, qui, du pôle du sud s'avançant vers l'équateur forme d'abord le grand golfe de l'Inde et de l'Afrique... Sous nos pieds, cette presqu'île de forme carrée est l'aride contrée des Arabes (...), le vaste et triste désert de Gobi (...), les îles des peuples malais, tristes possesseurs des parfums et

1. *Ibid.*, p. 232.
2. *Ibid.*, p. 69.
3. *Les ruines ou méditation sur les révolutions des empires, O.C.*, t. I, p. 6.

> aromates(...). Mes yeux deviennent plus perçants que ceux de l'aigle; et cependant les fleuves ne me parurent encore que des rubans sinueux, les montagnes, des sillons tortueux, et les villes que de petits compartiments semblables à des cases d'échec (...) O noms à jamais glorieux ! Champs célèbres, contrées mémorables ! Combien votre aspect présente de leçons profondes ! Combien de vérités sublimes sont écrites sur la surface de la terre...lieux témoins de la vie de l'homme en tant de divers âges, retracez moi les révolutions de sa fortune(...). Redressez-le par la vue de ses erreurs ! Enseignez lui ses propres erreurs et que l'expérience des races passées devienne un tableau d'instruction et un germe de bonheur pour les races présentes et futures [1].

Le voyage le plus instructif serait ainsi un voyage en hauteur, qui fait voir la même terre en changeant simplement la distance et le cadre [2].

Le voyage immobile

L'histoire doit pouvoir être remplacée par le voyage, et ce voyage n'est véritablement scientifique que s'il permet de réaliser un « tableau » des pays visités. Le tableau nous renseigne sur l'état présent d'un pays, mais l'attendrissement et la méditation commencent avec la comparaison du même pays à différentes époques, ou de pays différents. Pourtant cet enseignement de la comparaison, cette émotion ne valent que parce que les hommes sont, d'une certaine manière, partout et toujours les mêmes. Les Égyptiens ou les Indiens nous parlent de nous.

Volney semble rechercher les similitudes plus que les différences entre les hommes. Plutôt que d'être en mouvement, ce « voyageur » philosophe semble paradoxalement toujours immobile, en quête du même et non de l'autre [3]. Les hommes sont toujours et partout les mêmes : « le cœur humain se retrouve partout avec les mêmes mobiles » [4]. D'où une série d'équivalences. Les Druzes « offrent une analogie singulière » avec les Juifs, qui sont eux-mêmes comme des Bédouins [5]. Quant aux Bédouins, ils ressemblent beaucoup aux Sauvages de l'Amérique [6]. Lesquels Sauvages de l'Amérique sont identiques aux montagnards de la Corse [7].

1. *Ibid.*, p. 20-25.

2. Sur les modifications de la perception que procurent les premiers voyages en montgolfière, cf. M. Thébaud-Sorger, « Les voyages en ballon et la conquête du ciel. Les dimensions d'une découverte », *Dix-huitième siècle*, 31, 1999.

3. Cf. A. Deneys, « Géographie, histoire et langue dans le *Tableau du climat et du sol des États-Unis* », *Corpus*, 11-12, 1989.

4. *Voyage en Égypte et en Syrie*, *O.C.*, t. III, p. 213.

5. *Histoire de Samuel*, *O.C.*, t. VI, p. 150-151.

6. *Voyage en Égypte et en Syrie*, *O.C.*, t. II, p. 374.

7. *Tableau du sol et du climat des États-Unis*, *O.C.*, t. VII, p. 440.

Même les pays que visite Volney semblent être toujours identiques. Ainsi le Mississippi est une sorte de Nil à l'envers : « il est remarquable que l'embouchure du Mississippi coïncide en sens inverse à celle du Nil, l'une par les 29, l'autre par les 31 degrés de latitude, le Nil venant du sud, le Mississippi du nord, tous les deux avec des phénomènes de débordement, de richesse et de bonté presque semblables » [1].

Un seul pays semble vraiment différent et provoque la « surprise » du voyageur, c'est la France que Volney décrit avec émotion lorsqu'il la retrouve, animée et prospère, après trois ans d'absence. De retour en France, « je me suis vu transporté comme dans un immense jardin où les champs cultivés, les villes peuplées, les maisons de plaisance ne cessent de se succéder pendant une route de vingt journées. En comparant nos constructions riches et solides aux masures de briques et de terre que je quittais; l'aspect opulent et soigné de nos villes, à l'aspect de ruine et d'abandon des villes turques; l'état d'abondance, de paix, et tout l'appareil de puissance de notre empire, je me suis senti conduit de l'admiration à l'attendrissement, et de l'attendrissement à la méditation » [2]. Volney emploie exactement les mêmes termes, « attendrissement » et « méditation », que dans les *Ruines*. Bien qu'il aspire à disparaître du tableau, le voyageur ne s'attendrit et ne « philosophe » que sur lui-même. Pour Volney, dans le voyage, le seul moment qui compte est celui du retour au pays.

Jean-François BRAUNSTEIN
Paris-I IHPST

1. *Ibid.*, p. 4.
2. *Voyage en Égypte et en Syrie, O.C.*, t. III, p. 323.

LA GÉOGRAPHIE DES VIDALIENS ET LE PROBLÈME DE LA CONNAISSANCE DU PRÉSENT

Dans quelles conditions la géographie a-t-elle été amenée à se déprendre d'une compréhension anhistorique d'elle-même ? D'abord, bien sûr, en rejetant l'idée, jadis consacrée par les philosophies de l'histoire, quoiqu'en fait déterminante pour tout le développement de cette discipline, selon laquelle son but serait simplement d'étudier les *conditions préalables* du développement historique : en historicisant donc d'emblée l'étude des milieux et des espaces. Mais surtout en devenant une science *sociale* – entendons par là un savoir essentiellement engagé dans l'étude des tendances et des conjonctures contemporaines, qui alimente de façon critique la conscience que nos sociétés ont d'elles-mêmes ainsi que les débats sur les orientations pratiques qu'elles entendent mettre en œuvre. Telle est du moins un des enseignements que l'on peut tirer du parcours de certains des disciples de Vidal de la Blache, surtout entre les deux guerres. Ce moment a conduit la géographie à occuper une place centrale dans les sciences humaines ; il a ainsi fait partie de ces conjonctures épisodiques où la supériorité de la géographie sur l'histoire a pu être proclamée à juste titre. Plus précisément, face aux inhibitions subies, à une époque, par l'histoire et, dans une moindre mesure, par la sociologie dans leur rapport au contemporain, la géographie des vidaliens a ouvert des perspectives nouvelles qui contribuèrent à cette pleine intégration du présent historique dans le champ des objets normaux de la connaissance savante, si caractéristique des sciences sociales au sens moderne du terme.

Sans doute, la transformation de la géographie en science sociale s'est-elle opérée par des voies multiples et a eu des sources en partie extérieures au développement endogène des connaissances scientifiques. Il suffit de penser par exemple aux effets de l'embrigadement de cette discipline au service de causes politico-militaires, depuis la géopolitique allemande d'avant-guerre jusqu'aux gigantesques systématisations du savoir géographique qui furent réalisées en Angleterre ou aux États-Unis sous la houlette des services de renseignement dans les années quarante. Il en va de même pour le rôle d'expertise qu'elle a joué dans le domaine de l'aménagement du territoire. Il semble cependant que la transformation mise en œuvre par les vidaliens ait été plus consciente, moins menacée par les effets pervers de l'instrumentalisation conseillère ou expertocratique de la connaissance. Or, si l'histoire des sciences humaines veut être autre chose que la chronique des luttes pour la reconnaissance institutionnelle des disciplines et des personnes, si elle veut conserver un lien avec l'idée d'une histoire de la raison, alors l'invention et la légitimation d'un discours consciemment ajusté au moment historique que nous vivons, qui est aussi le domaine de notre action possible, deviennent épistémologiquement significatives. C'est cette conviction que l'on voudrait ici tenter de justifier.

Si l'on prend les choses chronologiquement, le point de départ de cette évolution, c'est ce que l'on peut appeler le paradoxe de la fondation vidalienne de la géographie comme discipline autonome. D'un côté, la décision essentielle de Vidal de la Blache semble bien consister à arracher la géographie à une proximité aliénante par rapport à l'histoire, à sa réduction au statut de simple science auxiliaire. Selon ses propres formules, il veut ainsi travailler à une transformation au terme de laquelle « tout en continuant à se rendre de mutuels services », histoire et géographie puissent acquérir la claire « conscience des divergences qui existent dans leur point de départ et dans leur méthode. La géographie est la sciences des lieux et non celle des hommes; elle s'intéresse aux événements de l'histoire en tant qu'ils mettent en œuvre et en lumière, dans les contrées où ils se reproduisent, des propriétés, des virtualités, qui sans eux seraient restées latentes [1] ». Cette volonté séparatrice se traduit en particulier par la contestation de la géographie historique – cette discipline, jusque-là dominante dans l'Université française, qui, dans le sillage de l'érudition moderne, tentait de reconstituer les localisations anciennes ou la répartition de populations du passé. Positivement, la nouvelle géographie veut s'appuyer sur deux principes qui marquent clairement son irréductibilité à l'histoire.

– Le premier, et le moins original, quoiqu'en ait dit Lucien Febvre, est celui de la contingence – le possibilisme. Certes, il ne peut s'agir de repartir du prométhéisme d'un Michelet par exemple, selon lequel « la société, la liberté, ont dompté la nature, l'histoire a effacé la géographie [2] ». On

1. Cité par R. Marconis, « Les relations entre l'histoire et la géographie » *in* Claval et Sanguin (dir.), *La géographie française à l'époque classique (1918-1968)*, Paris, L'Harmattan, 1996, p. 60.

2. Michelet, *Histoire de France*, Paris, Hachette, 1867, t. 1, p. 94.

s'illusionne lorsque l'on oppose ainsi l'élément géographique à l'élément historique comme la nécessité naturelle à la libre affirmation de l'esprit. En réalité, il faudrait plutôt dire que l'approche historienne sous sa forme mature, dépendante qu'elle est de la succession linéaire des événements, est plutôt conduite presque naturellement à une sorte de fatalisme méthodologique; et que c'est au contraire le géographe, suggère Vidal, qui se trouve, par son objet même, amené à une appréciation plus juste de la complexité des chaînes causales dans lesquelles s'insère l'action humaine. C'est sur lui que repose la charge de penser la liberté. Le géographe est en effet sensible par vocation au fait que si l'environnement conditionne, limite, il ne détermine pas au sens absolu du terme. C'est là le côté subversif de son regard par rapport à une narration historienne qui se comprendrait comme le seul mode légitime d'approche des phénomènes sociaux.

– Le second principe défendu par Vidal de la Blache est celui de la complémentarité entre analyse de phénomènes singuliers et généralisations théoriques. Alors que même les penseurs les plus intransigeants de l'historiographie positiviste – pensons à Langlois et Seignobos[1] – n'avaient jamais songé à rapprocher leur discipline des sciences exactes procédant par généralisations nomologiques, Vidal peut opérer cette mise en parallèle. L'idée est d'assigner à la géographie une place originale dans le champ des sciences : jouant sur les deux tableaux de la description fidèle et de l'établissement de lois vérifiables, au carrefour, d'autre part, entre les sciences de l'homme et les sciences de la nature: « L'étude des sociétés humaines gagnera certainement de nouvelles clartés, écrit-il, si elle se place dans un plan de perspective des faits physiques et biologiques à travers et au moyen desquels agit l'intelligence de l'homme » – ce qui ne revient nullement à vouloir résorber la géographie dans les sciences de la nature, selon une accusation qui pèse habituellement sur Ratzel, son contemporain fameux.

Cependant, de l'autre côté, on peut dire que Vidal ne sort pas vraiment de l'espace épistémologique de l'histoire positiviste fixé à la fin du XIXe siècle. Le fait que son œuvre la plus célèbre, le *Tableau géographique de la France* (1903), soit parue comme le premier volume d'une *Histoire de France* – celle de Lavisse –, donc qu'il paraisse se rallier à la représentation traditionnelle de la fonction de la géographie, auxiliaire et préparatoire, pourrait certes relever de l'accidentel. En revanche, ce qui rattache Vidal à l'histoire, c'est, plus profondément, l'adhésion à une conception *archéocentrique* des sciences humaines – l'idée selon laquelle la vocation de ces dernières consiste à nous arracher à notre présent, à nous faire

1. Langlois et Seignobos, *Introduction aux études historiques* (1898), Paris, Kimé, 1995.

communiquer avec un passé révolu qu'il s'agit de ressusciter parce qu'il est constitutif de notre identité essentielle. Par contrecoup, le présent n'est pas seulement relativisé parmi les objets de connaissance possibles ; il est carrément déclaré impossible à connaître de façon objective : le dogme de l'inintelligibilité scientifique du présent constitue bien le signe caractéristique de cette fixation archéocentrique, typique de l'épistémologie positiviste de l'histoire mise en place à la fin du XIXe siècle. Sans revenir sur les causes du succès de ce paradigme – elles relèvent, semble-t-il, à la fois d'une histoire des idées, voire des idéologies et d'une sociologie des institutions[1] –, il suffit de noter que cette conception a joué un rôle très important dans l'épanouissement et l'institutionnalisation des sciences humaines au XIXe siècle, et pas seulement des « sciences de l'esprit » des Universités allemandes[2]. Au nom de quels arguments cet interdit sur le contemporain, encore déterminant donc pour les débuts de l'école française de géographie, a-t-il été défendu et élevé au rang de dogme ? Lorsque l'histoire d'avant la période des *Annales* – ici prise comme un point de repère commode – affirme que le présent n'est pas un objet de connaissance légitime ni même possible, elle s'appuie sur trois sortes de raisons qu'il faut évaluer.

1) La pénurie documentaire. L'idée peut paraître bizarre, contre-intuitive jusqu'à la provocation, et l'est en effet, mais des auteurs comme Langlois et Seignobos s'y sont tenus fermement. Certes, reconnaissent ainsi les deux auteurs de l'*Introduction aux sciences historiques*, lorsque l'on approche de la période contemporaine, la diffusion de l'écriture dans des couches plus larges de la population et le développement de l'appareil bureaucratique induisent une sorte d'inflation documentaire spectaculaire. Cela n'empêche pas que cette matière brute soit, d'une part, indisponible : avec les pratiques liées au secret d'État et à la rétention des archives pendant des durées variables mais longues en tout cas, on peut tenir pour

1. Cette sociologie pourrait en particulier s'appuyer sur les remarques de Durkheim cherchant à expliquer les raisons de la prédominance des langues et des cultures de l'Antiquité classique dans l'enseignement des Jésuites à partir du XVIIe siècle. Le détachement des intérêts présents apparaît y non seulement comme un choix dicté par la prudence politique, mais aussi comme un aspect de la stratégie de légitimation d'une élite qui vise à se distinguer des intérêts du profane pour le présent et à se réserver ainsi l'accès aux biens sacrés et rares de la culture. Cf. *L'évolution pédagogique en France*, Paris, PUF, 1992, p. 283.

2. On a pu cependant soutenir que les « sciences de l'esprit » devaient une impulsion essentielle à des théoriciens qui, loin de se couper du présent, étaient « engagés » et conscients de la portée politique de leurs recherches. L'affaiblissement intellectuel de ces disciplines consécutif à leur institutionnalisation ne serait d'ailleurs pas étranger à la perte de cette dimension. L'avènement des sciences *sociales* aurait ainsi marqué, autant que le passage à un nouveau paradigme pour les sciences humaines, le retour d'un refoulé. Cf. Habermas, « Was ist ein Volk ? » in *Die postnationale Konstellation*, Francfort, Suhrkamp, 1998.

certain qu'une partie des documents essentiels à la compréhension de l'histoire récente – le présent compris en un sens large – demeure inaccessible au public. D'autre part, l'effet paradoxal de pénurie dans l'abondance est également induit par le désordre : la matière de l'historien, ce n'est pas tant le document brut que les *séries* de documents soigneusement rassemblées et classées : sans l'organisation des dépôts archivistiques, qui prend forcément du temps, une grande part du sens du présent reste celé. Sur le contemporain, nous pouvons avoir le regard du journaliste averti, du chroniqueur ou de l'observateur sagace – mais pas ce regard analytique, explicatif, proprement scientifique qui, visiblement pour nos deux auteurs, ne peut se faire valoir qu'après une lente période de sédimentation de la masse documentaire. La faiblesse de l'argumentation de Langlois et Seignobos est évidemment criante – qui ne voit qu'il repose sur une surévaluation des démarches et de l'esprit propres à l'histoire politique et diplomatique d'ancien style ? –, mais elle a néanmoins joué un rôle majeur, à titre d'implicite, dans une certaine représentation de l'histoire et des sciences humaines en général.

2) L'impossibilité de l'impartialité. C'est Fustel de Coulanges, dont la contribution à l'institutionnalisation de l'histoire-science en France est bien connue, qui a fixé les idées dans ce domaine [1]. Depuis 1789, explique-t-il, être citoyen ne signifie pas seulement prendre part à la désignation des gouvernants, mais aussi participer symboliquement à la vie de la nation, par des engagements, des intérêts et des préférences politiques. Or comment cette disposition ne réagirait-elle pas sur le rapport qu'un historien, qui se trouve être aussi un citoyen, entretient avec son époque ? Comme nous ne pouvons pas faire confiance à la probité et au sang-froid des personnes, il faut, pour faire de l'histoire, tout simplement attendre que le temps passe, que les passions s'attiédissent, et, au fond, que les gens meurent, pour espérer se trouver, face à son objet d'étude, dans un rapport de sérénité comparable à celui qui caractérise, par exemple, le physicien. Il n'y a pas d'histoire contemporaine. Bien entendu, Fustel de Coulanges, prisonnier du positivisme, tire des conclusions exorbitantes d'un fait banal, et surestime symétriquement les vertus de la distance chronologique, supposée en soi garante d'objectivité. De nouveau, la fragilité conceptuelle du paradigme archéocentrique paraît évidente, sans que cela ait empêché son emprise sur une part non-négligeable de l'histoire des sciences humaines et historiques en particulier.

1. Cf. en particulier les réflexions méthodologiques contenues dans les *Considérations sur la France*, texte posthume en partie édité *in* Hartog, *Le dix-neuvième siècle et l'histoire*, Paris, PUF, 1989.

3) L'absence de recul. Cet argument est distinct des deux précédents non seulement en raison de sa pertinence supérieure, mais aussi parce qu'il ne prétend valoir que pour le strict domaine historien, non pour l'ensemble des sciences humaines, et surtout parce qu'il a élaboré de façon précise qu'après la période qui nous concerne. Il consiste en gros à tirer les conséquences du fait que pour l'entendement historien, la compréhension d'événements, de tendances, de conjonctures déterminés, est toujours *rétrospective* – elle s'appuie toujours ce qui s'est passé ensuite et en a résulté. Par exemple, nous ne pouvons guère éviter d'expliquer le XVIIIe siècle français de façon quasi-téléologique, en fonction de la Révolution qui donne un sens au tout de son développement ou au moins procure des lumières indispensables. De cette remarque, on pourrait là encore, à la rigueur tirer la conclusion que l'histoire du présent est plus *difficile* qu'une autre parce que font *parfois* défaut ces intermédiaires indispensables à l'historien que sont les développements après coup de ce qui est raconté et analysé [1]. Dans les faits, c'est l'interprétation hyperbolique – celle selon laquelle cet état de choses rend *impossible* l'histoire savante du présent – qui a dominé, continuant à justifier l'interdit caractéristique du positivisme sur le présent au moment où l'on croyait le remettre en cause de façon radicale.

Notre hypothèse est donc que Vidal de la Blache n'a pas été en mesure d'arracher la géographie à son lien de dépendance traditionnel à l'histoire pour la promouvoir au titre de science sociale et qu'il est resté prisonnier de la présentophobie des sciences humaines classiques, qui avait trouvé sa formulation la plus explicite dans l'histoire positiviste de la fin du XIXe siècle et chez ses théoriciens. Si aucun des arguments rappelés ne trouve véritablement sa place dans son discours, il semble le plus souvent raisonner comme s'il en admettait la validité. Ainsi, à ouvrir au hasard le *Tableau géographique de la France*, le dédain du contemporain, le primat complémentaire du stable, de l'immuable, sont frappants – d'où par exemple l'importance des considérations géologiques. Malgré son refus du naturalisme de Ratzel, il semble proche d'une essentialisation de la nature, en tout cas de la région. Et lorsqu'il s'agit d'activité humaine, c'est massivement l'agriculture, supposée plus dépendante de la nature que toute autre, qui est évoquée. Un de ses principaux disciples, de Martonne,

1. Ce raisonnement est à peu près celui qui tiendra Aron dans l'*Introduction à la philosophie de l'histoire* (1938), reconduisant une idée typique du positivisme (l'anti-présentisme) au moment de le soumettre à une critique décisive. La conclusion d'Aron (« Il n'y a pas d'histoire du présent » parce que l'« impartialité qu'attend la science n'exige pas tant l'apaisement des passions [...] que la constatation des résultats » (*op. cit.*, Paris, Gallimard, 1985, p. 165) n'est d'ailleurs guère plausible. Elle vaudrait à la rigueur contre le projet journalistique d'une histoire *instantanée*, mais non pour celui d'une histoire de la *période contemporaine* qui bénéficie d'effets de rétrospection souvent aussi nets que partout ailleurs.

s'aventurera d'ailleurs à conclure qu'il existe une harmonie préétablie entre les principes de la géographie régionale ainsi comprise et les univers sociaux pré-modernes : « Ce que la géographie cherche surtout à mettre en lumière [...], c'est le rapport de l'homme avec le sol, avec les conditions physiques [...]. Or il est évident que nulle part ces rapports ne seront plus faciles à saisir [...] que dans une région agricole, encore assez primitive, restée un peu en dehors du grand mouvement industriel et commercial de l'Europe occidentale[1] ». Certes, Vidal lui-même, en pratique moins radical que son élève, ne méconnaît pas, par exemple, le rôle du chemin de fer ou l'importance des villes : il en étudie ainsi à de nombreuses reprises, les origines, les fonctions actuelles, il discute leur place dans les réseaux régionaux ou nationaux. Mais sur le monde urbain et industriel, il demeure en retrait par rapport au traitement qualitativement et quantitativement supérieur du durable, des continuités transhistoriques profondes telles qu'elles transparaissent dans les identités régionales, les genres de vie traditionnels, les activités agricoles, voire les paysages.

Soit par exemple le chapitre sur le bassin parisien. Vidal y détaille les particularités du cours de la Seine et analyse les variations annuelles de son débit. Il montre ensuite les avantages du site parisien, mais s'interrompt immédiatement. C'est qu'ici, écrit-il, « la géographie n'a plus le premier rôle. Il nous suffit d'avoir étudié où et comment se déposa le germe de l'être futur, comment grandit une plante vivace qu'aucun vent de tempête ne put déraciner, et d'avoir montré que dans cette vitalité se fait sentir une sève puissante qui vient du sol, et un entrelacement de racines qui ont si bien poussé en tous sens qu'on ne peut les extirper ni les couper toutes[2] ». Il y a moins là le témoignage d'une adhésion à la conception traditionaliste du lien social que l'effet d'une certaine compréhension de sciences humaines vraisemblablement pas fausse, mais très sûrement unilatérale – elle les voit vouées au décentrement par rapport au présent, accessoirement à la destruction de l'illusion de sa nouveauté et de son originalité – qui s'est imposée à l'histoire pré-annaliste ou qu'elle a imposée, en lien avec son positivisme, aux disciplines voisines. Pour l'histoire comme pour la géographie, il semble donc que l'accès à l'institutionnalisation qui transforme un ensemble de savoirs et de démarches en discipline scientifique au sens moderne se soit payée au prix fort d'un renoncement à la prise sur le contemporain et à l'ambition de constituer celui-ci en objet de connaissance objective. Soit par exemple l'épisode qui va de Reclus à Vidal, d'autant plus aisé à appréhender que chacun de ces auteurs est à l'origine

1. De Martonne, *Recherches sur la distribution géographique de la population de la Valachie*, Paris, Colin, 1903, p. 63.

2. *Tableau de la géographie de la France* (1903), Paris, Tallandier, 1979, p. 143.

d'une *Géographie universelle*, le premier comme auteur unique, le second comme responsable d'une publication collective. Si la géographie de Reclus se veut universelle, ce n'est pas seulement dans sa volonté de proposer un inventaire complet des grandes régions du globe, mais aussi parce que celui-ci y expose sans façons sa vision du monde – on trouve dans *L'homme et la terre* une sorte de philosophie de l'histoire – et n'hésite jamais à prolonger ses tableaux des différentes régions du globe jusqu'à la présentation des évolutions sociales, économiques ou politiques immédiatement contemporaines, laquelle s'articule à des prises de position politiques largement explicitées. Quand on compare cette manière de faire à la sobriété quasi-scientiste de Vidal de la Blache, à son complet désinvestissement à l'égard du présent et de la politique, il est difficile de ne pas se souvenir que la promotion de l'histoire érudite-universitaire, celle qui se fait à partir de documents d'archives, comme disent Langlois et Seignobos, s'est opérée elle aussi par une sorte de relégation analogue hors du champ du discours légitime de ce qui pouvait concerner l'actualité et le politique. Au terme de cette double exclusion tout à fait étrangère à un Michelet par exemple, parler du présent devenait signe d'amateurisme – dans l'esprit de Langlois et Seignobos, c'est l'historiographie du pauvre, celle de la science balbutiante (celle des Grecs anciens par exemple). L'analogie est parlante en tout cas.

On pourrait objecter que cette reconduction de la géographie à un paradigme pré-contemporain résulte d'une fixation illégitime sur une partie de l'œuvre du fondateur de l'école française de géographie et néglige une évolution qui, très nettement, l'a conduit à la fin de sa carrière à l'introduction de thèmes nouveaux : par exemple l'insistance sur le rôle révolutionnaire du perfectionnement des voies de communication au XIXᵉ siècle, la mise en valeur de l'émergence de régions industrielles, l'étude des fonctions croissantes des centres urbains et de leur fonction économique de polarisation à l'échelle de la région [1]. On doit signaler aussi l'inflexion ou l'exception remarquable que constitue le dernier livre de Vidal de la Blache, *La France de l'est*. Cet ouvrage a d'ailleurs été réédité il y a quelques années par Y. Lacoste avec l'intention explicite de rectifier l'image de Vidal consacrée par ses disciples et dans laquelle la mise entre parenthèses de l'actualité et de la politique jouait un rôle important [2]. Dans *La France de l'est*, le géographe ne met-il pas son savoir au service d'une analyse politique et conjoncturelle portant sur un sujet brûlant – à savoir la légitimité de la revendication française sur l'Alsace et la Lorraine ? N'est-il

1. Cf. Claval, *Histoire de la géographie française*, Paris, Nathan, 1998, p. 109.

2. Vidal de la Blache, *La France de l'est* (1917), Paris, La découverte-Livres Hérodote, 1994.

pas contraint de transgresser les limites du cadre intellectuel dans lequel s'inscrivait le *Tableau géographique* pour souligner à quel point c'est l'histoire récente – en particulier post-révolutionnaire – et non, par exemple, des enracinements ethniques qui réinscrirait l'analyse dans une mise au premier plan de la stabilité et de la longue durée – qui justifient les prétentions françaises sur les deux régions ? Sans doute. Mais sans qu'il y ait là forcément signe d'une césure profonde. En effet, le paradigme classique n'*excluait* pas le discours sur le présent en général, mais se bornait à instaurer une dénivellation importante entre les deux types de rationalité susceptibles d'être respectivement atteints par la connaissance du passé et par celle du présent. Par exemple, même un Fustel de Coulanges ne tient pas pour impossible en pratique l'étude, à des fins de prise de position politique, de phénomènes contemporains ou récents – il la pratique même à propos des événements de la Commune dans les *Considérations sur la France* dès le début des années soixante-dix –, mais la tient simplement pour non-scientifique car irrémédiablement entachée de subjectivité. Dans *La France de l'est*, des signes de cette même schizophrénie épistémologique sont encore perceptibles et expliquent peut-être la faible résonance du texte chez les géographes des générations suivantes. En réalité, c'est seulement dans la pensée de certains disciples de Vidal de la Blache – en particulier chez Demangeon – que s'est opérée une sortie exemplaire, maîtrisée, hors du paradigme archéocentrique. On voudrait suggérer en particulier que les célèbres monographies régionales des vidaliens ont constitué, sous certains aspects, *l'une* des voies de cette rupture.

L'élévation de la monographie régionale au rang de genre scientifique dominant dans la géographie française des premières décennies du XXe siècle est un phénomène bien connu de l'histoire de cette discipline. Aux synthèses universelles hâtives, on a voulu substituer des études synchroniques sérieuses d'une portion limitée d'un territoire, qui opérerait par une sorte de variation du points de vue, depuis la géologie jusqu'aux données de la géographie humaine. Avec la plaine picarde de Demangeon – l'étude souvent tenue pour fondatrice –, la Flandre de Blanchard, la Basse-Normadie de de Felice, le Berry de Vacher, la Normandie orientale de Sion, etc., toute une série de travaux ont illustré l'âge d'or de la géographie française. Les limites du genre sont, elles aussi, bien connues et souvent liées à la contrainte universitaire de spécialisation croissante qui a résulté de son succès. Ainsi Cholley consacre-t-il sa thèse à la grande chartreuse et au Vercors et Allix un ouvrage de près de 1000 pages à la toute petite région de l'Oisans – près d'une page pour 12 habitants notera cruellement

Demangeon[1]. De même, limitées au territoire de la France métropolitaine malgré une ouverture tardive (avec l'exemple célèbre du *Delta tonkinois* de Gourou en 1936), les monographies régionales ont trop souvent présenté l'aspect d'une morne répétition du même plan, appliqué indifféremment à tous les objets possibles, où l'on va de la morphologie au climat, en passant par l'inévitable agriculture, puis éventuellement aux villes, à l'industrie et aux transports. Malgré cette absence de réflexion, cette indigence méthodologique presque revendiquée et généralisée que dénoncera parfois L. Febvre, il semble que ce soit par cette forme, certes partielle et problématique sous de nombreux aspects, d'ailleurs pas vraiment conçue à cette fin, qu'a pu s'introduire dans le discours des sciences humaines une possibilité significative de parler rationnellement du présent en ayant conscience de le faire. En effet, si ces auteurs respectent encore certains principes vidaliens, tels que la réalité naturelle de la région et sa dépendance à l'égard des contraintes géographiques anhistoriques, leur objet les conduit à une prise en considération du contemporain et à des tentatives intéressantes d'en rendre compte. Bien entendu, l'inertie des conditions physiques et la profondeur des contraintes de longue durée demeurent sensibles en arrière-plan ; mais c'est bien à partir de l'état présent de la région que l'on raisonne et c'est lui qui sert de point de référence même dans les analyses historiques à visée rétrospective. En tout cas, en s'autonomisant, la pensée de la région cesse d'être, comme dans le *Tableau géographique de la France*, une préparation neutre à la connaissance historique effective. Elle prend en charge, certes avec des méthodes et des intérêts particuliers, le point de vue synchronique et contemporain que celle-ci délaisse le plus souvent.

Bien sûr, les innovations épistémologiques qui traduisent ces avancées ne sont pas toujours spectaculaires. Elles se limitent souvent à l'usage d'instruments déjà connus, mais désormais mieux ajustés à la représentation de données contemporaines : ainsi du tableau synthétisant des informations statistiques, de la photographie, de la carte des réseaux et des activités, etc. En soi, cette dimension n'est pas négligeable : une partie des renouvellements méthodologiques et thématiques de la géographie contemporaine n'a-t-elle pas été associée à des innovations cartographiques, elles-mêmes nées de la nécessité de représenter les données statistiques de plus en plus nombreuses et variées dont on dispose sur le monde D'AUJOURD'HUI[2] ? Multiplier les moyens d'une prise sur le présent par des

1. N. Broc, « Les séductions de la nouvelle géographie », *in* Carbonnell et Livet (dir.), *Au berceau des Annales. Le milieu strasbourgeois. L'histoire en France au début du XXe siècle*, Presses de l'I.E.P. de Toulouse, 1983, p. 251.

2. Cf. Béguin et Pumain, *La représentation des données géographiques*, Paris, Colin, 1994.

cartes et tableaux originaux, c'est déjà ruiner le pessimisme épistémologique des sciences humaines qui fuient le contemporain. Certes, l'apport des vidaliens sur ce plan de la représentation cartographique et statistique des données ne se compare pas aux apports des décennies récentes. Au moins y avait-il là les signes ou les conditions, souvent sous-évaluées, d'une sortie précoce hors du paradigme archéocentrique dans les sciences humaines. Cette précocité est frappante en particulier si on la compare à l'évolution de la science historique. On peut dire en effet que ce n'est guère que plusieurs décennies plus tard que le projet d'une histoire du présent sera vraiment théorisé et mis en œuvre en France. La géographie des vidaliens a bien été une sorte de *compensation* face au défaut d'une histoire du présent constituée.

Quels ont été en effet les textes qui, au sein de la discipline historienne, ont marqué une vraie rupture avec le positivisme et avec ce qu'il impliquait quant à la question de la possibilité d'un savoir du contemporain? On a, d'une part, les formulations particulièrement fermes de L. Febvre invitant, dans le premier numéro des *Annales* en 1929, à dépasser les fausses frontières entre historiens et observateurs du présent[1], et, d'autre part, les propos très nets de Bloch dans l'*Apologie pour l'histoire*. Bloch y rejette à la manière d'un obstacle épistémologique les arguments anti-présentistes rituellement invoqués par l'ancienne école[2] et surtout investit l'histoire contemporaine d'une fonction essentielle : celle d'être en quelque sorte au carrefour des sciences humaines, où viennent converger des méthodes et des approches jusque-là illégitimement isolées les unes des autres : « il n'y a qu'une science des hommes dans le temps et qui sans cesse a besoin d'unir une étude des morts à celle des vivants[3] ». Cependant, si impressionnants soient-ils, ces propos – d'ailleurs déjà relativement tardifs et exprimés, il faut le rappeler, par un médiéviste de profession associé dans ses intentions à un historien spécialiste de la première modernité (Febvre) – sont longtemps demeurés à l'état de pur programme. En 1945, Merleau-Ponty pouvait encore parler à juste titre d'une « histoire du présent » (à vrai dire

1. « Nous sommes depuis longtemps frappés des maux qu'engendre un divorce devenu traditionnel. Tandis qu'aux documents du passé les historiens appliquent leur bonne vieille méthodes éprouvées, des hommes, de plus en plus nombreux, consacrent, non sans fièvre parfois, leur activité à l'étude des sociétés et des économies contemporaines : deux classes de travailleurs faits pour se comprendre et qui, à l'ordinaire, se côtoient sans se connaître ». *Annales d'histoire économique et sociale*, t. 1, p. 1.

2. Cf. en particulier la critique des manies généalogiques et des « obsessions embryologiques » dont l'auteur dénonce le caractère idéologique : « une histoire centrée sur les naissances fut mise au service de l'appréciation de valeurs ». *Apologie pour l'histoire* (1942-1943), Paris, Colin, 1993, p. 87.

3. *Op. cit.*, p. 97.

réduite par lui à une analyse des conjonctures relevant de l'actualité au sens étroit), c'est-à-dire d'une histoire qui ferait droit à la « pensée au contact de l'événement qui en cherche la structure concrète[1] » comme d'un simple *desideratum* philosophique. En France, c'est seulement sur le tard, aux alentours des années soixante-dix, au moment où les historiens ont accompagné le regain d'intérêt de l'opinion publique pour le période de la deuxième guerre mondiale et de l'Occupation que l'on peut parler d'une cristallisation ou d'une institutionnalisation de l'histoire contemporaine[2]. Pour le dire un peu brutalement : avant une période récente, les historiens ont beaucoup *parlé* de la nécessité d'investir le présent et de la régénération qu'une telle inflexion apporterait à l'ensemble des études historiques, tandis qu'avec leurs travaux de géographie régionale, les disciples de Vidal se sont, tant bien que mal, essayés à une telle démarche.

Si le rôle de la géographie a été en partie méconnu, c'est que Bloch et Febvre lui ont attribué un autre rôle, déplaçant ainsi le centre de l'intérêt. Selon les cofondateurs des *Annales*, l'importance de la géographie pour le développement des sciences humaines aurait consisté à arracher les historiens à la fascination pour le politique au sens étroit, pour les faits militaires et diplomatiques (l'histoire historisante, événementielle, selon le jargon dénonciateur de l'époque) : elle aurait invité à promouvoir le regard ethnographique sur les populations européennes et en particulier sur la paysannerie, l'oubliée de l'historiographie classique. Elle aurait fourni l'incitation décisive à cultiver un intérêt pour les conditions concrètes de vie et de travail des masses anonymes. Comme le note P. Claval[3], il n'est pas sûr que ce jugement ait été de nature à dépasser la condescendance traditionnelle de l'historien face à une discipline géographique instrumentalisée. Avec le petit gain de lucidité que procure parfois le regard rétrospectif, il faut plutôt ajouter, comme on l'a vu, que le rôle de la géographie française dans ces années a peut-être surtout été d'inventer ou, du moins, de promouvoir dans le champ des travail scientifiquement honorable tout un ensemble de thèmes, de problématiques, de méthodes ajustées à l'appropriation du contemporain. Si rôle pionnier il y a eu, il faudrait plutôt le voir dans cette transition précoce et réussie, exemplaire donc, d'une conception classique à une conception moderne des sciences humaines, en l'occurrence d'une géographie des enracinements séculaires à une géographie quasiment post-territoriale des flux et des révolutions induites par l'urbanisation et l'industrialisation.

1. *Phénoménologie de la perception*, Paris, Gallimard, p. 416.

2. Pour une justification circonstanciée, cf. Soulet, *L'histoire immédiate*, Paris, PUF, 1994, p. 23-35.

3. *Histoire de la géographie française*, p. 144.

Il est intéressant de noter que l'interprétation très partielle de l'apport des géographes s'est poursuivie à travers l'image de l'évolution de leur propre discipline que les historiens français, à la suite de Bloch et Febvre, se sont forgée. Braudel par exemple, dans des pages célèbres qui développent des intuitions de l'*Apologie pour l'histoire*, valorisait l'histoire du présent comme un point de convergence décisif au point de vue interdisciplinaire. Or, pour lui, sur cette question, ce n'est pas la géographie, qui, dans son optique, est essentiellement la science des contraintes anté-historiques qui pèsent sur la vie sociale, mais la sociologie qui est le partenaire essentiel ; c'est à elle, après le rituel reproche d'*hybris* spéculative, que l'on reproche le manque de profondeur de son champ, son attachement à une actualité coupée de ses sources et arrachée aux comparaisons heuristiques. « Les sociologues, eux, y échappent [à la complexité du temps historique] presque toujours : ils s'évadent, ou dans l'instant, toujours actuel, comme suspendu au-dessus du temps, ou dans les phénomènes de répétition qui ne sont d'aucun âge[1] ». On sait comment P. Veyne, dans *Comment on écrit l'histoire*, tirera plus tard la conclusion inévitable : comme la sociologie n'est qu'une (mauvaise en général) histoire du présent à laquelle s'ajoutent quelques piètres résidus de philosophie sociale ou de philosophie de l'histoire, sa légitimité scientifique doit être révoquée en doute. Mais, quoiqu'il en soit, le spécialiste attitré du présent, c'est le sociologue. Dire comme Braudel qu'une des tendances néfastes des sciences sociales est celle qui « événementialise » ou si l'on veut « actualise » à l'excès les études sociales grâce à une sociologie empirique, dédaigneuse de toute histoire, limitée aux données du temps court, de l'enquête sur le vif[2] », c'est encore malgré tout l'instituer en interlocuteur privilégié quand il s'agit de la période contemporaine.

Cette sous-évaluation, au profit de la sociologie, du rôle des vidaliens dans l'avènement d'un paradigme moderne, présentocentrique entre autres choses, des sciences sociales laisse également des traces chez les historiens contemporains des sciences humaines en France. Ainsi, dans *La découverte du social*[3], L. Mucchielli part de l'hypothèse tout à fait crédible selon laquelle le durkheimisme aurait constitué la source d'une vague de transformations radicales qui, de proche en proche, auraient détaché les sciences humaines du naturalisme dominant dans le dernier tiers du XIXe siècle – un naturalisme qui, dans certaines conjonctures, peut posséder certains liens d'affinité avec ce que nous avons appelé le paradigme archéocentriste. L. Mucchielli tente d'observer tant au niveau

1. Braudel, *Écrits sur l'histoire*, Paris, Flammarion, 1969, p. 119-120.
2. *Op. cit.*, p. 56.
3. Paris, La découverte, 1998.

institutionnel que dans l'évolution des problématiques les traces de cette influence bénéfique. On aurait là une clé : c'est l'influence de la sociologie, en ce qu'elle aurait montré par l'exemple la possibilité d'un discours rationnel ajusté au monde contemporain qui constituerait la source de l'évolution de la géographie comme science humaine et sociale. Cette hypothèse paraît au premier abord pertinente. En effet, de même que chez Vidal de la Blache, la conception archéocentrique de la géographie s'était accompagnée d'un refus de la nouvelle sociologie soupçonnée à mots couverts de ressusciter les ambitions des philosophies dogmatiques de l'histoire, de même chez ses disciples, l'intérêt pour le présent s'est lié à une attitude plus positive à l'égard de la nouvelle science – attitude incarnée au premier chef par un Demangeon, qui collabora fréquemment à *L'année sociologique.* Il semble cependant que toutes les données historiques ne corroborent pas l'hypothèse de l'influence, donc du caractère dérivé de la transformation de la géographie en science sociale.

D'abord, cette interprétation reposerait sur un anachronisme à propos de la sociologie. La vocation présentocentrique de cette discipline nous apparaît aujourd'hui comme une évidence, et c'était déjà le cas de Braudel pour qui la sociologie s'identifiait purement et simplement avec les connaissances procurées par les enquêtes et les statistiques ou du moins très directement liées à celles-ci. Les choses sont moins claires à l'époque qui nous intéresse, parce que Durkheim était parti d'une conception positiviste dure de la science sociale – science des lois générales des faits sociaux – nullement limitée au présent, si ce n'est à titre d'exemple privilégié. Par ailleurs, Durkheim comprenait également la discipline qu'il s'efforçait de faire parvenir au rang de science comme une auto-réflexion élucidante, critique et même thérapeutique du présent, et nul n'ignore les préoccupations de morale sociale qui ont motivé sa carrière intellectuelle. Mais ces deux interprétations possibles de la sociologie – à partir de l'intérêt pour les phénomènes sociaux en tant que soumis à des lois générales de concomitance ou de succession ou à partir de l'intérêt pour le présent historique comme tel – sont demeurées pour Durkheim aussi importante l'une que l'autre, quoique pas toujours conciliables peut-être. De même, il semble difficile, malgré le rôle fondamental de Halbwachs dans cette histoire, de décrire l'évolution des élèves de Durkheim comme une évolution vers une définition plus présentocentrique de la science sociale, et pas seulement parce qu'une partie d'entre eux s'est plutôt concentrée dans ses travaux sur les sociétés archaïques. Ainsi, un auteur comme Simiand, qui, dans la pratique, étudie les données contemporaines, continue à défendre en principe une épistémologie positiviste orthodoxe, c'est-à-dire incapable d'admettre l'intérêt pour l'individuel (par exemple le présent) comme rationnellement légitime. Par exemple, pour lui, c'est simplement l'abondance de la documentation (en l'occurrence le caractère complet continu des données chiffrées sur une longue période) qui explique que l'étude des lois régissant l'évolution des salaires parte de faits contemporains, et pas du tout un intérêt spécifique pour le présent qui s'enracinerait dans la sphère pré-scientifique[1].

L'hostilité à la géographie des vidaliens que l'on trouve chez Simiand, ses diatribes contre la méthode individidualisante qu'il lui prête méritent d'ailleurs d'être rappelées car elles marquent bien la différence d'inspiration des deux disciplines face à la question de la connaissance du présent. Le premier reproche est celui de la limitation contingente de l'objet d'investigation : qu'est-ce qu'une étude de géographie régionale pour un sociologue, sinon le recensement hasardeux des éléments qui *paraissent* importants au géographe pour rendre compte de ce qui se produit en un espace donné, par lui d'ailleurs plus ou moins arbitrairement découpé ? À ce compte-là, pourquoi ne pas inclure dans une étude sur la Picardie, demande Simiand, l'analyse de la dilatation du fer à Amiens[2] ? Positivement, du point de vue de la méthode comparative autrefois théorisée dans *Les règles de la méthode sociologique*, « se limiter à une région aussi étroite, c'est se fermer la seule voie qui permette de distinguer entre les coïncidences accidentelles ou non influentes et les corrélations véritables, puisque c'est se fermer la voie de la comparaison entre des ensembles différents assez nombreux ; en une matière aussi complexe, se limiter à un seul cas d'observation, c'est se condamner d'avance à ne pouvoir rien prouver[3] ». La différence entre la géographie et la morphologie sociale que cherche à défendre le sociologue, c'est que les objets de cette dernière – selon les exemples de Simiand : les formes de l'habitation, la distribution des maisons et des agglomérations, la localisation des industries – ne sont nullement limités à une région particulière, mais concernent de vastes ensembles significatifs – comme l'Europe – et surtout ne se bornent pas à la période contemporaine. Il n'est pas impossible que les objections de Simiand atteignent leur cible et réussissent à mettre en évidence un des points faibles d'une géographie qui souffre d'une certaine cécité épistémologique, crispée qu'elle demeure sur les vertus supposées de la description fidèle et intégrale. Mais c'est toujours au nom, on le voit, d'une vision des sciences humaines contestable, d'une méthodologie positiviste austère et peu capable de reconnaître au présent historique le statut d'objet

1. *Le salaire, l'évolution sociale et la monnaie*, Paris, PUF, 1932, t. 1, p. 15.
2. « Géographie humaine et sociologie » (1909) in *Méthode historique et science sociale*, Paris, Édition des archives contemporaines, 1987, p. 246.
3. *Op. cit.*, p. 251-252.

relativement autonome de connaissance. Il n'est pas impossible que la méthodologie durkheimienne ait plutôt joué le rôle d'obstacle épistémologique pour ce qui concerne l'avènement de *certains* courants des sciences sociales au sens contemporain, présentocentrique, du terme, ou au moins qu'elle ait retardé la reconnaissance de la pertinence de ses intérêts spécifiques. Au moins faut-il conclure que, en France, la sociologie n'a pas été la seule actrice de l'avènement du paradigme moderne des sciences sociales, loin s'en faut.

Cependant, tous les membres de l'école durkheimienne n'ont pas porté un regard aussi critique et nivelant sur la géographie des vidaliens. Ainsi, Beuchat et Mauss, en soulignant l'originalité de Demangeon – lequel, à leurs yeux, a su prendre ses distances de façon décisive avec le déterminisme latent de ses collègues en soulignant que « c'est par l'intermédiaire de la société que le sol agit sur l'homme[1] » – attirent l'attention sur la nécessité d'un jugement plus différencié. La spécificité de la position de Demangeon est en effet perceptible dès son ouvrage sur *La plaine picarde* et apparaît en pleine lumière si on le compare, par exemple, au travail presque contemporain (1908) de J. Sion sur la Normandie[2]. Après une description physique soignée de l'espace auquel il s'intéresse, Sion passe rapidement à une démarche historique. Par exemple, pour étudier les origines de la population normande actuelle, il remonte jusqu'aux invasions germaniques, évoque longuement le Moyen Age. Quand il s'agit des formes de l'exploitation agricole, il revient au XVIIIe siècle. Ainsi, la démarche historique, qui occupe presque la moitié de l'ouvrage joue une double fonction. Il s'agit de compenser le risque de déterminisme qui pourrait être induit par une identification d'abord purement physique de la région analysée et, d'autre part, de faire intervenir les facteurs de longue durée dans l'explication géographique. Par comparaison, le livre de Demangeon sur la Picardie frappe par son orientation plus synchronique. L'essentiel du rapport à l'histoire est presque contenu dans le dernier chapitre et n'intéresse visiblement pas l'auteur au premier chef; il s'y agit moins d'ailleurs d'une étude régressive qui consiste à recourir au passé pour éclairer le présent que d'une démarche réflexive par laquelle l'auteur revient de façon critique sur les conditions de la formation de la catégorie de Picardie comme objet de connaissance explicite – avec par exemple le rôle des découpages administratifs de l'Ancien régime puis des départements, l'importance des frontières linguistiques, etc. Cependant, c'est seulement dans son œuvre ultérieure que Demangeon a prolongé de façon

1. *In* Mauss, *Sociologie et anthropologie*, Paris, PUF, 1950, p. 392-393.
2. *Les paysans de Normandie orientale*, Paris, Colin.

exemplaire cette compréhension supérieure qu'il avait de l'originalité de la position de la géographie vidalienne au sein des sciences humaines. Cette avancée se traduit par la mise en valeur de trois thèmes dont la présence signale une prise de conscience plus radicale de la capacité du discours géographique à se faire l'instrument d'une connaissance rationnelle du contemporain.

– La découverte de l'industrie et de la ville. Entre l'attitude d'un Vidal de la Blache qui, au début du siècle considère qu'un thème comme « Londres et ses ouvriers » ne relève pas de la géographie[1] et celle d'un Demangeon qui, dans les années trente, centre une grande partie de sa contribution à la *Géographie universelle* consacrée à l'Angleterre sur les questions urbaines et industrielles, et qui, dans celle qu'il consacre à Paris et à sa banlieue[2], élabore un concept précis de paysage urbain, il y a eu bien entendu, des évolutions notables. Après une période où les vidaliens ne sont guère intéressés aux villes que dans le contexte d'analyses régionales, les études se sont faites plus systématiques : les ouvrages de Blanchard sur Grenoble (1911), de Levainville sur Rouen (1913) commencent ainsi à pratiquer l'analyse de position selon des échelles distinctes, très éloignée des résidus déterministes que l'on trouve chez Vidal. On étudie ainsi l'espace bâti (avec parfois un intérêt pour l'organisation des grandes artères et des centres d'attraction tels que les gares, les marchés, les administrations) et ses entours immédiats, les relations entre l'agglomération et les zones qui l'environnent, la constitution de réseaux d'agglomérations et la situation des villes dans les grands courants d'échange au niveau européen. Dans la génération suivante, après la première guerre mondiale, le regard se fait plus fin encore et l'on commence à s'interroger sur la spécificité des relations entre centres et périphéries. Mais c'est Demangeon qui va le plus loin dans la précision lorsque par exemple, à propos de l'agglomération parisienne, il distingue les quartiers centraux tournés vers les affaires, la politique, la santé et les loisirs, puis les zones d'habitat continu en grands immeubles et enfin les banlieues, variables d'ailleurs selon leur densité et le type d'habitation qui y domine. Le grand géographe insiste par ailleurs sur les problèmes de transport et d'approvisionnement[3].

– La relativisation de l'échelle régionale et la diversification des échelles du raisonnement. Certes, Vidal de la Blache n'ignorait pas que la nation constituait un objet d'analyse géographique possible et pertinent, mais il l'exprimait de façon suffisamment romantique et vague pour que le privilège massif de l'échelle régionale ne soit pas, dans les faits, remis en

1. Claval, *Histoire de la géographie française*, p. 129.
2. Cf. aussi Demangeon, *Paris, la ville et la banlieue*, Paris, Bourrelier, 1933.
3. Claval, *Histoire...*, p. 190.

question. « Il y a donc, écrit-il dans le *Tableau géographique de la France*, une force bienfaisante, un *genius loci*, qui a préparé notre existence nationale et qui lui communique quelque chose de sain. C'est un je ne sais quoi qui flotte au dessus des différences régionales. Il les compose et les combine en un tout, et cependant ces variétés subsistent ; elles sont vivantes[1] ». Au regard de cette position, le progrès marqué par un ouvrage comme *Le déclin de l'Europe* (1920) est manifeste. Demangeon conjoint en une synthèse remarquable l'élargissement du regard géographique à l'échelle mondiale et l'intégration des dimensions économiques et politiques. Il diagnostique de façon précoce l'affaiblissement inévitable de la puissance européenne induit par la guerre, annonce l'apparition sur la scène mondiale de pays nouveaux comme le Japon, annonce le début de la fin de la colonisation et évalue les effets possibles de phénomènes comme la montée en puissance de l'économie américaine. Au-delà de la lucidité du jugement, ce qui frappe, c'est la conjonction entre une pensée qui s'approprie, contre la réduction vidalienne, des nouvelles échelles de raisonnement géographique (ici l'échelle mondiale), et une volonté de faire de la connaissance géographique un instrument d'interprétation sur le vif de l'histoire se faisant. On est bien loin de la division du travail plutôt loufoque que proposera Perpillou (qui fut pourtant un collaborateur de Demangeon) dans les années du second après-guerre : « jusqu'en 1918, c'est de l'histoire, de 1918 à 1939, c'est de la géographie, après, c'est de la politique[2] ».

– L'avènement d'une géographie des flux, des mouvements et des liens à la place d'une géographie des lieux et des stabilités. Certes, dès sa grande synthèse sur la Picardie, Demangeon insistait sur les routes, les canaux et les voies ferrées. Mais ce trait s'est, au cours de sa carrière, accentué et l'intérêt pour la communication quasiment autonomisé. Ainsi, une comparaison dans son ouvrage sur le Rhin, écrit avec L. Febvre[3], et du livre de Vidal de la Blache sur l'Alsace-Lorraine, ferait apparaître des évolutions intéressantes : là où l'auteur du *Tableau géographique* insistait sur l'identité française des deux régions de la France de l'est, Demangeon, s'affirmant de nouveau comme un penseur du dépassement du national, est plutôt attentif à la fonction du Rhin comme axe de communication entre nord et sud, entre est et ouest. Sur un même objet, la zone de contact entre

1. Vidal de la Blache, *Tableau de la géographie de la France*, p. 49-50.

2. Cité par Vidal-Naquet, *Les Juifs, la mémoire et le présent*, Paris, La Découverte, 1991, t. II, p. 228.

3. Demangeon et Febvre, *Le Rhin. Problèmes d'histoire et d'économie*, Paris, Colin, 1935.

les espaces français et allemand, on est allé d'une géographie de l'être à une géographie du passage.

Quand nous interrogeons sur l'origine des instruments, des méthodes et des problématiques qui font que, aujourd'hui, nous ne sommes plus tout à fait dépourvus de ressources quand nous voulons comprendre notre époque, deux voies semblent s'offrir. On peut d'abord chercher à identifier les ruptures fondatrices et les innovations épistémologiques majeures qui ont décisivement promu des langages neufs à travers lesquels nous pouvons concevoir différemment le présent. Ou bien nous pouvons tenter de reconstituer les processus de maturation moins spectaculaires qui ont rendu progressivement accessibles à la raison des phénomènes jusque-là méconnus ainsi que les légers déplacements qui ont enrichi sur les marges notre vocabulaire théorique. À une époque où les sciences sociales tendent à adopter une représentation plutôt déflationniste d'elles-mêmes, cette seconde voie n'apparaît pas tout à fait impraticable. Elle peut conduire en tout cas à mieux apprécier le rôle passé et présent de la géographie, ce savoir qui, selon les termes de P. George, « en s'affirmant par rapport à l'histoire comme la science de l'actuel, est particulièrement sensible à l'évolution de la conjoncture, de ses rapports des hommes avec les lieux » et qui avait été justement développé dans cet esprit « par Vidal de la Blache et [...] par tous ses élèves, tout particulièrement Albert Demangeon[1] ».

Stéphane HABER
Université de Besançon

1. P. George, *Le métier de géographe*, Paris, Colin, 1990, p. 75.

ET SI LES DISCOURS DE LA GÉOGRAPHIE HUMAINE N'ÉTAIENT QUE L'HISTOIRE D'UN EXIL ?

ORIGINES ET COMMENCEMENTS ...

La fascination pour les origines et les commencements est d'autant plus dangereuse qu'elle oblige à côtoyer les mythes, voire à s'y enfoncer comme Orphée aux enfers sans parvenir à en ramener Eurydice mais à se faire mettre en pièces...au retour. Malgré le danger réel d'être déchiré, il n'est souvent pas possible de renoncer aux itinéraires, quasiment initiatiques, que suscite cette fascination quand bien même elle peut aboutir à des illusions ou à des mirages, autrement dit à la perte de l'objet convoité, parce que trop ardemment désiré. Le désir de l'objet n'est pas simple puisqu'il est caractérisé par une scission qu'il est loisible de résumer par l'alternative posséder ou connaître : « Questa scissione è quella fra poesia e filosofia, fra parola poetica et parola pensante, ed essa appartiene cosi originalmente alla nostra tradizione culturale, che già Platone poteva ai suoi tempi dichiarla "una vecchia inimicizia" »[1]. Cela revient à dire que l'on peut posséder l'objet sans le connaître ou le connaître sans le posséder. Choisir l'itinéraire du mythe c'est s'approcher de la possession en renonçant à la connaissance; choisir l'itinéraire de la science, c'est viser la connaissance en abandonnant l'espoir de la possession. Ce dilemme est au cœur de la culture : « Welt zu haben, ist immer das Resultat einer Kunst, auch wenn sie in keinem Sinne ein « Gesamtkunstwerk » sein kann »[2]. Symétriquement, connaître le monde est toujours le résultat d'une science encore qu'aucune science singulière ne sature l'entièreté de la réalité. La poésie et la

1. Giorgio Agamben, *Stanze. La parola e il fantasma nella cultura occidentale*, Giulio Einaudi, Torino, 1993, p. XIII.

2. Hans Blumenberg, *Arbeit am Mythos*, Suhrkamp, Frankfurt am Main, 1979, p. 13.

philosophie, citées en cause, ont surtout, on l'aura compris, valeur métonymique de manière à éviter les termes trop englobant d'art et de science quand bien même il s'agit essentiellement de cette opposition qui, plus en amont encore, pourrait être restituée par mythos et logos si ces mots n'étaient pas aussi chargés de connotations qui en rendent la dénotation illusoire. Car si Parménide n'oppose pas le mythos au logos, la distinction est déjà accomplie chez Platon [1]. Les présocratiques caractériseraient-ils ce moment où la scission n'est pas faite mais va se faire, est en train de se faire en quelque sorte et de laquelle va émerger la distinction fondatrice de la poésie et de la philosophie ? À l'origine, il y aurait donc une « unité » dans laquelle possession et connaissance de l'objet sont indissociables, unité irrémédiablement perdue et donc inatteignable après que mythos et logos aient pris des sens différents. Serait-ce, pour cette raison que Blumenberg nous donne tellement à penser avec sa remarque « Was die Wissenschaft wiederholt, hatte der Mythos schon suggeriert: den ein für allemal errungenen Erfolg der Bekanntheit ringsrum » [2]. L'éclatement du mythe a libéré deux forces qui s'excluent et occupent des pôles opposés : la possession et la connaissance. Qui vise l'une manque l'autre et réciproquement. En cela réside la « schizofrenia » dell'uomo occidentale [3] dont la culture tisse des rapports avec la nature qui définissent celle-là et la qualifient mieux qu'elle ne saurait le faire elle-même. Toute culture est un système de mise entre parenthèses de parties importantes de la nature : les parties « oubliées » de la nature sont celles susceptibles d'être possédées tandis que celles mises en évidence deviennent objet de connaissance c'est-à-dire celles à propos desquelles la culture humaine élabore des « lois ».

Cette mise entre parenthèses de la nature est, particulièrement et étrangement, visible dans l'épopée de Gilgamesh à propos d'Enkidu l'homme sauvage ou naturel face auquel se trouve un chasseur d'Uruk : « Il suo corpo era coperto di pelo arruffato come quello di Sumuqan, dio del bestiame. Era ignaro dell'umanità, nulla sapeva della terra coltivata. » [4]. Le chasseur transis de peur, « Ritorná a casa con le prede che aveva catturato e rimase muto, inebetito dal terrore. » [5]. Le père du chasseur envoya son fils à Gilgamesh, roi d'Uruk, qui lui dit « Fà ritorno, cacciatore ; conduci con te una prostituta, una fanciulla di piacere. Alla pozza d'acqua elle si spogliera ; quando egli vedrà il suo cenno invitante si congiungerà con lei, e la

1. Martin Heidegger, *Qu'appelle-t-on penser ?* Paris, PUF, 1983, p. 29.
2. Hans Blumenberg, *op. cit.* p. 45.
3. Aby Warburg cité par Agamben, *op. cit.* p. XIII.
4. *L'epopea di Gilgamesh,* a cura di N.K. Sandars, Milano, Adelphi, 1986, p. 87.
5. *Ibid.*

selvaggina delle lande deserte lo respingerà di sicuro. »[1]. Le chasseur fit comme l'avait dit Gilgamesh et la prostituée passa six jours et sept nuits avec Enkidu, l'homme sauvage, qui retourna ensuite vers les créatures sauvages mais celles-ci se détournèrent de lui et il ne réussit pas à les suivre « Enkidu era diventato debole poiché la saggezza era in lui e i pensieri di un uomo stavano nel suo cuore »[2]. Il se laissa conduire à Uruk, la ville aux fortes murailles, par la femme. Par le « corps de la femme » et la « ville », Enkidu fut ainsi éloigné de la nature sauvage et il se mit à manger, à boire et à se vêtir comme les hommes. Sa transformation fut achevée par sa rencontre avec Gilgamesh dont il devint l'ami après avoir été vaincu par lui en combat singulier. Le mythe explicite clairement le combat entre nature et culture dans lequel celle-ci triomphe en se conciliant celle-là. Enkidu n'en est pas moins définitivement retranché de la nature qui ne le reconnaît plus et se retire à son approche. La transgression de la limite naturelle éloigne définitivement Enkidu qui désormais est un homme parmi les autres sans aucun espoir de retour en arrière : il est chassé de la nature en tant qu'elle n'est que nature et il est accueilli par les hommes dans le monde de la culture par et à travers la culture. La transgression de la limite naturelle fait perdre à Enkidu la possession de la nature dont il n'a plus qu'une connaissance à travers la culture, elle-même connaissance qui l'entraîne dans l'histoire et dans la mort car le prix de la découverte de l'histoire c'est la mort qui occupe une place centrale dans toute culture même dans celles qui la dissimulent et la cachent par de multiples artifices, telle la nôtre par exemple. Lorsque Adam et Ève sont chassés du « jardin d'Éden » ils entrent simultanément dans le monde de l'histoire et dans celui de la mort : ils ne posséderont plus jamais rien mais ils connaîtront. Ce drame originel illustre tous les autres, tous ceux à venir tout au long de l'histoire, tous ceux qui font que l'histoire n'a pas de fin à moins d'en supprimer les acteurs une fois pour toutes et avec eux leur rôle sur la scène du monde qui n'est rien d'autre que la nature « donnée », qu'en l'absence de tout cataclysme les acteurs vont signifier de multiples manières à travers le jeu, sans cesse renouvelé, de leurs activités qui se résument par le triangle de fer « produire-échanger-consommer ». Cette apparente continuité de l'histoire n'exclut pas les catastrophes, au sens de Thom, c'est à dire les discontinuités qui remanient tout ou partie du rôle des uns et des autres sur la scène du monde.

Toujours pour ne pas m'éloigner de cet ensemble mythique que j'ai délibérément choisi d'évoquer, non pas pour y trouver une réponse mais pour me mettre en situation d'approcher la question des origines et des

1. *Ibid.* p. 88.
2. *Ibid.* p. 89.

commencements, je voudrais invoquer le mythe du labyrinthe. Ce n'est pas en tant que forme architecturale que le labyrinthe me semble significatif, quand bien même on le retrouve présent dans nombre de sociétés, mais en tant que système de relations car « Il contient en effet un thème mental d'une portée et d'une résonance universelles, mêlé d'angoisse et d'espoir, et capable à la fois de nourrir une sorte de cauchemar intellectuel très proche de la folie, et sur un autre plan la méditation des sages »[1]. D'abord « l'histoire du Minotaure est un mysterium tremendum. Il nous attire et nous repousse. Il est mirum, il est admirandum, il est fascinans ; devant le caractère animal et en même temps humain du mythe, nous sommes frappés, à la fois, de tremor et de stupor… »[2]. On retrouve là quelques-uns des ingrédients de l'épopée de Gilgamesh, celui-ci à certains égards pouvant être un précurseur de Minos.

L'histoire de Minos est connue et il suffira de rappeler qu'elle se déroule à partir d'une transgression, celle de Pasiphaé qui, brûlant de désir pour le taureau blanc de Poséidon que Minos refusa de sacrifier à celui-là, demanda à Dédale d'inventer un dispositif pour lui permettre de s'unir à la bête ce que fit l'architecte en fabriquant un simulacre de vache. De cet accouplement monstrueux naquit le Minotaure. Dès cet instant, toutes les relations dans le mythe sont médiatisées par la technique de Dédale : construction du labyrinthe, sur l'ordre de Minos, pour cacher le Minotaure, mise à disposition d'Ariane du fil et du glaive pour venir en aide à Thésée. Expression particulière de la culture, la technique est convoquée, à chaque fois, pour dénouer une relation et tenter en vain de rétablir un ordre perturbé par une transgression originelle qui débouche en fin de compte sur l'horreur : « sur le Minotaure pèse le destin de l'innocent, de l'innocemment cruel, de l'être prédestiné par les dieux à être cruel et en même temps à être frappé pour cette cruauté. Il porte le poids de la faute de luxure de sa mère et du monde entier ; en lui se réalise non seulement les destin de la bête – qui doit être sacrifiée – mais aussi l'irruption de la bestialité dans l'homme ; bestialité qui, en tant que telle, doit être punie de mort : et c'est une mort tout à la fois nécessaire et injuste »[3]. En fait, ce qui est puni c'est la bestialité non surmontée qui débouche sur le monstrueux qui n'est ni nature ni culture mais quelque chose d'hybride qui n'appartient vraiment ni à l'une ni à l'autre. Si le dernier mot revient à la technique c'est que la culture doit imposer son ordre et sa logique dès lors qu'il y a eu transgression, c'est-à-dire franchissement de la limite qui sépare la possession de la connaissance.

1. Paolo Santarcangeli, *Le livre des labyrinthes. Histoire d'un mythe et d'un symbole*, Paris, Gallimard, 1974, p. 14.

2. *Ibid.* p. 14-15.

3. *Ibid.* p. 15.

En voulant vivre l'une et l'autre, Pasiphaé a déclenché le drame que Dédale ne peut pas éliminer mais qu'il peut canaliser en quelque sorte afin de rétablir l'ordre compromis.

Ces évocations, qu'il serait aisé de prolonger, n'ont évidemment pas pour seul objectif de satisfaire un quelconque plaisir des textes anciens, encore mais de chercher à mettre en évidence, à travers des « images entières » sédimentées par l'histoire de la culture, cette irruption du travail des hommes dans l'élaboration d'un ordre qui cherche à contraindre ce qui n'obéit pas spontanément aux désirs humains. Le mythe du labyrinthe est tout à fait emblématique d'une « géographie humaine ou culturelle originelle » telle qu'elle a été définie par un géographe oublié du XIXe siècle qui a tenté une synthèse de la pensée de Ritter et de Hegel : « Die Arbeit ist die Seele der Cultur. Die Cultur füllt die Kluft zwischen Natur und Geist, sie ist die ewige Brücke zwischen der Materie und den Gedanken. In der Cultur kommt durch den Menschen die Natur zu sich, und erhält mittels seiner Thätigkeit und Arbeit ihre Vollendung. Die Arbeit macht den Menschen wahrhaft zum Herrn der Wirklichkeit »[1]. Kapp est bien un homme du XIXe mais il est aussi un petit-fils de Dédale ! La nature parvient à son accomplissement par le travail et la technique. Les hommes produisent leur labyrinthe pour y enfermer leur bestialité et la dissimuler aux regards et ils cherchent à la tuer à force de culture mais sans jamais y parvenir. Le labyrinthe est toujours à reconstruire : ils essaient, sans fin, de trouver la prison culturelle qui pourraient les libérer de la prison naturelle. Si ce travail de Sysiphe ne s'est pas toujours concrétisé par des réalités matérielles, il n'en a pas moins été illustré, à toutes les époques par des visions utopiques.

LES UTOPIES OU LES « GÉOGRAPHIES HUMAINES RÊVÉES »

Cette recherche de la prison parfaite n'est, en somme, que la recherche du territoire parfait qu'illustre la longue théorie des utopies d'une part et dont témoigne encore celle des réalisations dont l'histoire est jonchée d'autre part. Qu'est-ce que le territoire parfait sinon une réplique du » paradis perdu » dont la nostalgie est si grande parmi les hommes qu'ils tentent par tous les moyens de le reconstituer? Que fait d'autre Hippodamos de Milet, auquel Aristote consacre plusieurs pages, lorsqu'il décrit sa cité idéale composée de 10.000 habitants, « divisée en trois classes : une première classe était formée d'artisans, une seconde de laboureurs, et une troisième de ceux qui combattaient pour le pays et

1. Ernst Kapp, *Philosophische oder vergleichende allgemeine Erdkunde als wissenschaftliche Darstellung der Erdverhältnisse und des Menschenlebens nach ihrem innern Zusammenhang*, Verlag von George Westermann, Braunschweig, p. 365.

portent les armes. Il divisait aussi le territoire en trois parts, l'une sacrée, la seconde publique, et la troisième privée : le domaine sacré était destiné à assurer les traditionnelles offrandes aux dieux ; le domaine public servait à l'entretien des guerriers ; le domaine privé, enfin, était laissé en propre aux laboureurs »[1]. À côté de ces cités idéales, il ne faut pas oublier tous les projets mégalomanes des Césars dont l'un des plus fous a probablement été celui d'Alexandre et de son architecte Dinocrates dont l'objectif était de tailler un colosse dans le contrefort du mont Athos, « colosse qu'ils pourraient coloniser : dans la main gauche la statue monumentale porterait une ville entière, dans la droite une coupe vers laquelle convergeraient les rivières de la montagne et de laquelle elles se déverseraient dans la mer, à la manière des chutes du Niagara. »[2] Ainsi, les sciences et les techniques sont convoquées depuis l'Antiquité jusqu'à nos jours pour instaurer une mathématique urbaine formelle du plan et de l'édification : « ... chez Descartes, tout comme chez Spinoza, l'image du monde elle-même est inorganique, fondamentalement mécanique; ... »[3]. Le rôle de la géométrie est donc considérable : « Cette géométrie devenait dès lors l'utopie de tout le nouvel urbanisme bourgeois ; ... »[4]. Ce n'est pas hasard si la ville rêvée du XVIe est de forme circulaire ou encore polygonale comme celle de Palma Nuova.

Socialement le rôle de cette géométrie est d'enfermer le « désordre » de l'existence, très exactement ce que désirait Minos en faisant construire le labyrinthe par Dédale. Mais quel désordre ? Celui justement inhérent à la vie et aux activités dont les racines plongent dans l'organique ou si l'on préfère la nature. La géométrie se voit assigner la tâche de refouler l'ordre concret, celui-là même que l'on estime être hors de la culture, celui qu'on ne peut pas connaître par le fait même qu'il n'a pas été produit par l'homme : G. Vico ne va-t-il pas jusqu'à affirmer qu'on ne connaît que ce qu'on a produit !

L'utopie apparaît donc comme le moyen de refouler la nature « donnée » qui ne saurait être le fondement de l'ordre parfait ni non plus celui du territoire idéal. Il est assez étonnant de constater que jusqu'au XVIIIe, on décrit moins ce qui est que ce qui devrait être : l'utopie qui refuse l'histoire n'est pourtant pas un mythe mais un simulacre de mythe (simulacre de la synthèse selon Louis Marin) qui ne donne accès ni à la possession ni à la connaissance, elle est une sorte de frontière ou mieux une frange

1. Aristote, *La politique*, introduction, notes et index par Jean Tricot, Paris, Vrin, 1989, p. 124-125.

2. Ernst Bloch, *Le principe espérance II, les épures d'un monde meilleur*, Paris, Gallimard, 1959. p. 352-353.

3. *Ibid.* p. 354.

4. *Ibid.* p. 355

qui participe de l'un et de l'autre sans être ni l'un ni l'autre ; elle est un défi à la logique du tiers exclu. Au moment où il « invente » la sociologie, Durkheim dénonce cette tentation des philosophes : « Ainsi recherchaient-ils, non pas ce que sont les institutions et les faits sociaux, leur nature et leur origine, mais ce qu'ils devraient être ; ils se souciaient, non de nous fournir une image de la nature aussi vraie que possible, mais de proposer à notre admiration et à notre imitation l'idée d'une société parfaite. » [1]. On assiste, alors, à l'entrée dans l'histoire : « La société contemporaine, la société présente, voilà l'histoire devenue voie que l'on suit, vérité que l'on accepte, vie que l'on partage. » [2]. Par l'histoire ce qui va s'instituer c'est « la loi qui est pure répression (et qui) contient la promesse de la libération complète de la nature puisque rien ne la lie essentiellement à celle-ci, sinon la négation, qui est le contraire de l'essence » [3].

VERS LA GÉOGRAPHIE HUMAINE ...

L'émergence des sciences humaines ou des sciences de l'homme à partir du XVIIIe suit un processus tout à fait singulier dans lequel l'objet n'est pas la nature de l'homme mais un autre objet, celui de la nature sociale[4]. Ce qui est visé ce sont les lois de la société dans l'histoire, les lois que l'on peut inférer de la société en acte, en mouvement : « La réalité particulière est le pivot de ce passage : réfutant l'universel, elle devient cas particulier qui appelle la généralité de la loi. » [5]. Ce passage va permettre la constitution de la géographie humaine dont Turgot, avec son plan d'une géographie politique, en 1751, va donner la première ébauche. Pourtant, il faudra attendre A. von Humboldt et surtout Carl Ritter pour découvrir les conséquences de l'entrée dans l'histoire de l'Erdkunde. Les analyses de Humboldt sur le sucre et l'esclavage à Cuba sont d'une portée considérable mais elles ne semblent pas avoir été vues sous l'angle nouveau de la nature sociale des choses. On ne retient, en général, de Humboldt que la composante naturaliste qui a largement occulté tout ce qui a trait à la discussion sociale qui constitue, qu'on le veuille ou non, un des fondements de la géographie humaine contemporaine, y compris dans ce qu'elle peut avoir de quantitatif. De son côté, Ritter, en accordant une place prépondérante à l'historicité, est probablement celui qui a fondé la géographie humaine dans sa conception moderne. D'ailleurs, les réactions de ses successeurs

1. Cité par Pierre Manent, *La cité de l'homme*, Paris, Fayard, 1994, p. 77.
2. *Ibid.* p. 74.
3. *Ibid.* p. 52-53.
4. *Ibid.* p. 79.
5. *Ibid.* p. 83.

sont suffisamment explicites pour balayer les éventuels doutes à ce sujet. Les tentatives de retour à la géographie physique pure de la part des géographes post-rittériens sont bien connues, tentatives qui ne sont pas demeurées sans écho dans la géographie française, à la fin du XIXe, qui a été très marquée par la géographie physique qui a constitué la préoccupation majeure sinon unique.

Le drame de la géographie s'est noué entre deux pôles dont l'un est occupé par la scène du monde, seul objet digne d'intérêt pour les géographes physiciens et dont l'autre est occupé par les acteurs engagés dans l'histoire et dont la relation avec la scène du monde doit devenir l'objet privilégié. À un objet concret se substitue un objet non matériel qui n'est rien d'autre que l'ensemble des relations que les hommes entretiennent avec la scène du monde, livrée aux forces de la culture dont les hommes sont porteurs. À la connaissance de la nature de la scène du monde, on passe à la connaissance des relations que les hommes entretiennent avec la scène du monde. La géographie humaine se caractérise donc par un double refus : refus de la nature des choses et refus de la nature des hommes. La connaissance qu'elle élabore est celle des relations médiatisées par les cultures qui informent l'énergie humaine, autrement dit la géographie humaine est une analyse des effets du travail humain projeté sur la scène du monde. elle ne s'est, souvent, pas même interrogée sur la nature du travail humain : celui-ci étant considéré comme une force non définie mais bien réelle dont on classe les effets mais dont on ne connaît pas les causes. Si la géographie humaine s'était réellement préoccupée du travail humain, elle aurait intégré la leçon critique de Humboldt qui, déjà, dénonçait les effets du triangle de fer sur le corps des esclaves. Plus tard, elle se serait intéressée aux effets de la ville sur le corps des travailleurs c'est-à-dire sur la nature à travers la biologie humaine.

On touche, dans ce cas, une des caractéristiques profondes de la modernité : le calcul des effets et de leurs conséquences s'est complètement détourné de l'organique et la force du corps humain a été assimilée à une force mécanique comme celle de l'animal chez Descartes. La connaissance de la nature, si toutefois elle est possible, est complètement oubliée au profit de la connaissance de ce qu'il est possible de tirer de la nature. Heidegger avait parfaitement raison de parler de » l'arraisonnement de la nature » qui consiste à en extraire des ressources mais non pas à la connaître. La nature n'intéresse plus en elle-même, elle n'est plus qu'un laboratoire d'application de la culture. Elle change au gré de l'action anthropique qui est décrite dans les termes d'un protocole d'expérience en laboratoire, c'est-à-dire dans un lieu clos et bien déterminé : un fragment de la scène du monde. La géographie humaine a ainsi évolué vers une chronique de l'arraisonnement de la nature. Il est évidemment banal d'écrire que les rapports de l'homme avec les choses de la nature créent la confusion parmi ces dernières mais néanmoins c'est bien ce qui se passe par l'oubli de la fonction originelle de ces choses qui sont affublées de fonctions successives par la culture qui contribue à un vaste remaniement, au détour duquel il est loisible de prendre la mesure de la dimension esthétique et, par conséquent, éthique de la société. Reclus ne s'y était pas trompé, lui qui écrivait, en 1876, dans les premières pages de sa Géographie universelle : « Ces innombrables changements, que l'industrie humaine opère sur tous les points du globe, constituent une révolution des plus importantes dans les rapports de l'homme avec les continents eux-mêmes ». En tant que pourvoyeuse de représentations, la géographie humaine constitue un système de pensée plus intéressant par ce qu'il révèle implicitement que par ce qu'il énonce explicitement.

« L'explicite » met en évidence ce que je serais tenté d'appeler le chaos humain de la nature en tant que les relations intrinsèques de celles-ci sont modifiées sans même que cela s'accompagne du moindre soupçon des crises qui sont en train de se nouer sur la scène du monde ainsi livrée au jeu des relations déclenchées par le travail humain. L'implicite réside justement dans ce « chaos humain de la nature » qui est, en fait, l'image que les hommes se donnent de la nature, la leur, en somme, qu'à l'instar de Narcisse ils aiment plus que tout le reste. Cela me remet en mémoire ce texte de Borgès à propos de ce géographe qui se met à dessiner la carte du monde et qui à la fin de sa vie se retrouve devant son propre portrait : c'est Pygmalion et Narcisse tout à la fois.

la géographie humaine met en scène des sociétés qui participent tout à la fois de Pygmalion et de Narcisse : elles nient tout ce qui n'est pas elles, tout ce qu'elles n'ont pas fait et tout ce qu'elles ne sont pas. Elles ne désirent qu'elles-mêmes et trouvent leur fin en elles-mêmes. Dès lors, les parties de la nature dont elles semblent se détourner et qu'elles laissent relativement intactes les identifient et les définissent autant que leurs œuvres propres. Cette identification « en creux » ne semble pas avoir retenu l'attention des géographes. Cela supposerait de disposer d'une théorie des lacunes qui est encore à élaborer.

Héritières de Dédale, ces sociétés cherchent à enfermer la nature dans leurs œuvres et par là même à dissimuler ce qui, dans la nature, les a permises. Elles sont toutes semblables à Venise qui n'existe que par les forêts englouties qui la soutiennent qu'on ne voit pas mais qui n'en sont pas moins réelles : radeau de pierre, Venise s'élève sur des mélèzes qui la maintien-nent à fleur d'eau. Venise, comme métaphore de la culture humaine, montre, à l'envi, que la nature tout en étant là, présente, n'en est pas moins toujours refoulée, rejetée aux marges, telle une paria indispensable mais avec laquelle la relation est faite de distance. N'est-ce pas ce que nous apprend l'évolution de la géographie humaine elle-même? Voyons les choses d'un peu plus près, je veux dire dans la perspective de ce qu'elle saisit en général et qui s'articule autour de la triade production-échange-consommation.

Malgré les apparences, il ne s'agit pas du triangle de fer économique mais de quelque chose de plus radical et de plus profondément enraciné dans ce qui est donné, dans ce que nous ne comprenons pas mais que nous apprenons à utiliser. Faut-il parler de cette économie de la nature comme l'a fait Linné au XVIIIe ou faut-il parler de cette débauche naturelle des choses dans laquelle les hommes se sont glissés tels des parasites, au sens que Michel Serres donne à ce terme? Les hommes utilisent le foisonnement naturel en croyant introduire de l'ordre dans ce qui, pour eux, est chaos alors qu'en réalité ils créent du chaos là où il y a de l'ordre. Mais cet ordre, ils ne le connaissent pas et ils n'en découvrent la présence qu'à travers les crises qu'ils provoquent. Les seuls à avoir suspecté cet ordre originel et à l'avoir intégré d'une manière presque superstitieuse ce sont les physiocrates qui ont compris que le circuit économique qu'ils postulaient n'était possible que si l'on rendait justice à la triade économique naturelle, celle-là même sans laquelle l'autre ne pouvait pas avoir d'existence. Cette conscience des choses a néanmoins duré très peu de temps, exactement le temps qu'il a fallu à la culture du XVIIIe pour instaurer un triangle de fer sur lequel s'est édifié toute l'économie industrielle dont la production, l'échange et la consommation ont occupé tout l'espace social disponible : à la triade originelle s'est substitué le triangle de fer dont la géographie humaine est devenue la chronique tenue au jour le jour. Vue de derrière la scène du monde, cette chronique est celle de la « putain urbaine » venue domestiquer Enkidu. Car c'est bien de domestication qu'il s'agit: domestiquer c'est faire en sorte que la survie soit dépendante de la culture et de ses instruments. Domestiquer les plantes et les animaux c'est les rendre dépendants, une fois pour toutes, des hommes et de leur culture, c'est rendre leur retour vers leur situation antérieure impossible. Enkidu ne peut pas revenir vers les créatures sauvages qui le fuient et qu'il ne peut plus suivre car il est devenu trop « lourd ». Lourd de tout ce qu'il a appris mais lourd aussi de tout ce qui lui est désormais indispensable et dont il ne peut se passer. Il est attaché non pas aux choses nouvelles qu'il a découvertes dans la société des hommes mais aux relations nouvelles que les hommes ont tissé entre les choses. Il est pris dans un réseau invisible de relations dont la solidité est plus grande que celle de liens matériels, en d'autres termes il est irrémédiablement domestiqué et enfermé dans la prison culturelle, l'une des plus sûres…

Dans ces conditions la nature n'est plus quelque chose de vivant dans lequel on peut évoluer mais un spectacle à la contemplation duquel on est invité, convoqué même pour éprouver cette nostalgie d'une antériorité désormais inaccessible. Contrairement à ce que l'on croit habituellement, avec une naïveté désarmante, l'émergence de la notion de paysage, dans la peinture, dans la littérature et dans la géographie n'est nullement un retour vers la nature, elle est bien au contraire l'acte de décès de la nature qu'enregistre avec une certaine indifférence les arts et les sciences du XVIIIe et du XIXe. Georg Simmel ne s'y est pas trompé lorsqu'il a affirmé que le paysage n'est pas un morceau de nature car la nature n'a pas de morceaux puisqu'elle est l'unité d'un tout[1]. Dès lors, le paysage devient une tentative de domestication non pas de la nature mais d'éléments, d'apparence naturelle, médiatisés par le psychisme d'un sujet profondément marqué par la culture à laquelle il appartient. C'est d'ailleurs par l'analyse du paysage, en tant que représentation, élevé au rang d'objet, qu'il est possible de mettre en évidence les distances ou les écarts entre cultures différentes puisque par définition cette analyse est toujours partielle et partiale et change d'une civilisation à l'autre : « L'insertion de l'humain dans les données naturelles du monde, au contraire de l'animal, ne s'opère pas sans problèmes ; il s'en arrache, s'y oppose, il exige, il lutte, il exerce et subit la violence. Ce premier grand dualisme est au commencement du processus qui se déroule indéfiniment entre le sujet et l'objet »[2].

La géographie du paysage est devenue, en somme, l'alibi de la géographie humaine dont la chronique porte uniquement sur les transformations de la scène du monde : scène qui n'intéresse les sociétés qu'en tant qu'elle est le support des pièces à jouer, toujours conditionnées par le triangle de fer de la production, de l'échange et de la consommation. La nature donnée n'est pas absente du processus mais elle est traitée comme une masse informe et non identifiée. La tragédie de la civilisation réside dans la croyance, dont elle est imprégnée, que la nature n'est vraiment identifiée qu'à travers la culture.

Dans la « triade naturelle » ce qui est en cause c'est la VIE, au sens plein du terme. la vie dans toutes ses manifestations tandis que dans le triangle de fer, la vie est subordonnée, elle n'est plus qu'un instrument au service d'objectifs qui côtoient davantage l'inorganique que l'organique. La géo-

1. Georg Simmel, *La tragédie de la culture et autres essais*, Paris, Payot-Rivages, 1988, p. 229-243.

2. *Ibid.* p. 177.

graphie humaine – trop humaine – tient la chronique des objets narcissiques dont l'homme est le créateur.

Il est particulièrement révélateur, aujourd'hui, que l'essentiel de l'attention de la géographie humaine aille à la ville. On me rétorquera que la ville est devenue l'horizon de toutes les sociétés et qu'elle est obsédante par sa présence, son nombre et le rôle qu'elle joue. C'est, avec quelques nuances, tout à fait vrai mais à mon sens l'explication est ailleurs. En effet, la ville contemporaine se vit et est vécue comme le lieu de l'autonomisation réussie de la culture technique : elle est le labyrinthe moderne, non pas en tant que forme mais en tant que systèmes de relations tragiques qui conduit, en permanence, à des inventions technologiques pour pallier, pendant un temps du moins, les crises qui s'y développent. Les inventions dont il est question ne ressortissent pas seulement aux sciences appliquées classiques de l'ingénieur mais aussi à celles, si l'on peut les qualifier ainsi, des sciences sociales appliquées qui sont mobilisées pour corriger, sans cesse, les relations pathologiques qui surviennent dans un territoire qui n'a plus aucune référence avec la triade originelle à laquelle s'est complètement substitué le triangle de fer pour lequel la seule parcelle organique avec laquelle il a encore un rapport immédiat est le CORPS de l'homme. Qu'est devenu, non pas l'homme, mais le corps de l'homme dans la ville contemporaine ? C'est un problème que la géographie humaine ne traite pas car, avec ses instruments habituels, elle ne le peut pas : la ville contemporaine a fait exploser l'homme pour n'en garder que le corps, la seule chose utile pour elle puisqu'il s'agit d'une matière organique dont le triangle de fer a besoin pour mener à bien ses processus. La ville moderne est le labyrinthe dans lequel la société retient prisonnier non pas l'homme – expression qui n'a plus de sens pour elle – mais le corps qui est la seule ressource qui la rattache encore à la nature. La ville contemporaine dispose du corps comme celle d'Uruk disposait déjà du corps de la prostituée.

Affirmation inacceptable, intolérable et excessive et par conséquent fausse comme tout ce qui est excessif. Je ne le pense pas, hélas, malgré les apparences. Pour faire fonctionner les processus de production, l'entreprise n'engage pas des hommes, cela se saurait, elle engage des corps susceptibles de mettre à disposition, pour un temps, une certaine quantité d'énergie informée. Lorsque l'énergie ou l'information ne sont plus adaptées, on rejette ces corps qui vont entreprendre dans la ville des parcours de nomades s'ils ne retrouvent pas à se louer. Que sont ces corps ? Des lieux d'extraction d'énergie et d'information qui parfois deviennent même, purement et simplement, des lieux d'extraction de sang ou d'organes. Sang et organes qui s'échangent contre de l'argent ou du travail. Choquant ? Bien sûr mais tellement vrai ! La ville antique avait ses esclaves dont le corps appartenait définitivement à celui qui les avait achetés, elle avait ses putains qui offraient leur corps à la consommation en échange de monnaie, Rome avait ses gladiateurs, etc. Tout cela, au fond, était dans l'ordre des choses, celui-là même institué par la cité qui était la communauté politique à laquelle n'appartenait pas l'esclave qui pour Aristote n'était « rien d'autre qu'un instrument d'action et séparé du propriétaire » [1]. La ville contemporaine n'est pas la cité antique et tous ceux qui l'habitent appartiennent à la communauté politique mais celle-ci n'a plus de signification, la communauté qui prévaut aujourd'hui est celle économique, celle du triangle de fer. L'appartenance à la communauté économique n'est jamais acquise une fois pour toutes comme l'était l'appartenance à la cité pour autant que celle-ci subsiste. Le rejet de la communauté économique est toujours à craindre car en fait il n'y a pas de communauté économique, il y a seulement une « ville économique » lieu de processus qui, pour fonctionner, réclame des corps, ces dernières parcelles organiques, cette matière vivante indispensable. La « ville économique » fonctionne comme la machine de la colonie pénitentiaire de Kafka, elle marque les corps avant de les rejeter. La seule matière première naturelle qu'utilise directement la ville est constituée par les corps entraînés dans un vaste mouvement de production, d'échange et de consommation. Encore une fois, tout cela est excessif ! Non, si l'on médite tant soit peu sur un mode de raisonnement à la marge que la géographie humaine a toujours mal maîtrisé.

Le raisonnement marginaliste, si habituel aux économistes, n'a pratiquement pas pénétré en géographie et pourtant si l'on veut comprendre la ville contemporaine, il est le seul recours contre l'aveuglement du visible, contre la tromperie que véhicule toujours immanquablement le regard totalitaire qui rend aveugle aux relations tragiques que les hommes nouent entre eux et avec les choses dans la ville. Les relations tragiques sont toujours cachées, enfermées comme le Minotaure dans des morphologies apparemment insoupçonnables, du moins au premier regard et souvent jusqu'au dernier car ce ne sont pas elles qui sont en cause. Hors de la cité politique, l'homme de l'Antiquité n'avait plus d'existence et perdait toute identité, hors de la ville économique contemporaine, il perd également toute identité car il est alors un corps démobilisé. Les marges de la ville ne sont plus à la périphérie, elles sont partout où sont les corps « nomades » laissés pour compte. La ville contemporaine a institué un nouveau nomadisme qui fait peur à la majorité sédentaire qui a même réussi à concevoir une nouvelle forme pour les contrôler à savoir la balise urbaine où les nouveaux nomades peuvent venir comme à un « point d'eau », en réalité un

1. Aristote, *op. cit.* p. 37.

lieu assez fortement technicisé où ils peuvent trouver les moyens de se raccrocher pour un temps au monde « sédentaire » de la ville. Qui ignore encore que des zones urbaines entières dans beaucoup de villes sont déjà des « territoires de parcours » de ces nouveaux nomades qui réinventent, par nécessité, des collectivités dont la violence n'est que le reflet de celle qui les a précipités dans l'état où ils sont. Ultime horizon social, la ville contemporaine récapitule, avec une férocité inouïe, l'histoire de la culture humaine. La villc est tout autre chose que ce que nous voyons, elle est le laboratoire d'une sauvagerie nouvelle qui est la négation de l'idée historique de la ville.

Jusqu'à maintenant, la géographie humaine a décrit le fonctionnement de la ville sans comprendre que celui-ci était un dysfonctionnement qui préparait sa dissolution. La ville est incompréhensible si l'on ne s'attarde pas sur le sort qu'elle réserve à la dernière parcelle organique qu'elle manipule : le corps. Celui-ci est le dernier lien de la ville avec la nature organique quasiment sans médiation. Le destin de la ville est lié au destin du corps dans la ville. Celle-ci n'a-t-elle d'ailleurs pas changé, au cours de l'histoire, en prenant conscience de la situation faite au corps ? Les grandes épidémies ont amené des modifications substantielles dans les villes passées : restructurations, adductions d'eau, règlements d'hygiène, etc. Aujourd'hui les épidémies sont d'un autre ordre car elles sont engendrées par le triangle de fer qui fait aussi du corps un objet de production, d'échange et de consommation. Le vecteur de l'épidémie n'est plus un élément du cycle écologique, plante, animal, eau, air ou sol, il est un élément consubstantiel du triangle de fer à savoir l'argent, la monnaie. Le vecteur de l'épidémie est dans le cycle économique : la monnaie ratifie l'usage ou le non usage des corps et par là même leur donne une valeur d'échange. Ainsi, la valeur de notre corps est celle accordée à celui que l'on rencontre au détour d'une rue, accroupi contre un mur, sans visage, inerte et abandonné : c'est notre double mais nous ne le reconnaissons pas. Ce double, laissé en friche, est abandonné et rejeté parce qu'il n'est plus relié à la ville économique par les flux monétaires qui la traversent et ne cessent pas de la modifier dans son tissu relationnel. Le médiateur, quasiment unique, de la territorialité, celui qui noue et dénoue toutes les relations, est l'instrument monétaire qui assure la plus grande fluidité. Sa connaissance, plus que sa disponibilité qui n'est jamais qu'un attribut, permet de s'assurer l'appropriation des corps à travers les jeux du triangle de fer. Instrument culturel ultime, la monnaie, en sous-tendant tous les flux qui traversent la ville, résume notre société qui s'est détournée de la triade naturelle originelle, le corps mis à part qui, à son tour, est l'ultime parcelle organique indispensable au fonctionnement du tout. Que serait une ville sans corps ? Un désert de pierre, un désert inorganique qui n'intéresserait plus personne! Et si la désertification de la ville avait commencé, sans que nous le sachions, sans même que nous nous en doutions?

C'est, en tout cas, un problème qui ne préoccupe pas la géographie humaine et pour cause puisque les deux catégories qu'elle devrait utiliser – le corps et la monnaie – ne sont pas, pour elle, des objets scientifiques. C'est bien pour cela que la ville demeure une inconnue malgré la multitude des études qui lui sont consacrées car pour aller au cœur de la territorialité urbaine, il n'existe, à l'heure actuelle que deux entrées conceptuelles auxquelles les géographes ne savent, ne veulent ou ont peur de recourir : le corps et la monnaie.

Ce que les mythes nous suggèrent nous ne l'avons pas encore transformé en objet de connaissance. A-t-on oublié le rôle de la marginalité, le corps de la prostituée, dans l'acculturation d'Enkidu? A-t-on oublié, par la même occasion, que cette femme est devenue un corps, et seulement un corps, dans la ville? A-t-on oublié, enfin, que dans le mythe du labyrinthe, toutes les relations sont dénouées, et dans le même temps relancées, par les instruments de Dédale? il ne s'agit pas d'une bipolarisation entre corps et instrument culturel, la monnaie en l'occurrence, mais de toute autre chose qui nous ramène à la scission possession/connaissance. Par la connaissance de l'ultime instrument culturel qu'est la monnaie, les hommes veulent accéder, dans la ville économique, à l'impossible possession à laquelle ils substituent un simulacre : l'appropriation non pas de la nature mais de cette partie de la nature qu'est le corps et rien que le corps.

La ville contemporaine tourne ainsi autour d'un axe dont les extrémités sont occupées par le corps et la monnaie : d'un côté la « nature » mobile et renouvelable et de l'autre la culture cristallisée sous la forme d'un système de signes, la monnaie, qui sous-tend tous les flux et les mobilise. De ce point de vue, la ville n'est plus un territoire au sens classique du terme mais une sorte de « champ magnétique » dont les lignes de forces s'organisent à partir de ces deux pôles. La ville utilise la connaissance de la monnaie pour s'approprier et gérer les corps : tout le reste n'est qu'illusion surtout ce qui consiste à croire que la ville se décrit à l'aide de formes et de fonctions. Celles-ci ne sont que des épiphénomènes dont l'évolution est dépendante des flux monétaires et des flux corporels qui sont les seules dimensions permanentes. La ville n'est un lieu qu'en apparence, elle est surtout devenue un support d'itinéraires monétaires et corporels auxquels s'adaptent les formes, avec un retard dont il serait utile de connaître les échelles de temps, et dont les fonctions glissent de l'une à l'autre au gré d'informations – héritières des outils de Dédale – qui sont inventées pour rétablir des équilibres dynamiques toujours menacés par le chaos. La ville est entrée dans le jeu de la simulation et nul ne serait plus en mesure d'en dessiner une s'il prenait l'envie au Petit Prince d'en faire la demande.

La ville s'est construite sur le mode de l'exil de la nature et la géographie humaine, qui en fait son horizon privilégié, est encore à déchiffrer selon cette modalité dont la trajectoire doit refaire tout le chemin qui va du mythe au logos.

Claude RAFFESTIN
Université de Genève

LE POINT DE VUE DE SIRIUS ET LA CARTOGRAPHIE DU VISIBLE[1]

Chaque monade est un point de vue sur le monde, qu'elle exprime exactement comme une projection de perspective exprime le plan géométral à partir duquel elle est tracée; c'est-à-dire qu'il y a entre ce qui peut se dire de l'une et de l'autre «un rapport constant et réglé»[2]. L'unité entr'expressive du monde leibnizien trouve ainsi sa clef d'intelligibilité dans le géométral. Expression, c'est pour Leibniz correspondance réglée; et cela n'a de sens que si l'unité du monde est constituée comme un géométral, avec lequel toutes les perspectives monadiques sont dans une relation d'expression en ce sens spécifiquement défini. C'est pourquoi il est surprenant que Merleau-Ponty, en même temps qu'il tient à conserver pour lui-même les grands traits du perspectivisme leibnizien[3], affirme qu'il n'y a pas de géométral du monde[4]: que doit être l'unité d'un monde de points de vue, pour qu'elle ne puisse être référée à un géométral? Le refus du géométral ne signifie pas celui de l'unité du monde, il n'implique pas la dispersion des perspectives dans un chaos, une complète absence de relation; au contraire, il suppose chez Merleau-Ponty une nouvelle détermination de l'unité du monde, de l'unité des points de vue sur le monde, et, par conséquent, une redéfinition de l'expression. Au lieu que pour Leibniz l'expression implique une identité de rapports et, par là même, comme dans un isomorphisme, l'hétérogénéité des éléments de l'exprimé et de

1. Texte extrait d'un travail intitulé *Le géométral du monde. Leibniz, Merleau-Ponty*. L'introduction présentée ici s'efforce d'en restituer la ligne d'ensemble et le rapport de celle-ci à la question de la cartographie, chez les deux auteurs mentionnés.

2. Cf. la *Lettre à Arnauld* du 9 octobre 1687.

3. Cf. surtout, mais parmi d'autres textes, *Le visible et l'invisible* (noté *V.I.*), Paris, Gallimard, 1964, p. 276.

4. *Phénoménologie de la perception* (noté *P.P.*), Paris, Gallimard, 1965, p. 378.

l'exprimant, elle n'est pas séparable chez Merleau-Ponty d'un « empiétement » qui suppose, au contraire, la continuité de ce qui exprime et de ce qu'il exprime ; et le monde est alors comme une immense continuation des choses les unes dans les autres. L'expression, chez Merleau-Ponty, se réalise toujours dans une métamorphose, c'est-à-dire dans la différenciation d'une identité : l'exprimant, c'est l'exprimé métamorphosé, et en ce sens c'est encore l'exprimé, il y a de l'un à l'autre une continuité qui est étrangère à la définition leibnizienne de l'expression ; cette continuité, cette identité qui traverse toute expression est celle du monde lui-même.

Qu'il y ait en réalité deux caractérisations possibles du géométral n'interdit pas de confronter Leibniz à Merleau-Ponty, bien au contraire. Pour Merleau-Ponty, le géométral d'un objet, c'est l'objet vu de nulle part dans la mesure même où il est vu de toutes parts ; on ne peut jamais voir un objet tel qu'il serait vu de tous les points de vue possibles[1]. Mais Leibniz parle, avec Desargues, d'un plan géométral, et non d'un objet vu sous une infinité de perspectives simultanées. Le plan géométral représente une coupe horizontale de l'objet, qui respecte les proportions des grandeurs et les angles réels ; on en dérive une projection perspective – déterminée par le choix d'un horizon et d'un point de fuite – dans le tableau accolé perpendiculairement au plan géométral, appelé aussi plan de terre puisqu'il est pour ainsi dire parallèle au sol[2]. Cette distinction entre le plan géométral et la redéfinition par Merleau-Ponty de ce même terme n'est pourtant pas décisive. On peut juger en effet que le plan géométral implique virtuellement en lui une infinité de projections perspectives possibles, sans se confondre avec aucune d'entre elles. Surtout, ce qui importe, c'est qu'on retrouve dans tous les cas le même mode de dérivation expressive des perspectives à partir du terme unique qui doit rendre compte de toutes les perspectives. Le géométral, selon Merleau-Ponty, n'est jamais qu'une construction intelligible qui n'a aucun titre à rendre raison du perspectivisme de notre expérience : les aspects perspectifs que nous percevons des objets ne sont pas des signes qui exprimeraient, en un sens exactement leibnizien, ce terme sans point de vue, ce géométral, conçu alors comme la signification commune de toutes les perspectives. Le rapport expressif de celles-ci au terme sans perspective est semblable, que soit en jeu le plan géométral ou l'idée-limite évoquée par Merleau-Ponty ; c'est la

1. *P.P.*, p. 81-83.

2. Pour une figuration de ce dispositif, on peut se reporter par exemple à l'introduction par Marisa Dalai Emiliani de l'édition française de *La perspective comme forme symbolique* d'Erwin Panofsky (Paris, Minuit, 1975, p. 13-15), ou à l'ouvrage d'Albert Flocon et René Taton (*La perspective*, PUF, Paris, 1994 (1963), p. 87).

détermination leibnizienne de l'expression qui est, dans l'un et l'autre cas, mise en œuvre.

C'est peut-être la raison pour laquelle Merleau-Ponty, en même temps qu'il n'a de cesse d'écarter l'idée naïve que les aspects perspectifs que nous percevons sont les signes expressifs d'un géométral, peut critiquer toute prétention à un point de vue de Sirius d'où l'on survolerait les choses, d'où l'intelligibilité d'une situation serait entièrement déployée comme un plan, comme une carte sous les yeux de celui qui l'étudie. Le dogme d'un objet vu de tous ses points de vue à la fois n'est pas séparable de celui d'un point de vue supérieur depuis lequel tous les aspects du monde apparaîtraient sans replis. On peut ainsi comprendre que le refus du géométral retentisse chez Merleau-Ponty sur cet autre objet qu'est la carte, d'autant plus que, sous certains aspects, une carte peut ressortir au genre du plan géométral, tel qu'on l'entendait au dix-septième siècle. Ainsi Leibniz décrit-il parfois, analogiquement, le regard de Dieu voyant le monde comme une carte, comme sa propre carte : il détient le plan géométral dont chaque monade n'est qu'une projection perspective particulière. Et ce point de vue sur l'immense carte du monde est pareil à une sorte de point de vue de Sirius, d'où l'on voit les choses de si haut qu'elles reproduisent, justement, la disposition dominée d'une carte.

La méfiance que chez Merleau-Ponty on peut croire déceler à l'égard de la carte apparaît donc solidaire de sa critique du géométral. Au même titre que l'unité du monde ne saurait être comprise comme un géométral, un terme intelligible sans perspective, l'orientation selon laquelle nous guidons nos cheminements dans ce monde n'exige pas d'être d'emblée rapportée à une représentation cartographique. Et cette orientation sans carte au sein d'un monde sans géométral est pour Merleau-Ponty le modèle de l'action historique, qui impose le choix d'une perspective sans que l'on dispose d'un géométral, d'un principe supérieur d'unité des perspectives qui permettrait de juger de leur opportunité respective. Mais cela ne veut pas dire que toutes les perspectives se valent, le perspectivisme sans géométral qui guide les analyses historiques de Merleau-Ponty n'est justement pas un relativisme : parce qu'un promeneur chemine sans carte, est-il incapable de suivre des trajets plus ou moins appropriés, de différencier et de hiérarchiser les directions possibles qui se présentent à lui ?

CARTE, EXPRESSION, CHEMINEMENT

Quelle est la relation entre une carte et le monde dont elle représente une fraction ? Leibniz prend le rapport de la carte et de la région comme exemple d'expression ; il s'agit, il est vrai, d'une correspondance fondée en nature, qui n'exclut pas la similitude [1]. Mais l'essentiel est que la carte et le monde s'entr'expriment selon une correspondance réglée. Et peut-être est-ce en partie cela qui explique que Merleau-Ponty maintienne une dissociation nette entre l'espace vécu et sa représentation cartographique : il ne trouve pas dans la carte l'occasion de redéfinir l'expression, au contraire il reprend lui-même le sens que Leibniz avait donné à ce concept, et c'est d'une manière à peine implicite.

La lecture d'une carte, l'orientation sur un plan sont un exercice comparable, selon Merleau-Ponty, à la description d'un itinéraire compliqué. Il est plus facile de parcourir cet itinéraire que de l'expliquer à quelqu'un, et souvent nous recourons, même involontairement, à une « mimique motrice » qui nous aide à refaire en esprit le trajet : ce recours est un recours à l'espace vécu, par opposition à l'espace virtuel où nos indications se situaient d'abord. Or dans la carte, cette ressource même est plus difficile à mettre en œuvre, puisque « le tracé purement visuel exige que nous nous représentions l'itinéraire en vue cavalière, d'un point de vue qui n'a jamais été le nôtre quand nous le parcourions, que nous soyons capables de transcrire une mélodie cinétique en diagramme visuel, d'établir entre l'un et l'autre *des relations de correspondance réciproque et d'expression mutuelle* » [2]. Nous devons donc concevoir une expression, sans pouvoir nous fonder, par exemple, sur la donnée immédiate d'une ressemblance ; passant de l'itinéraire réel à sa figuration sur la carte, nous devons établir une correspondance, une traduction entre deux séries de signes hétérogènes, ou plutôt convertir en des signes l'expérience d'un espace qui leur est hétérogène, mettre en signes ce qui est vécu sans signes. Cela est

1. Dans le *Quid sit idea*, Leibniz distingue deux modes de l'expression, définie comme correspondance réglée, correspondance des rapports entre l'exprimant et l'exprimé. Il y a les expressions fondées arbitrairement, par exemple celles que l'on forme au moyen de sons ou de caractères (il est arbitraire que tel mot, dans sa détermination graphique ou sonore, exprime telle idée) ; et les expressions fondées en nature, qui impliquent « une certaine similitude » entre l'exprimant et l'exprimé, comme entre un cercle et une ellipse, comme entre une carte et la région qu'elle représente. Mais en ce cas, la ressemblance reste subordonnée à l'expression, qui, telle que la définit Leibniz, ne l'inclut pas du tout comme une de ses conditions ; la ressemblance, si elle se produit – ce qui n'est pas nécessaire –, est toujours un effet de l'expression. On peut montrer que Merleau-Ponty inverse le rapport de l'expression et de la ressemblance, qu'il tend à faire de la seconde le principe de la première ; cela apparaît en particulier au chapitre 3 de *L'œil et l'esprit* où, dans son analyse critique de la *Dioptrique*, Merleau-Ponty fait parler plusieurs fois à Descartes le langage de la correspondance réglée : l'idée cartésienne qu'une représentation en perspective ne ressemble pas à ce qu'elle figure évoque en effet la notion leibnizienne de l'expression, telle qu'elle règle le rapport d'une projection à un géométral.

2. *La structure du comportement* (noté *S.C.*), Paris, PUF, 1942, p. 128 (selon la pagination des éditions récentes).

suggéré par la détermination du trajet vécu comme une mélodie cinétique, et de son tracé reporté sur la carte comme un diagramme. Tandis que sur la partition nous voyons les notes juxtaposées, alignées dans une série de signes discrets, nous percevons lorsque nous entendons une mélodie une entité continue dont les parties se fondent les unes dans les autres – la phrase musicale est, dit Bergson au deuxième chapitre des *Données immédiates de la conscience*, une « multiplicité qualitative », une durée concrète dont les éléments sont pour ainsi dire fondus ensemble, ils nous apparaissent les uns dans les autres. Le mouvement vécu est indécomposable comme la perception de cette phrase musicale, c'est la signification de l'idée de mélodie cinétique. Au contraire, la carte est une sorte de diagramme visuel, on la voit comme on voit la partition au lieu d'entendre la mélodie concrète. C'est justement ainsi que Goodman la caractérise : la carte est un diagramme, mais un diagramme mixte, à la fois analogique et digital[1]. On pourrait penser que la distinction entre diagrammes analogiques et digitaux recouvre partiellement celle de l'expression fondée en nature et de l'expression arbitraire chez Leibniz : ordinairement, on considère qu'un diagramme digital transcrit, par des chiffres ou des lettres, le phénomène qu'il exprime, au lieu que le diagramme analogique ressemble en quelque manière à ce qu'il traduit. Mais Goodman écarte ces définitions, pour lui même un diagramme analogique ne saurait reposer sur une quelconque ressemblance. Il faut dire qu'un diagramme est analogique lorsqu'il rend un phénomène sans faire appel à une notation constituée de signes discontinus et différenciés ; la détermination du caractère digital ou analogique d'un diagramme peut dépendre alors de la manière dont on le lit. Par exemple, si l'on juge que le déplacement de l'aiguille des minutes d'une montre au-delà d'une marque dénote absolument le temps écoulé depuis le franchissement de cette marque, notre lecture est analogique ; mais si l'aiguille indique seulement une des soixante divisions de l'heure, distinctement établies et séparées l'une de l'autre, alors nous avons véritablement affaire à une notation, à un système digital. La notion de ressemblance est donc étrangère à la définition des diagrammes, et même lorsqu'il s'agit des cartes son introduction n'est pas pertinente. Et Goodman va plus loin que Peirce ou Morris, qui parlent à propos de la carte d'un « signe iconique », d'un signe qui ressemble à ce qu'il désigne – on retrouve alors l'expression fondée en nature de Leibniz. Il y a une ressemblance, mais elle dépend d'une correspondance réglée établit par des signes : ce pâté noir, c'est une maison, ce trait en pointillés, une ligne de chemin de fer. Et chaque point de la carte répond à un point du terrain comme chaque point de

1. *Langages de l'art*, trad. fr. J. Morizot, Nîmes, Jacqueline Chambon, 1990, p. 205.

l'ellipse correspond à un point du cercle ; chaque relation entre les points de la carte, à une relation identique sur le terrain. Loin de délivrer la carte de cette situation leibnizienne, Merleau-Ponty continue de l'envisager dans les termes de la correspondance réglée, et c'est pourquoi il ne cesse pas de souligner son hétérogénéité à l'espace vécu ; or comme c'est celui-ci qu'il veut retrouver en deçà des mises en forme que la culture lui impose, Merleau-Ponty tend à accentuer l'écart entre la carte et le monde : nous ne saurions d'autant moins les mettre sur le même *plan* que la cartographie ressortit à la définition leibnizienne de l'expression.

Le « retour aux choses mêmes » semble exiger la distinction du monde vécu et des termes intelligibles qui l'explicitent, au rang desquels il faut sans doute compter les cartes : « revenir aux choses mêmes, c'est revenir à ce monde avant la connaissance dont la connaissance parle toujours, et à l'égard duquel toute détermination scientifique est abstraite, signitive et dépendante, comme la géographie à l'égard du paysage où nous avons d'abord appris ce que c'est qu'une forêt, une prairie ou une rivière » [1]. Ses métaphores elles-mêmes suggèrent que pour Merleau-Ponty il y a une orientation véritable qui se réalise sans carte, qui est une appropriation spontanée de l'espace vécu : le « vrai » révolutionnaire « navigue sans carte et à vue de présent » [2], avant comme après la révolution il redécouvre, chaque jour et devant chaque problème, ce qui est à faire, il ne met pas le cap sur la fin de l'histoire comme vers un port dont il déduit la direction à partir du signe cartographique qui en tient lieu. Si je sais immédiatement, « d'un savoir absolu », où est l'objet que je tiens en main, et si je sais par là où est ma main et où est mon corps, sans la détermination intelligible de l'angle que fait ma main avec mon avant-bras, mon avant-bras avec mon bras, mon bras avec mon tronc, mon tronc avec le sol, c'est de la même manière que « le primitif dans le désert est à chaque instant orienté d'emblée sans avoir à se rappeler et à additionner les distances parcourues et les angles de dérive depuis le départ » [3]. Et il y a un espace mythique qui informe la perception du primitif, et qui, distinct de l'espace géométrique, ne le présuppose même pas, mais demeure suffisamment articulé pour que les actes de la vie quotidienne, la pêche, la chasse, soient possibles, sans que cette articulation, ces rapports de sens aient jamais dû être explicités dans une carte [4]. Le tracé d'une carte suppose lui-même la possibilité d'une orientation qui l'ignore : le navigateur qui aborde un rivage encore inconnu ne s'échouera pas nécessairement sur le premier récif, sinon on ne voit pas

1. *P.P.*, p. III.
2. *Les aventures de la dialectique* (noté *A.D.*), Paris, Gallimard, 1955, p. 10.
3. *P.P.*, p. 117.
4. *P.P.*, p. 338.

même comment il serait possible de commencer d'en dresser une carte. Cette orientation sans carte, où je dois composer avec l'inconnu en ne recourant qu'à la relation spontanée du corps à l'espace, peut-être n'est-elle pas autre chose que la « reconnaissance dans l'instantané » dont le corps seul est capable sans qu'aucun souvenir explicite n'intervienne, et que Bergson voit à l'œuvre lorsque, par exemple, nous nous promenons dans une ville pour la première fois [1]. Une sorte de familiarité entre lui et le monde permet au corps de se reconnaître, de se retrouver pour ainsi dire dans des lieux qu'il n'a jamais connus, où il n'a jamais été, et ce rapport de connivence tacite est dans le même rapport à la représentation cartographique que la mélodie à la série des signes discrets qui la traduisent.

CARTE, PERSPECTIVE, GÉOMÉTRAL

Mais en même temps qu'elle peut se comprendre au moyen de la notion leibnizienne de l'expression, la carte met en jeu le système du géométral et des projections de perspective. D'après Merleau-Ponty, sur une carte, nous nous représentons l'itinéraire en vue cavalière, d'un point de vue qui n'est jamais le nôtre quand nous le parcourons effectivement. La perspective cavalière est sans horizon, sans point de fuite, puisque le point de fuite est situé sur l'horizon, sans point de vue, puisque le point de vue répond hors du tableau au point de fuite. Cette absence d'horizon fait qu'on la nomme aussi perspective parallèle : les parallèles n'y convergent pas, elles sont vraiment parallèles dans la représentation elle-même, car c'est justement au point de fuite placé sur l'horizon qu'en perspective centrale les parallèles se rejoignent. Cependant, on peut dire que cette perspective suppose encore l'œil d'un spectateur, un point de vue, mais infiniment éloigné du tableau, de telle manière que pour lui seul des parallèles ne se rejoindraient pas et resteraient parallèles, bien qu'en général le niveau de détail de la représentation suffise d'emblée à démentir cet éloignement infini et donne l'impression d'un paysage que nul œil ne peut voir.

Une carte n'est pas exactement une représentation en perspective cavalière, mais elle suppose un point de vue qui peut être ainsi éloigné à

1. *Matière et mémoire*, Paris, PUF, p. 100. Peut-être cette « reconnaissance » de ce qui n'a jamais été connu vaudrait-elle d'être rattachée au motif ancien de la réminiscence, chez Bergson comme chez Merleau-Ponty; alors cette réminiscence ne porterait plus seulement sur l'universel logique et mathématique, mais sur la totalité du sensible. Certains textes de Merleau-Ponty suggèrent très fortement que la traduction d'un point de vue dans un autre, la compréhension d'un point de vue par un autre, la communication d'un point de vue à un autre, supposent la réminiscence d'une sorte d'universel sensible qui leur est commun, et qui rend possible une unité des perspectives qui ne soit pas référée à un géométral. Cette réminiscence de la totalité du monde sensible pourrait déjà être à l'œuvre dans l'orientation sans carte telle qu'elle est mise en avant par Merleau-Ponty.

l'infini. Sa réalisation met en jeu les techniques de la représentation en perspective. Les cartes sont comme des tableaux où les lieux sont placés suivant les règles de la perspective, écrit Lagrange, et c'est pourquoi il y a « différentes espèces de projection géographique, lesquelles ne diffèrent que dans la position de l'œil et dans celle du plan de projection par rapport à la surface du globe terrestre »[1]. Par exemple, en projection centrale, ou gnomonique, les points de la sphère sont reportés sur le plan de projection, tangent à celle-ci au point de projection, par une droite qu'on trace depuis un point de vue situé comme au centre de la terre; en projection stéréographique, le point de vue est placé aux antipodes du point de projection. Et c'est dans la projection orthographique que nous retrouvons un point de vue situé à l'infini, comme dans la perspective cavalière; ce qui revient à considérer que les lignes par où sont projetés les points de la surface sphérique sont perpendiculaires au plan de la sphère, et parallèles entre elles, s'il est vrai qu'un parallélisme n'est autre chose qu'une convergence à l'infini, que « les parallèles peuvent être prises pour une espèce de convergentes dont le point de concours est infiniment éloigné »[2].

Or la projection orthographique, qu'on réalise ainsi par des perpendiculaires abaissées sur un plan, aboutit aussi à ce qu'on appelle en architecture des élévations *géométrales*. C'est qu'une telle projection perpendiculaire ne déforme pas les angles et les proportions, comme fait la perspective centrale : une représentation orthographique d'un bâtiment, par exemple, c'est une élévation géométrale où toutes les parties paraissent dans leurs véritables proportions. Or telle est justement la définition du plan géométral sans perspective, dont en perspective centrale les projections sont dérivées: le terme sans point de vue relève donc lui-même d'une projection de perspective; elle n'est pas, il est vrai, de même nature que celles qu'il rend possible. En architecture comme en cartographie, une représentation orthographique est un plan géométral, dès lors que l'orthographie signifie un mode de projection où les droites projectives sont perpendiculaires au plan de projection. Ainsi une carte peut être un plan géométral : lorsque dans *Les Misérables* Hugo met en place le cadre de la bataille de Waterloo en commençant par Hougomont, il précise que « Hougomont, vu sur la carte, en plan géométral, bâtiments et enclos compris, présente une espèce de rectangle irrégulier dont un angle aurait été entaillé »[3].

1. *Premier mémoire sur la construction des cartes géographiques*, parmi les *Œuvres*, éd. Serret, t. IV, Gauthier-Villars, 1869.

2. Cf. *Sämtliche Schriften und Briefe*, 3e série, vol. 1, p. 359.

3. Deuxième partie, livre premier, chapitre II.

Le géométral du monde, ce pourrait donc en être la carte. Les monades sont des points de vue sur le monde qui l'expriment comme des perspectives prises sur une ville l'expriment, mais les points de vue sur la ville, ce sont les points de vue sur le plan géométral de la ville, qui est aussi sa représentation cartographique. Par opposition aux points de vue monadiques, Dieu voit-il alors le monde comme une carte, comme sa carte à l'échelle 1 ? L'ambiguïté du géométral, tantôt plan sans perspective, tantôt idée-limite d'un objet vu de toutes parts, d'une intégrale de perspectives, semble déjà se retrouver dans le statut du regard de Dieu.

AMBIGUÏTÉ DU REGARD DE DIEU, AMBIGUÏTÉ DU GÉOMÉTRAL

Dieu est hors du monde, Dieu est « hors de rang »[1] : *Deus supramundus*. Il voit tout, tout parfaitement et d'une seule vue; l'univers est « comme un tout que Dieu pénètre d'une seule vue »[2]. Mais peut-être y a-t-il plusieurs façons de tout voir : voir le monde comme une carte, comme un plan géométral, ce n'est pas la même chose que tourner le système des phénomènes en le regardant sous toutes ses faces, comme dit l'article 14 du *Discours de métaphysique*; d'un côté, il n'y a qu'un seul point de vue, même reporté dans un lointain infini, de l'autre une multiplicité de perspectives singulières. Cet écart peut tenir au statut métaphorique ou analogique que Leibniz – il ne cesse de le répéter – donne à tous ses discours sur Dieu ou sur l'univers des monades; mais peut-être se laisse-t-il aussi résoudre, de même que le plan géométral et l'idée-limite d'une infinité de vues peuvent se rejoindre quand on les considère tous deux comme un terme intelligible sans perspective dont les perspectives sont dérivées selon une correspondance réglée de signes.

L'ambiguïté du géométral recoupe en effet celle qui, chez Leibniz, s'attache au regard de Dieu. Dans l'article 14, au lieu d'observer le monde d'un seul point de vue supérieur d'où il lui apparaîtrait tout entier étalé comme une carte, Dieu le voit de tous les points de vue possibles, il en voit toutes les faces; mais c'est comme nous ferions avec un cube en le tournant. Entre Dieu et le monde, le rapport est le même qu'entre nous et un objet qui ne déborde pas notre champ de vision au point que nous ne puissions en faire le tour, comme il en va justement, pour nous, du monde. Déroulant devant lui les aspects du système des phénomènes, Dieu se plie successivement à la limitation de toutes les perspectives : le mouvement qu'il fait

1. *P.*, VII, 566 (*P.* renvoie à l'édition Gerhardt des *Philosophischen Schriften*, 7 tomes, Berlin, 1875-1890, reprint G. Olms AG, Hidesheim, 1996).

2. Cf. l'édition de la correspondance avec Arnauld, à la suite du *Discours de métaphysique*, par G. Le Roy, Paris, Vrin, 1957, p. 87, 91.

de tourner le système des phénomènes suppose une durée, il suppose que le monde a même pour Dieu des faces cachées, comme en a pour nous le cube que nous tenons en main; dès lors que Dieu emprunte, ne serait-ce qu'un instant, le point de vue d'une substance, il ne peut faire que le monde ne lui dissimule un certain nombre de ses aspects, et même s'il voit tout du monde en empruntant un à un tous les points de vue qui peuvent être pris sur lui, à chaque moment quelque chose en reste caché à son regard. Et dès lors on pourrait presque dire que Dieu ne voit pas plus le géométral du monde, au sens de Merleau-Ponty, que nous celui de l'objet.

Mais cette description n'ôte pas à Dieu le caractère exceptionnel de son regard sur le monde, elle modalise plutôt l'idée d'un point de vue pris de nulle part. Prenant ces points de vue sur le monde, Dieu reste hors du monde, il échappe à l'obligation pour chaque monade de ne pas voir le monde autrement que de son point de vue: justement, Dieu voit d'autant plus le monde de nulle part qu'il se glisse ainsi dans toutes les perspectives; alors que moi, regardant le cube, je reste prisonnier de mes yeux, lui n'est attaché à aucune perspective en particulier, son regard ne saurait être assigné à une vue singulière, et en ce sens-là on retrouve l'idée d'un géométral, terme vu de nulle part. De même le narrateur du *Bruit et la fureur* n'est ni Benjy, ni Quentin, ni Jason, précisément parce qu'il se confond successivement avec chacun d'entre eux; et il se conforme si bien à ces points de vue exclusifs l'un de l'autre qu'on est forcé d'avouer qu'il n'est nulle part, qu'il peut d'autant plus facilement être partout, s'introduire dans toutes les perspectives, qu'aucune ne lui appartient en propre. Il n'est pas le tout-puissant narrateur de Mauriac qui tire hors du monde les ficelles du monde, trame ensemble tous les destins, sonde les reins et les cœurs et peut juger ses personnages précisément parce qu'il ne s'identifie pas à eux; mais cela ne suffit peut-être pas à nous libérer, comme le voulait Sartre, du modèle divin. Mauriac « a écrit un jour que le romancier était pour ses créatures comme Dieu pour les siennes, et toutes les bizarreries de sa technique s'expliquent par ce qu'il prend le point de vue de Dieu sur ses personnages: Dieu voit le dedans et le dehors, le fond des âmes et des corps, tout l'univers à la fois »[1]; et Sartre de rappeler qu'« un roman est une action racontée de différents points de vue ». Mais si Dieu ne voit pas tout l'univers à la fois, si au contraire il le voit, comme dans l'article 14 du *Discours de métaphysique*, des différents points de vue de chaque monade, il n'est pas certain que le roman faulknérien ou joycien écarte définitivement le point de vue de Dieu; bien plutôt en suppose-t-il encore un, mais plus subtil: c'est un « point de vue » que l'on hésite à reconnaître

1. *Situations*, I, Paris, Gallimard, 1993 (1947), Folio, p. 42.

comme tel, qui n'en est pas vraiment un, puisque, se glissant en tous les points de vue, il ne se confond avec aucun. Le narrateur d'*Ulysse* adopte successivement la perspective de Stephen, de Leopold Bloom, de Molly, et nous présente même brièvement, un à un, les points de vue de dix-huit personnes différentes sur le cortège du Vice-Roi qui passe dans les rues de Dublin : c'est un peu de la même façon que le Dieu de Leibniz voit le monde de toutes les manières possibles, il le voit de toutes parts, et en un sens, c'est aussi le cas du narrateur d'*Ulysse*, malgré le petit nombre des perspectives qu'il envisage; car le monde d'*Ulysse*, précisément, n'existe pas hors de ces quelques points de vue qui l'expriment, il *est* ce système restreint de points de vue.

Les points de vue sur le monde que Dieu tourne entre ses doigts, peut-on les reconduire à un même plan géométral, au plan géométral du monde lui-même? Si Dieu voit effectivement le monde comme une carte, comme sa carte même, comment retrouvera-t-on de là une infinité de points de vue? Je vis et je vois le monde d'un certain point de vue – sous ce rapport je suis comme une monade – et c'est pourquoi, d'après Merleau-Ponty, le monde n'est pas *déployé* devant moi comme sous le regard de Dieu. Comme je ne dispose que d'une vue partielle, je n'ai jamais sous mon regard « le monde entier et la pluralité des monades déployés » [1] devant moi. Or on déplie une carte, et, cela fait, la carte ne dissimule rien dans les replis d'un relief, tout ce qui est visible en elle est effectivement vu. L'œil confronté à une carte dépliée voit un monde déployé d'un seul coup, sans la profondeur qui, dans le monde réel, lui masque des choses une infinité de faces, une infinité d'aspects; si le monde est entièrement déployé sous le regard de Dieu, pourquoi la carte n'en serait-elle pas le modèle?

LE MONDE EST TOUT CE QUI EST LA CARTE

Un habitant de Sirius voit toute la terre d'un seul coup, elle paraît petite sous son œil comme une carte sous le nôtre. Si ce que Descartes dit de la peinture ne touche que «le tableau devant la pensée de Dieu, de Micromégas» [2], c'est peut-être qu'un tableau est comme une carte – on contemple, on consulte ces surfaces planes d'un point de vue – et que le monde est comme sa carte, pour le personnage de Voltaire qui voit la terre du haut de sa taille immense. La littérature joue du paradoxe d'un monde qui se confondrait avec sa carte – on pense à *Sylvie et Bruno* de Lewis Carroll, à l'*Histoire de l'infamie* de Borgès, ou mieux, à des auteurs commentés par Merleau-Ponty lui-même, Claudel et Claude Simon. Dans

1. *P.P.*, p. 74.
2. *Notes de cours 1959-1961* (noté *N.C.*), Paris, Gallimard, 1996, p. 180.

le *Soulier de satin* le Roi veut envoyer en Amérique, cette part du monde qu'éclairent d'autres étoiles, un homme pour qui « il n'y a rien, dans cette carte qui se déploie sous ses pieds, qu'il ne reconnaisse et que je ne lui aie donné par écrit »[1]. La phrase de Claude Simon, emportant en elle tout le magma du monde sans concéder des transitions qui ne s'y trouvent pas, entrelace et finit par confondre le monde avec sa carte ; alors l'écriture brise le parallélisme de la correspondance réglée, préférant instituer, d'un terme à l'autre, le passage le plus direct qui soit : dans *Les Géorgiques* il suffit que d'impassibles pontes d'Empire indiquent un point sur une carte d'état-major pour que le général soit immédiatement « renvoyé d'une extrémité à l'autre de cette carte aux couleurs suaves, rose, amande, jonquille, comme celles qu'il assignait aux diverses sections de son domaine, le vieux monde morcelé, craquelé par le sinueux tracé des fleuves, des frontières… »[2] Nous cheminons sur un monde qui est en réalité une carte, sa carte, mais on pose en même temps que celle-ci un autre œil situé plus haut que nous, pour qui elle est tracée, un point de vue de Sirius d'où les reliefs du monde s'annulent en planéité. Pour nous le monde ne saurait être sa représentation cartographique à l'échelle 1, puisque nous ne marchons pas sur lui comme sur un plan simplement agrémenté de reliefs ; seuls certains lieux déterminés pourraient l'être, un terrain de football par exemple, qui est plat comme le serait son dessin sans perspective ; mais pour Merleau-Ponty il n'y a de toute façon pas de géométral du terrain de football, « le terrain de football n'est pas, pour le joueur en action, un « objet », c'est-à-dire le terme idéal qui peut donner lieu à une multiplicité indéfinie de vues perspectives et rester équivalent sous ses transformations apparentes »[3], il est un espace qualifié, parcouru par des lignes de force (les lignes de touche, celles qui délimitent la surface de réparation), des secteurs que les nécessités de l'action découpent.

Si un œil divin posté très haut dans le ciel est avec le monde dans un rapport semblable à celui de notre œil surplombant une carte, si, vu de loin, le monde, ou plutôt la terre, prend une apparence qui annule ses reliefs et la fait paraître comme un plan, comme sa propre carte, alors il semble effectivement que le Dieu de Leibniz voit le monde comme une carte, comme un plan géométral. Dieu « est le centre universel, et il voit le monde comme je verrais la ville d'une tour qui y est, c'est-à-dire bien ; nous ne sommes que des centres particuliers, et ne voyons le monde présentement

1. Cf. le théâtre dans la Pléiade, Paris, Gallimard, 1948, t. II, p. 591.
2. *Les Géorgiques*, Paris, Minuit, p. 245 ; cf. aussi p. 319.
3. *S.C.*, p. 183.

que par deux trous de notre tête, ou comme je verrais une ville de côté »[1]. Le plan d'une ville, c'est comme la ville vue du sommet d'une tour qui est placée en son milieu, et s'élève perpendiculairement au sol : Leibniz l'indique lorsqu'il compare la différence entre la nature d'une chose et ses apparences à celle qui existe entre une ville contemplée en haut d'une tour ainsi définie et les aspects infinis sous lesquels elle peut apparaître à un voyageur, selon le chemin par où il en approche : *differt natura rei a phaenomenis ejus (...) ut planum urbis e summa turri in medio posita perpendiculater despectae ab aspectibus horizontalibus prope infinitis, quibus viatorum ab alia atque alia plaga venientum occulos varie ludit*[2].

Or la différence entre la nature véritable de la chose et ses apparences, la ville vue d'une tour et la ville vue de côté, c'est celle qui sépare le regard de Dieu et celui des monades, l'ichnographie et la scénographie, le géométral et la projection de perspective. Leibniz ne dit nulle part que Dieu voit le monde comme un plan géométral, mais entre la manière dont les choses nous apparaissent et celle qu'elles ont d'apparaître à Dieu, la différence est du même ordre qu'entre la scénographie et l'ichnographie, *inter corporum apparitionem erga nos et apparitionem erga Deum discrimen est quodammodo, quod inter scenographiam et ichnographiam*[3]. L'ichnographie est le plan géométral, et la scénographie la projection de perspective singulière; ces couples de mots sont synonymes, ils désignent le même système. *Sunt enim scenographiae diversae pro spectatoris situ, ichnographia seu geometrica representatio unica est*, les scénographies varient en effet selon la situation du spectateur, tandis que l'ichnographie ou représentation géométrale est unique : dans le latin du dix-septième siècle, *geometricus* traduit aussi géométral. Et comme c'est le plan géométral qui présente, à une certaine échelle, les véritables proportions de l'objet, on

1. *P.*, VII, 556. Gerhardt donne « cour », que tous les commentateurs corrigent en « tour ». « Cour » ne serait guère compréhensible, et la distinction de la ville vue de côté et vue d'une tour se retrouve ailleurs, par exemple dans la *Lettre à Thomasius* du 6 octobre 1668 citée juste après.

2. *P.*, I, 19.

3. *P.*, II, 438. Lettre au R. P. Des Bosses du 5 février 1712. Dans ce qui suit immédiatement, Christiane Frémont rend *geometrica* par « géométrique », ce qui ne donne pas un texte très clair : après tout, une scénographie est aussi une « représentation géométrique », si elle relève de la géométrie – projective en l'occurrence; cf. *L'être et la relation, avec trente-cinq lettres au R.P. Des Bosses traduites et annotées*, Vrin, 2000[2], p. 200. La synonymie de l'ichnographie et du géométral, avérée dans l'usage technique, lève l'ambiguïté. Le modèle de la ville vue selon différentes scénographies rend également compte du rapport entre une même essence et les définitions multiples qui l'expriment : il n'y a qu'une essence de la chose, mais « il y a plusieurs définitions qui expriment une même essence, comme la même structure ou la même ville peut être représentée par des différentes scénographies, suivant les différents côtés dont on la regarde » (*Nouveaux essais*, III, III, § 15).

peut comprendre qu'ainsi Dieu voit les choses exactement comme elles sont, selon la vérité géométrale, ou la vérité du plan géométral : *nempe Deux exacte res videt quales sunt secundum Geometricam veritatem*. Mais il sait également de quelle manière chaque chose apparaît sous chaque point de vue, il ne connaît pas seulement le géométral ou l'ichnographie, mais aussi toutes les scénographies : *quanquam idem etiam scit, quomodo quaeque res cuique alteri appareat, et ita omnes alias apparentias in se continet eminenter*. Il détient à la fois l'unique clef d'intelligibilité d'un multiple et ce multiple lui-même ; avoir le géométral, c'est avoir virtuellement toutes les perspectives, et Dieu les a même actuellement, il trace pour ainsi dire toutes les projections possibles.

Ainsi les deux descriptions du regard de Dieu peuvent-elles en définitive concorder. S'il revient au même de voir le monde comme une carte ou comme un plan géométral, le regard de Dieu n'est plus assigné à l'unique point de vue d'où se contemple la carte, au seul sommet de la seule tour située au milieu de la ville : le plan géométral qu'il voit retient en lui toutes les perspectives qui peuvent en être tirées ; ayant, avec la carte, l'ichnographie, Dieu possède aussi la diversité infinie des scénographies. Il n'est pas prisonnier d'un seul point de vue, même situé à l'infini, il n'est pas « captif de l'infini, pendu à l'intersection du ciel » comme dans *Connaissance de l'est* Claudel voyant au-dessous de lui « la Terre sombre se développer comme une carte, le Monde énorme et humble »[1].

LA CARTOGRAPHIE DE WATERLOO

De fait, chez Hugo la présentation du théâtre des opérations en plan géométral va de pair avec le désir de restituer et de dépasser à la fois toutes les perspectives limitées, de comprendre les événements mieux que tous ceux qui, de leur point de vue, les ont vécus. Hugo se réserve l'intelligibilité de toutes les manœuvres, de tous les dénouements. Waterloo est une énigme, elle est aussi obscure pour ceux qui l'ont gagnée que pour celui qui l'a perdue (« journée incompréhensible ! ... »). Pour Napoléon c'est une panique ; Blücher n'y voit que du feu ; Wellington n'y comprend rien. Les généraux sont comme des Fabrice ; il n'y a que Hugo qui voie tout – mais c'est justement parce qu'il n'y était pas. Lui seul prétend avoir le géométral. En un sens, sa représentation de Waterloo s'oppose à celle que Stendhal place dans les yeux de Fabrice comme l'ichnographie à la scénographie. Fabrice à Waterloo est l'idiot qui ne voit pas l'Histoire, mais une perspective singulièrement réduite, mais des chapeaux et des manteaux : habits

1. « La terre vue de la mer », dans *Connaissance de l'Est*, Paris, Gallimard, Poésie, 1974, p. 108.

rouges «qui vivaient encore», longues crinières sur les casques des dragons qui l'empêchent de distinguer la figure des officiers, et l'habit brodé de l'Empereur qui passe devant lui, sans qu'il sache, comme dans la deuxième Méditation, juger quel digne personnage le porte.

Fabrice n'a qu'une perspective sur la bataille, mais cela ne veut pas dire qu'il existe un géométral sur lequel elle serait prélevée. L'Empereur a beau suivre les opérations sur une carte, ce n'est pas lui qui détient le plan géométral d'où se déduit la connaissance de toutes les scénographies: « Fabrice voudrait voir la bataille de Waterloo comme on voit un paysage et il ne trouve rien que des épisodes confus. L'Empereur *sur sa carte* l'aperçoit-il vraiment?»[1]. Il ne peut en avoir le géométral, l'intégrale de tous les points de vue, puisque déjà elle se *réduit* pour lui à un schéma dont il faut compléter les lacunes: pourquoi ce régiment piétine-t-il, pourquoi les réserves n'arrivent-elles pas? C'est l'historien – plus encore que Hugo – qui pourrait prétendre au géométral: il n'est pas engagé dans la bataille, il «la voit de partout», il réunit une multitude de témoignages, il sait comment elle a fini; il croit l'atteindre dans sa vérité. Mais même alors l'historien ne nous donne qu'une représentation, qu'une perspective, il n'atteint pas la bataille même. Au moment où elle a eu lieu, son issue était contingente, elle ne l'est plus quand l'historien la raconte, et celui-ci replace l'événement singulier dans la ligne générale du déclin de l'Empire alors qu'il ne lui est pas moins essentiel d'avoir pu se terminer autrement et que, le jour même, les causes profondes de la défaite et les incidents fortuits qui leur ont permis de jouer étaient déterminants au même titre; en un sens, la perspective de l'Empereur qui croit encore au succès pourvu qu'enfin Grouchy survienne n'est pas moins vraie que celle de l'historien qui connaît le destin de l'Empire, elle est vrai d'avoir existé au jour de la bataille, si, comme du Dieu de Pascal qui « s'il paraît une fois, il est toujours », il faut dire d'un événement qui a lieu un jour qu'il est vrai pour toujours qu'il a eu lieu[2]. C'est pourquoi, en réalité, « le vrai Waterloo n'est ni dans ce que Fabrice, ni dans ce que l'Empereur, ni dans ce que l'historien voient, ce n'est pas un objet déterminable, c'est ce qui *advient* aux confins de toutes les perspectives et sur quoi elles sont toutes prélevées » ; l'événement, dit ailleurs Merleau-Ponty[3], est dans ce tout ce qu'on en voit et au-delà encore, il est forcément au-delà de ce que chacun voit, puisqu'il est vu par d'autres, et alors cet « au-delà » n'a même pas besoin d'être ailleurs que dans tous les regards qui voit l'événement, puisque chacun est toujours renvoyé à une autre vision que la sienne. Chaque perspective n'est là que pour en préparer

1. *P.P.*, p. 416.
2. *P.P.*, p. 450.
3. *V.I.*, p. 116. Cf. aussi, sur Waterloo, *N.C.*, p. 105-106.

d'autres, écrit encore Merleau-Ponty en commentant Weber[1], elle n'est fondée que s'il est entendu qu'elle est partielle et que le réel est encore au-delà. Mais ici, il s'agit de confins qui dépassent toutes les perspectives ensemble, et si ce n'est pas sur un géométral qu'elles sont ici « prélevées », c'est que le « vrai » événement est indéterminable à partir des points de vue singuliers, que l'on ne remonte pas au moyen d'une correspondance réglée vers le terme sans perspective, que l'on est toujours dans une perspective déterminée et qu'il n'y a pas d'œil à qui se révèle la bataille même, comme un géométral. Paul Veyne définit le géométral, à la manière de Merleau-Ponty, comme un ineffable au-delà de tous les points de vue, un objet vu de tous ses points de vue en même temps, et il consent à accorder que la perception d'un même événement par différents témoins, par différents individus, puisse en constituer un : ainsi « la bataille de Waterloo vue par la monade Fabrice, la monade maréchale Ney et une monade cantinière »[2]. Mais il refuse à l'historien la saisie du géométral de ces vues partielles, car en histoire on doit toujours opérer un choix critique entre les témoignages, et non pas en réaliser l'intégration : si l'historien « se contentait d'intégrer les témoignages, on retrouverait entre autres, dans cette étrange bataille, plusieurs bouffées romanesques provenant d'un jeune Italien et une charmante silhouette de jeune paysanne dont l'origine serait identique ». En réalité, il découpe dans les documents et les témoignages la figure qu'il a choisi de donner à l'événement, autrement dit, la perspective sous laquelle il a voulu le voir et le faire apparaître.

PERSPECTIVISME ET RELATIVISME

Il n'y a donc pas de point de vue de Sirius, pas de géométral. Encore pourrait-on distinguer point de vue de Dieu et point de vue de Sirius. Du premier, adopté par Bossuet, tous les événements sont pleins de sens. Du second, que Seignobos réservait aux historiens, tous les faits apparaissent, mais aucun n'est sensé; aucun n'est un détail, ils ne sont ni essentiels, ni accessoires; aussi la mise en perspective est-elle interdite à l'historien : il doit étudier un par un tous les événements, n'opérer nul choix parmi ses effets et ses causes – tout enchaînement, alors, paraît fortuit[3]. Ces deux excès inverses convergent dans leur volonté d'échapper aux perspectives. C'est qu'on croit que le perspectivisme, puisqu'il implique une multiplicité de perspectives, est nécessairement un relativisme, et qu'on échappera à

1. *A.D.*, p. 15.
2. *Comment on écrit l'histoire*, Paris, Seuil, 1971, p. 51, 58, et surtout 61-63.
3. Sur la distinction entre point de vue de Dieu et point de vue de Sirius, cf. *Sens et non-sens*, Paris, Nagel, 1948, p. 159. Et aussi p. 70.

celui-ci en retrouvant une sorte de géométral sans perspective, point de vue de Sirius ou point de vue de Dieu, dans lesquels seuls on accéderait à l'objectivité. Ainsi est-ce le « point de vue de Sirius » que présentaient, dans le quotidien du soir qu'il avait fondé, les analyses de Beuve-Méry, signées du nom de l'astre. Mais la noble volonté d'être un spectateur détaché des perspectives partisanes entraîne le *Monde* dans des volte-face singulières, où l'on peine à lire un sens explicite, une perspective claire : qu'un lecteur lui écrive que toutes les déclarations sur les camps soviétiques peuvent être vraies, mais qu'enfin il est un ouvrier sans ressources et qu'il trouve toujours plus d'appui auprès des communistes que des autres, et le généreux journal aussitôt ouvre une souscription pour qu'il ne soit pas dit qu'il est insensible à la misère [1].

Or non seulement le prétendu point de vue de Sirius est encore un point de vue situé dans le monde : si je décide de voir les choses du point de vue de Sirius, c'est encore à mon expérience terrestre que je recours pour le faire, le sujet pensant en lequel je me pose ne cesse pas d'être attaché à un moi naturel qui n'a pas quitté sa situation terrestre, et je dis par exemple que les Alpes sont une *taupinière* [2]. Le général De Gaulle met en cause le régime des partis et prétend s'élever au-dessus d'eux, mais sa politique algérienne est encore empruntée à l'un d'entre eux, c'est celle sur laquelle la gauche et le centre-gauche étaient d'accord – seulement il ne l'avoue pas à ses électeurs [3]. Et d'autre part, le perspectivisme, justement parce qu'il est indépassable, n'est pas un relativisme. Cela vaut pour l'observateur et l'acteur – l'historien et le politique, par exemple. Comment départager les points de vue, s'il n'y a pas de terme sans point de vue ? Qui prononcera la justice, si l'on ne peut s'élever au-dessus des perspectives ? On se croirait dans la situation décrite par Rimbaud : « le combat spirituel est aussi brutal que la bataille d'hommes; mais la vision de la justice est le plaisir de Dieu seul » [4] – et s'il n'y a pas de Dieu hors des perspectives où nous nous trouvons dans le monde, ne sera-t-elle pas la vision de personne ? Personne n'emprunte ses ailes à l'oiseau soliloque qui survole le champ de bataille où des points de vue rivaux se sont mutuellement anéantis [5] : si la dispute a un vainqueur, c'est encore un point de vue qui l'emporte, il s'est imposé aux autres sans cesser d'être, en quelque manière, limité comme une

1. *Signes* (noté *S.*), Paris, Gallimard, 1960, p. 338.
2. *P.P.*, p. 502.
3. *S.*, p. 429.
4. *Adieu*, dans *Une saison en enfer*.
5. D'après une image de G. Deleuze (cf. le premier chapitre de *Qu'est-ce que la philosophie*), pour qui, aux antipodes de Merleau-Ponty, « ce qui est premier dans la pensée, c'est le vol », « tout est vol de l'aigle, tout est surplomb, suspens et descente » (*Différence et Répétition*, Paris, PUF, 1966, p. 258, 302).

perspective singulière qu'on prend sur un objet. C'est un point de vue plus juste, ou plus large, ou plus pertinent; c'est un point de vue. La justice peut être déterminée dans la limitation d'un point de vue, il est possible, étant limité à un point de vue, d'opérer entre eux une discrimination. La gravité d'une situation historique l'exige: demander que les jury d'épuration présentent des garanties d'impartialité, c'est manquer de voir qu'une décision historique est partiale et absolue, et que seule une autre décision peut s'en faire juge; « c'est ici l'impartialité qui est basse et la partialité qui est juste » [1] : seuls les résistants peuvent juger les collaborateurs, et « l'idée même d'une justice objective est ici dépourvue de sens puisqu'elle devrait comparer des conduites qui s'excluaient et entre lesquelles la seule raison ne suffisait pas pour choisir ». Si l'on veut dire que le collaborateur a choisi une perspective et le résistant une autre, il faut ajouter que cette pluralité de points de vue n'implique aucun relativisme, qu'elle ne justifie pas n'importe quel choix. Nous devons juger du meilleur chemin sans avoir de carte où s'inscrirait en lettres claires la suite de l'histoire, nous devons choisir la meilleure perspective sans disposer d'un géométral qui les jugerait toutes. Et ce choix engage la tournure que l'on veut que l'histoire prenne : adopter un point de vue, c'est se décider pour un sens, et si l'on dit que l'action suit une ligne, c'est qu'elle est d'abord une vue. Pour l'homme qui agit dans l'histoire, le « bon » point de vue, c'est celui qui pour ainsi dire se rencontre avec le sens effectivement pris par l'histoire, avec ce qui apparaît finalement comme la « vérité du temps ». Or rien n'est moins clair que ce sens, il n'est pas lisible sur une carte, il n'est pas identique à un géométral, il est la réalisation contingente d'une des perspectives possibles. La raison ne suffit donc jamais à fonder une décision, même le choix de la perspective juste comporte un élément d'audace et de passion. Il y a ainsi « une sorte de maléfice » [2] dans l'histoire : elle tente les hommes, ils croient marcher dans le sens où elle va, et soudain elle se dérobe, les événements changent de forme, elle abandonne les hommes qui se trouvent soudain les instigateurs du crime qu'elle leur a inspiré, désormais responsables de la perspective qu'ils ont choisie, car c'est l'autre qui était juste et c'est celle-ci, comme perspective, qui les juge, plutôt qu'un géométral.

Maël RENOUARD
ENS

1. *Humanisme et terreur* (noté *H.T.*), Paris, Gallimard, coll. « Idées », 1980 (1947), p. 132.

2. *H.T.*, p. 129.

EN QUOI LA GÉOGRAPHIE PEUT-ELLE IMPORTER À LA PHILOSOPHIE ?

La géographie doit bien être au cœur
de ce dont je m'occupe.
Michel Foucault

Notre point de départ pourrait nous être donné par une remarque faite par les géographes de la revue *Hérodote*, dans l'entretien que leur avait accordé Michel Foucault dans le rôle de *guest star* de leur premier numéro. Ils notaient le caractère éclairant pour la géographie des analyses foucaldiennes, et même sans doute plus profondément le caractère en un sens géographique de ces analyses ; mais, ajoutaient-ils, Foucault, jusque là (1976), n'avait pas ou peu parlé de la géographie[1]. Or, précisaient-ils, non sans ironie :

> Paradoxalement, nous aurions été saisis de stupeur si la géographie avait été prise en compte, car, malgré Kant et Hegel, les philosophes ignorent la géographie[2].

Le propos peut prêter à sourire : dans une nouvelle querelle des disciplines, s'agit-il d'une simple revendication d'existence du maître de géographie, qui se plaint ici d'être négligé par le maître de philosophie ? À vrai dire, dans l'interview, Foucault le reçoit de prime abord ainsi, ce qui explique la tonalité quelque peu ironique et cassante d'au moins toute sa première partie. Foucault y enfonce en quelque sorte le clou : il n'a que faire de la géographie, prétend-il. Sans doute aussi est-il piqué au vif par le défi

1. « Oubli » dont on ne peut pas dire vraiment qu'il ait été réparé dans la suite…

2. « Questions à Michel Foucault sur la géographie », in *Hérodote*, n°1, janvier-mars 1976, p. 71-85, repris dans *Dits et écrits*, éd. établie sous la dir. de Daniel Defert et François Ewald, t. III, Paris, Gallimard, 1994, p. 28-40 (ici p. 28).

qui lui est alors lancé : pourquoi avoir laissé de côté cette formation discursive ?, et cherche-t-il à le masquer sous une certaine arrogance bien philosophique.

Mais, de ce point de vue, il ne faudrait pas tomber dans le malentendu dans lequel s'installe le début du dialogue lui-même. La question est-elle vraiment celle de l'absence, en général, de discours tenu sur la géographie par la philosophie ? En d'autres termes celle de l'absence, ou la quasi-absence de ce qu'on pourrait appeler, pour lâcher un gros mot, une *épistémologie* de la géographie ?

Cette absence ou quasi-absence est certainement significative 1) de la fascination du philosophe, depuis toujours, pour les « sciences dures », faites paradigmes de scientificité et de vérité 2) du fait qu'à partir d'une certaine époque, diagnostiquée précisément par Foucault comme celle qui suit l'âge du transcendantal et en résulte, le philosophe s'installe dans le partage établi entre lesdites sciences de la nature et les nouvelles « sciences humaines », supposées s'y opposer. Or, comme le rappellent les géographes de la revue, la géographie, du point de vue de ce partage, fait problème. On comprend dès lors que la philosophie, alternativement fascinée par les sciences de la nature et hypnotisée par les nouvelles sciences humaines, contourne dans son enquête cet objet étrange et d'identité problématique.

Mais à cela tel ou tel philosophe particulier pourra toujours répondre à bon droit qu'en ce qui le concerne, l'épistémologie de la géographie ne l'intéresse simplement pas. Ce à quoi il n'y aura rien à répliquer : *de gustibus et coloribus non disputanda*. Plus sérieusement, et c'est au fond ce que répond Foucault toujours dans le même texte, on ne voit même pas pourquoi, sauf à poursuivre un rêve positiviste relayé par un certain marxisme français des années 60, le philosophe aurait à faire l'épistémologie de quoi que ce soit, ni même à se définir en général comme épistémologue. Ici, la réponse de Foucault est importante à plus d'un titre : lui-même ne se définirait certainement pas comme épistémologue ; il ne s'intéresse pas à telle ou telle science parce qu'elle serait intéressante en tant que science, ni même parce qu'elle serait une science, mais plutôt aux effets qu'elle peut produire en tant que science, et en tant qu'elle s'insère dans un dispositif plus général de formation et de contrôle des énoncés. Il dit alors ne vouloir en aucun cas faire une histoire des sciences en général, mais « faire une histoire qui a un sens, une utilisation, une efficacité politique »[1]. Ces considérations seraient évidemment décisives pour une étude de la

1. *Op. cit.*, p. 29.

conception de la philosophie qui pouvait être la sienne, mais cela sortirait de notre propos.

La question que l'on posera en revanche, et que d'une certaine façon, la suite de l'entretien pose (nous y reviendrons), est celle de savoir si, au delà de ces questions qui, je pense, intéresseront les géographes, mais dont j'avouerai de but en blanc que, pour ma part, elles ne m'intéressent pas, à savoir : une épistémologie de la géographie est-elle possible? et si oui, laquelle?, le philosophe ne rencontre pas un problème qui est pour lui beaucoup plus grave du point de vue narcissique et autrement déterminant. À savoir : dans quelle mesure, *en tant que philosophe*, la géographie peut-elle lui importer?

On comprendra ici : non plus la géographie comme *objet*, domaine éventuel d'une épistémologie régionale; mais la géographie comme principe, partiel ou total, de son activité philosophique, cela comme une base de données qu'elle doit considérer, comme l'un de ses registres particuliers propres, voire comme un modèle de rationalité – ou ontologique ! – pour elle. Je décline d'ores et déjà ainsi toute une diversité de rapports que peuvent nouer, en tant que telles, géographie et philosophie, rapports dans lesquels la géographie peut certes être réduite au statut de simple source (dans le premier cas de figure), mais jamais d'objet, donc envisagés en dehors de toute problématique locale d'une « épistémologie de la géographie » – même si celle-ci peut bien sûr indirectement contribuer à les instruire, mais ce n'est pas sa fonction propre.

À ce niveau, il faudra dire que le mépris ou le contournement de la géographie par la philosophie devient encore beaucoup plus significatif : il devient significatif de quelque chose pour la philosophie, quelque chose sur sa propre identité et la domination d'une certaine représentation du monde en elle.

Il suffira de se référer à une petite anecdote rapportée par Hume pour saisir la fonction stratégique qu'acquiert, par rapport à la définition du discours philosophique, la référence à la géographie. Elle fait sens en direction d'un certain engagement. À propos du Moyen Âge, Hume conte la fable suivante, qui a valeur d'apologue :

> Nous pouvons juger de l'ignorance de cette époque en géographie sur la base d'une histoire racontée par Robert d'Avesbury. Comme le pape Clément VI avait fait en 1344 Louis d'Espagne prince des *îles fortunées*, c'est-à-dire des Canaries, qui venaient alors d'être découvertes, l'ambassadeur d'Angleterre à Rome et sa suite furent mis en alerte, à l'idée que Louis avait été fait roi d'Angleterre, et ils se hâtèrent de rentrer chez eux, afin de transmettre cette importante information. Il y avait pourtant une telle ardeur pour l'étude à cette époque que Speed nous informe dans sa chronique qu'il y avait 30000 étudiants rien qu'à l'université d'Oxford.

> Quelle était donc l'occupation de ces jeunes gens? Apprendre du très mauvais latin, et une logique encore pire [1].

La référence à la géographie, qui n'est pas de pure forme (Hume ne dédaigne pas de s'y reporter comme à un modèle épistémologique – et non simplement un objet d'épistémologie – particulièrement intéressant) a ici une valeur militante. Elle renvoie au combat d'une certaine conception de la philosophie – l'empirisme – contre une autre – toute forme de spéculations que Hume qualifierait à l'occasion de « métaphysiques », ici les arguties de la logique. En ce sens, elle devient conductrice d'une certaine représentation – minoritaire, très probablement – de l'activité philosophique.

C'est précisément ce type de référence qui nous intéressera ici : de ce point de vue, que peut apporter la référence à la géographie en philosophie ? C'est-à-dire, plus concrètement, en termes d'analyses de formations discursives : quel sens a-t-elle pour les philosophes, là où elle apparaît ? et, au delà peut-être de la représentation qu'ils en ont, à quoi *sert*-elle dans leurs discours ? Quel type d'oppositions ou d'objectivité, voire d'ontologie, a-t-elle à charge de véhiculer ? Étant entendu que, très probablement, nous serons confrontés en ce point, comme partout, à une diversité d'usages. Pouvons-nous tenter de les répertorier ?

À tout prendre, la référence à la géographie en philosophie (mais, il est vrai, sans étude précise de la géographie elle-même comme discipline) n'est peut-être pas si rare que nous avons bien voulu le dire. Dès qu'on mène un petit examen, les exemples semblent affluer.

En dehors de l'idée humienne d'une « géographie mentale », sur laquelle nous aurons l'occasion de revenir, que l'on pense donc au projet kantien d'une « géographie de la raison humaine » (d'autant plus intéressant chez un auteur qui fut par ailleurs aussi géographe et sut thématiser l'intégration de son discours géographique dans le corps de son système philosophique), et à la façon dont la géographie peut servir de métaphore et de référence à l'activité philosophique chez des auteurs aussi différents que Frege, Husserl, Wittgenstein, et en un sens encore Foucault lui-même.

Cet essaim de références ne doit toutefois pas dissimuler leur caractère déterminé, chacune dans son genre, et toujours stratégique, *problématique* – en opposition à quelque chose et/ou en constitution de quelque chose – et accréditer l'idée d'une espèce d'accord tacite de la philosophie autour d'un postulat qui accorderait une valeur paradigmatique à la géographie. Si on considère les choses de plus près, on constate bien sûr que cette sorte de

1. Hume, *History of England*, vol. 2, chap. 16, p. 283.

référence intervient toujours dans des types bien déterminés (d'ailleurs divers, et là aussi à répertorier) de philosophies, *contre* quelque chose (une conception alternative de la philosophie), et ne peut donc nullement être partagée. Aussi n'aspire-t-elle aucunement à l'être.

Qu'apporte donc alors, encore une fois, qu'est donc *supposée* apporter la référence géographique en philosophie ?

Il me semble qu'on pourrait répertorier dans ces termes les différents *effets* associés à cette référence, ou attendus d'elle, évidemment selon autant d'hypothèses sur la nature du savoir géographique :

UN EFFET D'EMPIRICITÉ

C'est clairement le sens pris par la référence géographique dans le texte de Hume cité plus haut par exemple. Comme le rappellera Kant au début de son cours de géographie physique, la géographie est une science empirique[1] : si l'on oppose aux connaissances purement rationnelles, obtenues *a priori*, les connaissances d'expérience qui ont pour objet le monde, il faudra, au sein de ce domaine défini comme celui de l'empiricité, distinguer d'un côté la nature, qui est le monde en tant qu'objet du sens externe, et l'âme ou l'homme, qui serait le monde comme objet du sens interne. Or, si la connaissance de l'homme en ce sens-là est l'anthropologie, celle de la nature est la géographie physique. Celle-ci, dans ce découpage préliminaire du savoir présenté par le cours de géographie édité par Rink, doit donc prendre en compte la moitié – ou plus de la moitié – de l'empirie et en porte à elle seule si ce n'est tout le poids, en tout cas une bonne partie. La géographie – en tant que géographie physique – devient alors le discours voué à exprimer en tant que telle l'empiricité dans son registre externe (donc spatial, on y reviendra).

Elle fournit dès lors pour la philosophie un modèle d'empiricité. Ne pas négliger la géographie, comme nous y invite Hume, c'est rester ouvert et attentif aux faits. Et la référence géographique pose la question, difficile entre toutes, et qui reste aujourd'hui assez largement pendante, de savoir quoi faire des faits en philosophie. Dans quelle mesure la philosophie peut-elle, doit-elle être un discours empirique ?

C'est un aspect de l'emploi du terme « géographie » par Hume pour qualifier la philosophie désirée par l'empiriste en termes de « géographie mentale »[2]. Comme le géographe, le philosophe constatera les faits.

Modèle d'empiricité, la géographie l'est à plus d'un titre et en plus d'un sens. On pourrait en effet s'interroger sur la nécessité de se référer à un

1. Kant, *Physische Geographie*, § 2, *in* Ak. IX, p. 156-157.

2. *Enquête sur l'entendement humain*, éd. Michelle Beyssade, Paris, GF, 1983, p. 55.

discours aussi particulier et mal assuré dans sa légitimité de science que la géographie : pourquoi, comme cela a été sa vocation depuis la révolution scientifique galiléenne, la physique ne jouerait-elle pas le rôle de *la* science empirique, faite norme de la philosophie (comme c'est du reste *aussi* le cas dans les pages qui suivent le passage de l'*Enquête* que nous avons cité, ainsi que dans l'introduction du *Traité*) ? Mais, outre d'autres raisons que sans doute la philosophie aurait de s'y rattacher, et que nous allons examiner, il faudra reconnaître que la géographie est empirique en un sens bien particulier, et peut-être *doublement empirique* : elle nous confronte à une empiricité particulièrement riche, qui n'est pas l'empiricité abstraite des sciences de la nature, faite d'un espace vidé de tout ce qui communément s'y rencontre et qui n'y est considéré, lorsqu'il l'est, que d'un point de vue lui-même exclusivement abstrait. La géographie au contraire nous installe à un niveau d'empiricité en quelque sorte brute et complète. Cette empiricité, dans le cas de la géographie physique, est celle de la terre, qui n'est pas purement un objet physique abstrait, mais riche d'une matérialité surdéterminée et hautement complexe, et surtout celui qu'habitent les hommes et à l'horizon duquel s'organise leur propre spatialité. Et la vocation de la géographie est précisément de ne pas rester physique, mais de se déployer en géographie humaine, comme on le voit chez Kant, dont la *Géographie physique*, partant de considérations de « géographie mathématique » qui, au sens moderne, relèvent beaucoup plus de la mécanique céleste et de la géodésie, comporte en un second temps, entre autres, un examen comparé des populations du globe, au titre d'une « considération » méthodique de ce que le sol terrestre porte. Il est vrai que la diversité des hommes n'est ici prise en compte qu'à côté de celle des animaux, des plantes et des minéraux, dans une problématique qui n'est pas si éloignée de celle, classique, d'une « histoire naturelle » pour chacun de ces domaines[1]. Mais c'est dire que la géographie s'intéresse alors au monde dans tout ce qu'il peut comporter, tout ce qu'on peut y rencontrer sans exception, toute la richesse de ses déterminations concrètes. Elle pourrait bien passer – et c'est alors ce qui la distinguerait – pour une espèce de discours *total* sur l'empirie et c'est aussi bien ce qui ferait sans doute aujourd'hui, à l'intersection du traitement physique des données qu'elle

1. Encore que, comme le souligne Kant, par opposition au mode de représentation « systématique » de l'histoire naturelle (celle de Linné), dont les divisions ont un principe *logique* (conceptuel), le principe en soit, dans chaque domaine, purement géographique, c'est-à-dire plus précisément d'abord « physique » (c'est-à-dire selon l'espace et le temps), puis proprement géographique (c'est-à-dire selon le seul espace) : cf. *Physische Geographie*, § 4, p. 159-160. Voir, ici, la contribution de Max Marcuzzi.

utilise et des différentes sciences humaines, sa difficulté à se définir et à conserver un lieu propre.

C'est en même temps ce qui fera, durablement, son intérêt aux yeux du philosophe : la géographie science du *concret,* d'une effectivité hautement stratifiée et symbolisée (elle porte toute la richesse des déterminations qui sont celles de l'humain et du monde en général), et qui en même temps n'a pas coupé les liens de son incorporation première – elle demeure toujours aussi, et indissociablement, physique.

Au delà du simple rappel aux faits, la référence géographique peut ainsi, pour le philosophe, purement et simplement jouer le rôle d'un rappel au monde réel, avec toute ce que cette notion peut comporter d'ambiguïté.

Un effet de positivité

Le discours géographique n'est pas seulement factuel – et c'est sans doute pour cela encore que la géographie a été choisie par Hume, en ce point de son *Enquête*, de préférence à la physique, comme référence de l'activité philosophique. Il est *positif.*

C'est la deuxième détermination sur laquelle nous voudrions nous arrêter. Mais que faut-il exactement entendre par là ?

Nous entendons par positivité, non pas la propriété générale de l'empirique qui le fait être ce qu'il est, contingent et sensible, factuel (ce que nous avons nommé *empiricité*), mais cette constitution bien particulière acquise par l'empirique dans certaines disciplines lorsque, dans leur dispositif théorique, il est donné comme *ce qui est à décrire*, et par là même tout en extériorité [1]. Il y a positivité à partir du moment où on se réfère à l'objet comme à ce qui est positivement donné précisément, ce qui suppose une prise en charge théorique (et non seulement subjective, vécue) de la part de celui qui le reçoit, prise en charge théorique qui s'effectue sur le mode de la description, donc d'un discours censé n'avoir d'autre visée que celle de cet enregistrement, de cette « reproduction » langagière du donné. L'objet acquiert alors la consistance et le mode d'existence théorique qui est celui de la positivité.

Sur la base d'une telle définition, il paraît indiscutable, quelles que soient les réserves évidentes qu'on peut formuler quant à une vocation exclusivement descriptive de la géographie, qu'il y a, que demeure, quoi qu'il en soit, une positivité propre à l'objet géographique. On peut même

1. François Dagognet a su tirer parti de cette « positivité » de l'objet géographique en ce sens-là, dans son élaboration du projet d'une « néo-géographie » philosophique, dont l'analyse relèverait tout à fait de notre problématique : cf. par exemple François Dagognet, *Une épistémologie de l'espace concret. Néo-géographie*, Paris, Vrin, 1977, p. 223.

dire que la positivité semble être l'apanage de la géographie (avec, peut-être, feue l'histoire naturelle). Ne se caractérise-t-elle tout de même pas, essentiellement, par rapport à d'autres discours alternatifs, par son régime de discursivité à la base descriptif?

Retenons le solide bon sens de Kant, qui, dans des termes peut-être moins naïfs qu'il n'y paraît, oppose dans ces termes la géographie et l'histoire: celle-ci *raconte*, celle-là *décrit*[1]. Bien sûr, un tel partage fait fond sur la division, sous-jacente, des deux formes qui sont en général celles de l'expérience sensible: celle du temps, qui constitue l'élément naturel de l'histoire, et celle de l'espace, qui déploie l'horizon d'une géographie comme science empirique. La géographie serait en ce sens description selon l'espace, là où l'histoire en serait une selon le temps[2]. Mais précisément, dans le premier cas, on ne peut plus proprement dit parler de description, car décrire selon le temps, c'est raconter, bâtir un récit[3]. À cette modalité narrative de l'histoire s'oppose en ce sens-là la modalité descriptive de la géographie, qui saisit les choses dans ce plan de contemporanéité que constitue leur spatialisation. Il est clair qu'à ce niveau il y a quelque chose à voir entre le caractère descriptif de la géographie et sa préoccupation spatialisante, sur laquelle il nous faudra revenir.

Bien sûr on pourra remettre en question la théorie de la géographie-substrat[4] (forme d'une spatialité en quelque sorte antécédente à sa mise en perspective temporelle, dans l'histoire de ses différents états, et qui en tout cas peut être détachée d'elle dans sa mise au présent) sous-jacente à une telle conception. Mais qu'il y ait dans la géographie, même là où elle devient, certainement nécessairement, historique, une modalité de discours descriptive et jamais simplement narrative, c'est un aspect de l'analyse kantienne qu'il faudra pourtant retenir, au moins comme objet d'interrogation. Il y va de ce que nous appellerons le caractère radicalement non herméneutique (ou en tout cas jamais entièrement résorbable dans l'herméneutique, qui a pour objet le récit, de la géographie : il y a un reste à l'herméneutique, et ce reste est précisément ce que nous nommons la *positivité*. Kant touche ainsi du doigt, dans des termes sans doute encore trop simples, ce qui fait la spécificité de la géographie – notamment par rapport à sa consœur l'histoire – et il nous semble que, dans son analyse de modalités de discours adverses, comme sa référence, qu'on examinera ensuite, au

1. *Physische Geographie*, § 3, p. 159.

2. *Physische Geographie*, § 4, p. 160.

3. C'est en ce sens que, dit Kant, *op. cit.*, p. 161, on peut parler d'une *description de la nature*, et non d'une *histoire de la nature*.

4. C'est la formule employée par Kant pour définir les rapports de la géographie et de l'histoire, *op. cit.*, p. 163.

caractère irréductiblement spatial de la géographie, il y a quelque chose à retenir.

On voit en tout cas alors ce que le modèle géographique peut avoir de constituant pour un certain type de philosophie. Toute philosophie *descriptive* pourra à bon droit se revendiquer de la géographie. Et c'est en effet le cas : la référence géographique chez Hume, Husserl, Wittgenstein, sur des fonds méthodologiques différents, converge dans ce sens. Que leurs philosophies ont-elles en commun en effet, si ce n'est d'être des philosophies descriptives – ou qui tout au moins comportent un moment qui se veut exclusivement descriptif?

Comme l'écrit Wittgenstein, définissant la tâche de la philosophie :

> Ce n'est pas un nouveau bâtiment qu'il faut édifier, ou un nouveau pont qu'il faudrait jeter, mais juste la géographie, comme elle est maintenant, qu'il faut décrire [1].

Le lien entre modèle géographique et descriptivisme ne peut pas être plus clairement formulé. La philosophie doit laisser les choses en l'état, et se contenter de faire le relevé de ce qui est.

Cette réception du donné philosophique, dont la description géographique devient ici la métaphore, ne doit pas pour autant être entendue comme une simple passivité. Le géographe n'est pas celui qui enregistre les choses au fil de leur rencontre, contingente et désordonnée. Il faut détacher le projet géographique de la simple expérience du voyage, si on veut isoler ce qui fait la valeur du premier, à savoir précisément la possibilité d'une description quelque peu systématique du réel. Kant ouvre sa *Géographie physique* en formalisant cette distinction : « de celui qui a fait beaucoup de voyages, on dit qu'il a vu le monde. Mais, pour connaître le monde, on ne peut se contenter de le voir. Qui veut tirer profit de son voyage, il faut déjà qu'il ait esquissé à l'avance un plan pour son voyage et non qu'il considère juste le monde comme un objet du sens externe » [2]. Voir n'est pas encore décrire au sens qui peut être celui du géographe (c'est-à-dire voir systématiquement pour faire un *plan*, une carte), et même, inversement, la vue pourra et devra être enrichie par cette description préalable. On ne verra plus les choses de la même façon, une fois qu'elles auront été quadrillées par les indications du géographe. Il y a ici l'ébauche d'une réflexion sur ce que signifie un *regard de géographe*, regard qui a de quoi faire rêver plus d'un philosophe dans l'exercice de sa discipline.

Il arrive à Wittgenstein lui-même de marquer aussi cette tension, qui existe sur le terrain même de la philosophie, entre l'impératif de la

1. *Bemerkungen über die Grundlagen der Mathematik*, p. 302.
2. *Physische Geographie*, § 2, p. 157.

description – seule véritable tâche de la philosophie à ses yeux – et les risques de la flânerie en des termes proprement géographiques :

> Il ne peut pas acquérir une vue synoptique (*übersehen*) de la géographie d'un paysage, celui qui se meut en lui si lentement, qu'il en a oublié un bout lorsqu'il arrive à un autre[1].

Tout le problème est celui d'avoir une vue d'ensemble – c'est-à-dire en tout cas qui permette de voir efficacement ce qu'on veut voir, les aspects de forme ou de structure qui nous intéressent. C'est l'art de la description, dont la philosophie emprunte décidément ici son modèle à la géographie.

Il n'est pourtant pas dit qu'il ne puisse pas y avoir un effet pervers du modèle géographique, tel qu'il peut être le vecteur d'une certaine idéologie descriptiviste en philosophie.

Opérateur de positivité – elle crée l'impression qu'*il y a quelque chose à décrire* – la référence géographique peut, au delà, devenir facteur d'illusion, au sens où elle semble créer, là où elles ne sont pas réunies, les conditions d'une *réalité* : il faut bien qu'il y ait une réalité, là où il y a quelque chose à décrire – mais la description crée alors elle-même les conditions du « quelque chose ». On appellera ce paralogisme, nouvelle forme de ladite « preuve ontologique », « preuve par la description ».

C'est le sens que la référence géographique peut acquérir sous la plume des auteurs dits platonisants, en philosophie ou en mathématiques – qui, comme le remarque Jacques Bouveresse, sont la terre d'élection de cet usage[2]. N'est-ce pas le sens de l'image frégéenne qui identifie l'indifférence du nombre à nos variations psychologiques à celle de cette réalité géographique qu'est la mer du Nord ?

Certes, suivant une problématique sur laquelle nous allons revenir, on pourra objecter que, comme toute objectivité géographique, celle-ci est éminemment fluctuante, puisque sa délimitation et son appellation sont purement conventionnelles : qu'est-ce qui constitue la « mer du Nord » comme telle, si ce n'est purement la décision des hommes de qualifier ainsi une certaine portion des eaux, d'autant moins « naturelle », si tant est que cela ait un sens, qu'elle est ouverte de tous côtés vers d'autres mers ou océans ? Mais, dit Frege, dans une affirmation typique de ce qu'on pourrait appeler le « platonisme géographique » (c'est-à-dire aussi bien le platonisme auquel la métaphore géographique prête sa force), « cela n'entame en rien l'objectivité de la dite mer ». Il y a bien là un objet, qui demeure de

1. *Bemerkungen über die Grundlagen der Mathematik*, p. 429.

2. Le livre de Jacques Bouveresse *Le pays des possibles* est consacré à une critique d'un tel usage.

toute façon à décrire, et qui est pourvu de certaines propriétés. Là où nous disons « la mer du Nord s'étend sur 10000 km carrés », « s'il nous arrivait de vouloir modifier le tracé des limites de la mer du Nord ou de donner un autre sens à 10000, il ne faudrait pas croire qu'un même contenu de jugement primitivement juste serait devenu faux ; simplement, un contenu faux se serait glissé à la place d'un contenu vrai sans altérer en rien la vérité du premier. »[1]

Bien sûr, Frege lui-même souligne immédiatement ce en quoi l'objectivité qu'il vise déborde les limites fixées par la métaphore géographique : il « distingue objectif (*objektiv*) de palpable, spatial, réel (*wirklich*). » Il ne faut donc pas prendre trop au pied de la lettre la spatialité, et probablement ce que j'ai nommé la « positivité » du premier exemple donné. On n'en reste pas moins dans le registre géographique, ou tout au moins géodésique, là où Frege se réfère alors à l'axe de la terre ou à l'équateur comme exemples d'objectifs non réels. Et il est tout de même significatif que, pour figurer l'objectivité non-psychique de l'en-soi descriptible, on ait dû d'abord s'installer dans le « réel » et le « palpable » précisément que représente le donné géographique (la mer du Nord). La référence au géographe réapparaîtra exactement dans le même contexte (contre le psychologisme) à la fin du compte rendu donné par Frege de la *Philosophie de l'arithmétique* de Husserl[2]. Husserl lui-même ne dédaignera pas de l'utiliser pour autoriser une pratique descriptive de la philosophie au delà du champ de ce qu'on pourrait nommer les positivités empiriques, le discours philosophique, en tant que description, constituant alors son propre champ de positivités[3] – rencontrées pourtant comme en un voyage ou une exploration, comme toute bonne positivité, qui se *voit* et se défend d'être une fiction[4].

Or, par rapport à cet usage – constituant – de la référence géographique, une question se pose indiscutablement, et il revient encore une fois à Wittgenstein de l'avoir soulevée :

> Combien il serait étrange qu'une expédition géographique ne fût pas sûre d'avoir un but, ou même d'avoir un chemin en général. Voilà ce que nous ne pouvons penser, c'est un non-sens. Mais, dans l'expédition mathé-

1. Frege, *Fondements de l'arithmétique*, § 26, tr. fr. p. 153.

2. Frege, Compte rendu de la Philosophie de l'Arithmétique, in *Écrits logiques et philosophiques*, p. 158.

3. Cf. la célèbre formule du § 20 des *Ideen I*, tr. fr. p. 69 : « nous sommes les vrais positivistes », qu'il faudrait s'habituer à prendre au sérieux.

4. Cf. l'image du « voyage » ou de l'« exploration » phénoménologique, récurrente, par exemple dans l'Esquisse de préface aux *Recherches*, § 12, tr. fr. in *Articles sur la logique*, p. 406.

matique, cela se comporte exactement ainsi. Le mieux sera alors peut-être de purement et simplement laisser tomber la comparaison [1].

La métaphore géographique nous renvoie alors inévitablement au problème de ses limites : où commence et où s'arrête le champ de la « positivité », justiciable, en un sens ou en un autre, d'un traitement (pseudo)-géographique ? Trop souvent la philosophie se présente comme un travail de conquête, qui laisserait par là-même supposer qu'il y a là, au delà de son effort, un « pays » à conquérir, qui serait caché aux yeux du commun des mortels, et dont elle aurait a charge, précisément, de faire la géographie. Mais il faut bien comprendre que dans ce cas-là, le sens de la métaphore géographique n'est plus exactement le même que lorsqu'elle porte, pour la philosophie, fût-ce justement à titre purement métaphorique, l'exigence de faire cette géographie qui est celle du *pays d'ici* – seule géographie qui entretienne encore un rapport, même purement symbolique (car toute la question est alors de savoir de quel « ici » il s'agit), avec la géographie au sens propre du terme. C'est là en quelque sorte la pointe, éminemment dangereuse, et difficile à manier, de la référence à la géographie comme modèle en philosophie.

Un effet de spatialisation

Cette réflexion sur ce que nous avons nommé la positivité de l'objet géographique nous conduit inévitablement à ce qui paraît assez évident, et que nous avons laissé de côté pour le moment, à savoir la prise en compte de sa spatialité, qui paraît *nécessaire*, et est combien problématique.

La positivité implique-t-elle la spatialité ? À ce niveau, rien n'est sûr. Toujours est-il que dans le discours géographique l'une semble se conjuguer inévitablement à l'autre, et la positivité de l'objet géographique semble indissociable de sa spatialité intrinsèque.

Que la géographie s'occupe de l'espace, cette lourde évidence assénée par Kant au début de sa *Géographie physique* (l'histoire, elle, s'occuperait du temps), pourrait bien être une fausse évidence. L'évolution contemporaine de la géographie, alimentée par les diverses sciences humaines et implacablement rognée par elles, l'a conduite à intégrer de plus en plus de données dont on ne peut pas dire qu'elles renvoient particulièrement à du concret spatial ni qu'elles soient forcément représentables spatialement. D'autre part et surtout, nul ne pourrait plus aujourd'hui sérieusement opposer l'espace géographique au temps historique. On sait que l'un pénètre en l'autre et contribue à réviser ses lignes de partages, dans l'évidence

1. *Philosophische Bemerkungen*, p. 190.

acquise de ce qu'il faudra bien appeler une histoire humaine de la nature[1] – qui l'est d'autant plus (« humaine ») qu'en réalité la géographie d'aujourd'hui ne s'occupe que très accessoirement de ce qu'on nommerait purement et simplement « la nature », si tant est qu'une telle chose existe, mais bien plutôt de cette nature même qui est celle des sociétés humaines dans leur inscription terrestre et historique concrète.

Il ne faudrait pourtant pas être trop pressé d'ignorer, sous prétexte qu'elle est complexe et historiquement constituée, la spatialité inhérente à l'objet géographique, spatialité non résorbable dans une herméneutique (celle de ce qu'il y a à *voir* précisément) et qui continue, nous semble-t-il, de le constituer comme tel. Assez révélatrices nous paraîtront, de ce point de vue, les formules d'un Pierre Gourou, dans ses *Leçons de géographie* tropicale. Dans son cours de 1964-65 au Collège de France, Pierre Gourou théorise une nécessaire dénaturalisation de la géographie humaine, qui ne revient nullement à un enregistrement des effets des supposées contraintes physiques. Il affirme que ce sont les civilisations qui forgent les paysages et non l'inverse, et nie que « la civilisation soit dans les paysages ». Mais il faudra tout de même dire qu'elle y est *donnée*, et on constatera qu'en pleine opération de dénaturalisation de cette notion, l'auteur conserve tout de même au dit paysage (mais pris alors avec ses déterminations historiques et culturelles) le rôle d'objet premier de la géographie. Il a alors une formule extrêmement intéressante :

> Le paysage des géographes est une chose qui se voit (et qui, étant vue, doit être dépliée, analysée, expliquée dans sa totalité)[2].

Le paysage des géographes est une chose qui se voit, et c'est bien cette ostensivité d'une certaine forme d'objet spatial, et strictement inhérente à sa spatialité, inséparable d'elle, qui expliquera encore toute une part de la fascination que la géographie peut exercer sur une certaine philosophie.

Et c'est bien effet le fantasme d'ostensivité, avec toutes les ressources de la spatialisation associée, qui est poursuivi par un certain type de philosophie dans la référence géographique qui en est faite constitutive.

De ce point de vue, il n'y a pas lieu de s'étonner que toutes les philosophies intuitionnistes, ou tout au moins dominées par l'idée d'une

1. Là où, rappelons-le, Kant récusait la notion, erronée selon lui, d'« histoire de la nature ». La distinction d'une « géographie ancienne » et d'une « géographie nouvelle », au § 4 de la *Physische Geographie*, p. 163, témoigne pourtant d'une certaine conscience du caractère historique de l'espace géographique.

2. Pierre Gourou, *Leçons de géographie tropicale*, Paris, Mouton, 1971, p. 107. La formule est bien relevée par Braudel dans sa préface. On rapprochera de Dagognet, *op. cit.*, p. 211 : « le paysage, par lui seul, vérifie, exhibe une idée, un système ».

référence intuitive, en soient friandes. On emprunte à la géographie, ou plus précisément à l'image de la carte géographique (mais la géographie semble alors tout entière y tenir, et peut-être y a-t-il du vrai là-dedans : car y a-t-il de la géographie sans cartes, et n'est-ce pas cela qui la distingue des autres sciences humaines – de donner à voir au moins toujours aussi sur des cartes ce que celles-ci représentent indépendamment de cette spatialisation?) l'idée d'une vérité qui *se donne à voir*, et se *localise*, assigne visuellement le contour de ses limites.

Dans la cartographie tout est donné d'un seul coup : il n'y a pas de reste si ce n'est celui qui est connu et délimité comme tel (celui de la *terra incognita*), mais le déploiement d'un espace qui est représenté dans la complexité de ses relations en quelque sorte mises à plat. L'ensemble des relations possibles est directement visible. Cette logique spatiale vers laquelle convergent depuis toujours les efforts de la géographie a pu fasciner les philosophes :

> Pour te reconnaître dans un environnement, il ne faut pas seulement que tu connaisses le bon chemin d'une localité à une autre, mais aussi que tu saches où tu arriverais, si tu prenais cette mauvaise direction. Cela montre combien nos considérations sont semblables à des promenades dans un paysage afin d'établir une carte. Et il n'est pas impossible qu'une telle carte soit établie un jour pour les régions que nous parcourons [1].

L'ambition de la philosophie se réduirait alors à l'établissement d'une carte, dans son domaine propre.

Évidemment la signification de la métaphore varie selon la nature en elle-même spatiale ou non de ce qu'il s'agit de représenter, et selon qu'il s'agit vraiment d'une métaphore ou d'*un peu plus que d'une métaphore*. Par exemple, dans certaines spéculations actuelles de Barry Smith, ce type de représentation de la nature de l'activité philosophique en termes géographiques est liée précisément à une réflexion sur les divers modes de spatialité des objets, et au projet de ce qu'il faut bien appeler une ontologie naturelle – et, comme on le verra, un peu plus que naturelle – de l'espace.

Mais on peut aussi envisager le déploiement de la métaphore comme métaphore, et l'idée d'une représentation géographique (ou tout au moins visuelle au sens précis où la représentation géographique l'est) faite modèle de toute représentation ou reproduction (*Abbildung*) du réel, spatial ou non, toujours « projeté » dès lors en un sens métaphoriquement spatial.

Si étonnant que cela puisse paraître, l'image est très présente chez Wittgenstein, souvent présenté pourtant comme philosophe du langage par

1. Wittgenstein, *Remarques sur la philosophie de la psychologie*, I, § 303.

excellence, peut-être au détriment d'une prise en compte plus conforme à la réalité du caractère intuitif – voire intuitionniste – de sa pensée.

L'*Abbildung*, telle que l'image en nourrit la pensée du premier Wittgenstein – modèle dont il nous paraît très improbable qu'il l'ait jamais abandonné – renvoie en effet bien d'abord à l'idée d'une projection spatiale, telle celle d'une carte géographique. On sait que, d'après une note des *Carnets* en date du 29 septembre 1914, en partie corroborée (à un problème de localisation de l'incident près) par un propos rapporté par Malcolm, l'idée de l'*Abbildung* serait venue à Wittgenstein notamment en considérant la figuration au moyen de poupées (comparable à nos schémas synoptiques sur les constats d'accident) de la disposition générale d'un accident de voitures devant un tribunal parisien[1]. Il s'agit bien alors d'une figuration spatiale, visualisant d'un seul coup d'œil une configuration de départ qui, il est vrai, est elle-même spatiale. Mais un tel procédé, suivant un paradoxe souvent relevé, mais peut-être pas assez pris au sérieux, devient, dans les *Carnets* et le *Tractatus*, paradigmatique de la proposition et de sa capacité à dépeindre, à figurer (*abbilden*) le réel dans sa structure – indépendamment du reste de toute « ressemblance matérielle » de telle ou telle partie de la représentation par rapport à celle du réel représenté : l'important, c'est la schématisation, immédiate et sans reste, à laquelle la métaphore spatiale prête ici ses ressources. Aurait-on, suivant une jolie formule de Peter Simons[2], affaire à un *Tractatus mereologico-philosophicus* ? L'idée même d'*übersichtliche Darstellung* s'accomplit au mieux dans une représentation spatiale, de type carte géographique, par rapport à laquelle, comme on va le voir, le mode d'expression linguistique pourrait bien passer pour une approximation plutôt insatisfaisante[3] – ou qui, en tout cas, soulève des problèmes qui pourraient être résolus plus simplement dans le cas d'une représentation spatiale. Dans les *Carnets*, on trouve bien l'idée que : « l'image peut remplacer une description »[4].

1. *Carnets*, tr. fr. Gilles-Gaston Granger, Paris, Gallimard, 1971, p. 33. Cf. aussi « Ludwig Wittgenstein », par Norman Malcolm, in *Le cahier bleu et le cahier brun*, tr. fr. Guy Durand, Paris, Gallimard, 1965 (ancienne édition), p. 385-386. Les *Dictées de Wittgenstein à Waismann et pour Schlick*, éditées en version française par Antonia Soulez, Paris, PUF, 1997, p. 255-257, marquent toutefois une nette différence entre ce mode de représentation, qui est alors explicitement rapproché de celui des plans, et des cartes (en tant que les signes pourraient y être réellement « remplacés » par les objets correspondants), et celle par laquelle les noms dans une proposition renvoient à des objets. Le premier type de représentation n'en demeure pas moins la figure paradigmatique de l'*Abbildung*.

2. Cf. *Philosophy and Logic in Central Europe from Bolzano to Tarski*.

3. Là-contre, voir l'analyse de Husserl, VIe *Recherche Logique*, fin du § 20, tr. fr., t. III, p. 97, qui traite la carte géographique elle-même comme *un ensemble de signes* (et non une présentation intuitive de l'objet).

4. Note du 27 mars 1915, p. 88.

Évidemment, il faudra souligner qu'un tel propos (traiter la proposition comme « une peinture de la réalité »[1]) constitue d'abord une thèse sur l'essence de la proposition. Mais de là à le renverser pour en inférer une nature strictement propositionnelle de l'image elle-même, il y a un pas que, malgré certains énoncés de Wittgenstein allant dans ce sens, nous hésiterons à imputer à l'auteur[2]. Il est vrai que, dans son entretien du 9 décembre 1931 avec Waismann, Wittgenstein souligne d'abord la similarité des deux concepts, c'est-à-dire du fonctionnement, de *l'emploi* des deux types de réalités auxquelles ils renvoient respectivement, suffisamment homogènes pour pouvoir se relayer l'une l'autre et être intégrées l'une dans l'autre, tout au moins *dans un sens* – dans une analyse qui semble alors accorder un privilège à la proposition :

> Quand j'ai écrit : « la proposition est une image logique des faits », je voulais dire que je pouvais insérer une image dans une proposition (et il s'agissait bien d'un dessin), puis continuer ma proposition. *Je puis donc employer une image comme une proposition.* Comment cela est-il possible ? La réponse s'énonce ainsi : c'est que précisément l'une et l'autre s'accordent d'un certain point de vue, et ce qu'elles ont ainsi en commun je le nomme *image*. Ce qui est déjà prendre le terme en un sens plus large. J'ai hérité ce concept d'image de deux côtés : d'une part de l'image dessinée, d'autre part de l'image au sens du mathématicien, laquelle est déjà un concept général. Car le mathématicien parle encore de reproduction [application ? : *Abbildung*], là où le peintre n'emploierait pas cette expression.
>
> Le terme d'« image » a quelque chose de bon : il m'a aidé, et beaucoup d'autres avec moi, à rendre clair quelque chose, en ceci qu'il indique quelque chose de commun et le montre : C'est donc de cela qu'il s'agit ! Notre sentiment est alors le suivant : Ah ! Ah ! maintenant je comprends : proposition et image sont donc du même genre[3].

1. Malcolm, art. cité, p. 386.

2. Ce en quoi nous nous dissocierons de l'analyse, par ailleurs remarquable, proposée par Jacques Bouveresse dans *Le mythe de l'intériorité*, Paris, Minuit, 1976, p. 123-125. Elle nous paraît, sur ce point, sous-estimer le fond d'intuitionnisme présent dans la pensée de Wittgenstein.

3. *Wittgenstein et le Cercle de Vienne*, tr. fr. Gérard Granel, Mauvezin, TER, 1991, p. 165 (nous soulignons). Cf. le commentaire de Bouveresse, *op. cit.*, p. 210 *sq.* On rapprochera des propos de Wittgenstein dans cette conversation les notes de Waismann au statut plus flou dans les *Dictées de Wittgenstein à Waismann et pour Schlick*, Paris, PUF, 1997, p. 254-255 : « le mot « image » a cela de bon qu'il nous retient de penser exclusivement au langage verbal à propos de l'expression « proposition ». On peut aussi communiquer sous la forme d'un dessin. » L'« image » est caractérisée alors comme un « exemple de proposition » (*ibidem*, p. 255). Ces notes vont bien dans le sens d'un élargissement de la théorie de l'*Abbildung* au pré- ou au non-linguistique thématisé comme tel, au sens de la représentation figurée. Dans ce

« Proposition et image sont donc du même genre » : mais cela veut-il jamais dire que l'une s'identifie à l'autre ? Ce que nous dit très exactement le texte, c'est qu'on peut même à la rigueur insérer une image au sens propre du terme (un dessin) dans le corps d'un discours propositionnel sans vraiment rompre sa nature propositionnelle. L'image prolonge alors la capacité de la proposition à exprimer (d'une façon vraie ou fausse) le réel, comme, dans l'exemple des *Carnets*, on peut figurer ce que dit la proposition « A se bat en duel avec B » par un petit dessin donnant une représentation schématique de deux personnages qui se battent, dans une certaine position l'un par rapport à l'autre [1]. Le dessin ne rompt pas alors le régime général d'expression qui est celui des propositions, dans leur aptitude à exprimer le réel, et plus précisément les relations du réel, à en donner une certaine image logique. Précisément l'image peut relayer l'image logique parce que cette dernière est déjà une image, c'est-à-dire partage avec l'image la capacité de déployer, de *déplier* littéralement devant nos yeux, pour reprendre l'expression de Pierre Gourou, les traits constitutifs du réel, comme c'est toujours le cas dans une représentation spatiale, en vertu de la constitution même de l'espace. Ce que nous dit donc Wittgenstein, c'est certes non pas que la proposition serait image logique en vertu de sa propre spatialité, selon une interprétation littéraliste de sa teneur, mais qu'elle n'est image qu'en tant qu'elle est capable, de son fond propre, de donner, dans un registre qui n'est plus directement celui de la spatialité, précisément l'équivalent des vertus analytiques (déploiement et en quelque sorte « mise à plat » des relations : d'où la référence au sens mathématique de l'*Abbildung*, comme application) qui sont celles de la représentation spatiale. On ne peut donc, de cette communauté de genre qui serait alors celle de l'image et de la proposition, tirer aucune thèse d'identité, ni même sur un caractère prétendument propositionnel (et par là-même par nature isomorphe à un langage) de l'image – nulle part Wittgenstein ne formule une exigence explicite (nouvelle version du « contrat phénoméno-logique ») de traductibilité de toute image en

sens-là, on peut admettre également un élargissement du sens du mot « proposition ». Mais il ne nous semble pas que cela aille dans le sens de ce que veut dire Bouveresse, car il faudrait alors admettre *un sens non-linguistique pour la proposition*, ce dont nous ne sommes pas sûr que Bouveresse, dans les analyses mentionnées, soit vraiment prêt à le faire – nous avouerons que pour notre part, nous avons également le plus grand mal à comprendre ce que serait une proposition qui ne serait pas un énoncé. N'y a-t-il pas une grande différence entre le cas où, pour emprunter le vocabulaire des *Dictées*, p. 256, je peux idéalement « remplacer » le signe par l'objet – c'est-à-dire établir une projection « directe » de l'un à l'autre – et le cas où ce n'est pas possible (comme dans la proposition) ? La pensée de Wittgenstein garde ici une part de mystère.

1. *Carnets*, note du 29 septembre 1914, p. 32.

propositions. Tout au plus peut-on relever qu'il est possible d'intégrer une image ou un cliché à un discours propositionnel sans rompre sa continuité de discours propositionnel ni altérer sa nature – le caractère d'« images » des différentes propositions avoisinantes détermine alors le caractère d'image, pourtant différent, de l'image au sens propre du terme qui y est insérée ; alors que l'inverse est loin d'être évident : il n'est pas sûr que le surgissement d'une proposition sur fond d'images, comme on le voit dans certains tableaux de Braque, fassc sens au même degré, ou en tout cas de la même façon.

De ce point de vue, quelle que soit la défiance avérée de Wittgenstein pour toute entente *infra*-propositionnelle du langage, qui le renverrait au primat d'un mode de représentation non-linguistique supposé plus originaire, et sa sensibilité au pouvoir que nos représentations linguistiques ont de modifier et de déterminer même celles qu'on serait précisément tenté de qualifier de « non-linguistiques », la référence qu'il fait systématiquement, au moins dans ses premières œuvres, à la nature de *Bild* de la proposition, ne nous paraît pas pouvoir suffisamment s'expliquer par une hypothèse (que du reste, à notre connaissance, il n'a jamais vraiment assumée – en tout cas au sens d'une nature linguistique de l'image) sur l'éventualité d'un caractère propositionnel de tout *Bild*. Pour comprendre la portée de ce qui demeure bien à la base une métaphore, il faut maintenir l'écart de deux genres. Dans la théorie de l'*Abbildung*, la notion d'image prête en effet à la proposition sa puissance de visualisation et de mise en évidence d'une disposition, d'un agencement alors spatialisé ; alors que le cheminement inverse (c'est-à-dire, comme nous allons le voir tout de suite, l'hypothèse d'une formation *syntaxique* de l'image) ne serait pas pertinent.

C'est en effet autour de cette notion de *syntaxe* que tournera en définitive l'opposition entre ce que serait une image au sens fort du terme (qui demeure bien un modèle, et, la remarque tirée des *Remarques sur la philosophie de la psychologie* que nous citions plus haut le prouve, une sorte d'idéal ultime de connaissance) et la version propositionnelle de l'*Abbildung* – c'est-à-dire ce qu'il faudra bien appeler un langage.

Pourquoi une carte géographique, forme d'*Abbildung* particulièrement accomplie du point de vue de Wittgenstein lui-même, ne s'identifiera-t-elle jamais à une proposition ?

Un texte qui n'est certes pas de Wittgenstein, mais qui est censé exprimer sa pensée, nous en donne une certaine idée. Dans ses « thèses » rédigées sur la base des conversations avec Wittgenstein en commentaire au *Tractatus*, Waismann écrit :

> Nos langues ordinaires possèdent une syntaxe.
> Une carte géographique, une notation musicale, une courbe de température reproduisent elles aussi la réalité; mais elles procèdent de façon non-syntaxique.
> Comment cette différence doit-elle être expliquée ?
> La carte géographique peut reproduire la réalité de façon vraie ou fausse, mais jamais de façon absurde. Tout ce que la carte figure est possible.
> En revanche une description dans un langage de mots peut être absurde. Je puis dire par exemple « A est au nord de B et B au nord de A ». Une telle proposition ne communique rien, parce qu'elle ne possède pas la forme du fait qu'elle est censée figurer [1].

À notre sens, la question de savoir si ce propos peut être vraiment rapporté à la pensée de Wittgenstein ne se pose pas : l'extrait que nous citions plus haut des *Remarques sur la philosophie de la psychologie* (I, § 303), constitue une autre version, un peu plus elliptique, de ce texte. Or ce qui est dit ici établit une différence fondamentale entre représentation linguistique et représentation intuitive, « cartographique » : l'une est *syntaxique*, l'autre non. On relèvera que le texte parle bien des syntaxes des langues ordinaires (et même, d'abord, que de cela) : nous ne croyons donc pas, avec Jacques Bouveresse[2], que le problème soit alors *spécialement* celui d'une syntaxe logique qu'il faudrait adjoindre à celle des langues naturelles afin d'éviter le non-sens. Le problème posé nous semble plutôt être celui de la syntaxe dans toute son amplitude, et des diverses syntaxes possibles, y compris « la syntaxe linguistique au sens étroit » (si tant est qu'une telle chose existe), comme limites au non-sens. En fait Wittgenstein, paraphrasé par Waismann, oppose bien ici deux types de représentation : celles qui sont syntaxiques (car leur mode d'articulation *a besoin* d'une syntaxe) et celles qui ne le sont pas.

Pourquoi une carte de géographie n'a-t-elle pas de syntaxe? Tout simplement parce qu'elle figure exactement – et immédiatement – l'ensemble de ses possibles, ni plus ni moins. Comme une phrase, elle peut être fausse – c'est ce qui fait leur essence commune de *Bild*. Mais même ses

1. *Wittgenstein et le Cercle de Vienne*, p. 222.

2. *Le mythe de l'intériorité*, p. 248. On remarquera que Wittgenstein ne parle jamais, dans les textes du volume *Wittgenstein et le cercle de Vienne* auxquels se réfère Bouveresse, de « système linguistique *sans syntaxe* » (ce qui est impossible, puisque, par « syntaxe », il entend *aussi* la syntaxe au sens le plus ordinaire du terme : de ce point de vue, si la langue logique employée par Wittgenstein, ayant « la multiplicité appropriée », n'a pas besoin des règles de syntaxe logique de Russell par exemple – *elle n'en a pas moins une syntaxe*), mais d'un « système de signes » sans syntaxe (cf. *Wittgenstein et le cercle de Vienne*, p. 51, ainsi que, dans les lignes qui suivent le passage du texte de Waismann que nous venons de citer, p. 222), ce qui n'est pas du tout la même chose : en ce sens, une carte géographique est bien un système de signes.

erreurs sont pourvues de sens. C'est qu'en effet son mode d'articulation est immédiatement donné : il n'y a pas de distance entre ses possibles et la grammaire de ses possibles, puisque les possibilités des combinaisons qu'elle permet sont toutes données dans son propre plan, visualisables d'un coup d'œil en elle, et les combinaisons impossibles par définition ne le sont pas, constitutivement irreprésentables qu'elles sont. Là où la syntaxe, là où elle a lieu d'être, devrait interdire les impossibilités, ou tout au moins enregistrer les difficultés soulevées par les pseudo-possibilités d'un système de signes moins directement combinatoire que celui de la topographie – dans laquelle toute combinaison est valide, puisque, sur fond d'immanence intuitive, immédiate, de la spatialité, une combinaison d'éléments spatiaux dans un plan demeure bien, quoi qu'il en soit, un élément spatial possible.

Ce qu'il faudra bien remarquer ici, c'est qu'il y a donc persistance chez Wittgenstein d'une fascination pour un mode de représentation direct, immédiat – et combinatoire – des possibles, qui est un mode de représentation intuitif et clairement non-syntaxique, par juxtaposition (la présence d'un signe, c'est-à-dire une incarnation spatiale par possibilité d'objet exclut tout problème). La géographie y prête sa puissance d'évocation mythologique, et on pourrait avoir le sentiment – ce qui cristallise l'ambiguïté du rapport de Wittgenstein au langage – que le mode de représentation qui est celui des langues à formation syntaxique – mais il n'y a que celles-là que l'on puisse nommer à proprement parler « langage » – n'intervient par rapport à elle que par défaut, en substitut et en relais imparfait. On représente de façon complexe et articulée ce qu'on pourrait – au moins en droit – représenter de façon directe et juxtaposée, dans une sorte d'immédiateté de l'*übersichtliche Darstellung* (un synoptique : cela dit bien ce que cela veut dire...).

Bien sûr, cela ne remet nullement en question le caractère autonome et spécifique du mode d'expression syntaxique – ce qu'on nomme ordinairement « le langage ». Cela n'implique non plus aucunement une traductibilité de principe d'un tel mode d'expression dans un autre système de représentation – qu'on pourrait qualifier de schématique ou de schématisant. Il est probable qu'il y a certaines choses – voire la plupart – qu'on ne peut représenter que dans les limites d'une langue au sens fort du terme – donc d'une langue syntaxique. Et il est clair que de toute façon dire ne sera jamais tout à fait montrer – au sens où cela se réduirait à une ostension dans l'intuition [1] – pas plus que par la pure et simple « monstration » on ne pourra égaler les pouvoirs du dire. Mais il est important que la métaphorique du

1. Cf. bien sûr la fameuse critique de la « définition ostensive » au début des *Recherches philosophiques*.

Bild maintienne pourtant une communication entre ces deux plans, et la référence à l'idéal d'une espèce de monstration (celle de la carte géographique que la philosophie aurait à élaborer en son ordre propre et, qui sait, qu'elle élaborera peut-être un jour) au cœur même du dire. À l'horizon de la recherche philosophique: la représentation immédiate, topologique, de l'espace des possibilités (cf. le fameux « espace logique », qui, de ce point de vue, est un peu plus qu'une métaphore), sans reste et sans dehors – ce que ne pourra jamais être une grammaire qui ouvre, *par construction*, si j'ose dire, la porte à l'impossibilité qu'elle interdit, ou dont tout au moins elle relève l'exclusion. Il y a là un aspect de la pensée de Wittgenstein qu'on ne saurait négliger, et qui illustre la charge directement *intuitionniste* – au sens quasiment mathématique de la construction (non grammaticale, mais intuitive) des possibles – de la référence géographique dans un certain type de philosophie.

La métaphore géographique a alors une portée directement ontologique (comme c'est le cas par exemple chez Barry Smith), ou tout au moins philosophique (comme c'est le cas chez Wittgenstein). Elle définit, fût-ce à l'état de mythe, l'abord même du réel – ou même du possible – par la philosophie. Qu'il y ait là le risque de quelques écrasements de syntaxe et autres confusions des grammaires – peut-être même chez un auteur aussi averti en la matière que Wittgenstein, et c'est tout dire –, c'est bien certain; il nous semble qu'il n'y en a pas moins là (à titre d'idéal) le maintien d'une exigence au moins en droit féconde pour la philosophie: celle, si elle est possible, c'est-à-dire peut-être aussi dans la seule mesure où elle l'est, d'une *descriptivité absolue*.

UN EFFET DE POLITISATION

Nous définirons ici la politique au sens le plus général du terme: il y a politique dès que, en un sens ou en un autre, il y a *pouvoir*.

Or le moindre intérêt de la référence géographique, dans la spatialisation, propre ou figurée, qu'elle force, n'est pas d'introduire dans la philosophie une nécessaire prise en compte des rapports de pouvoirs, qu'elle tend trop souvent à refouler. C'est le sens positif que peut en définitive prendre, chez Foucault, un certain usage apparemment métaphorique de catégories géographiques.

La spatialisation des représentations a certainement pour effet une certaine désappropriation: les concepts, respatialisés, échappent à l'immanence de la conscience, comme propriété absolue, nouée par le temps[1].

1. En effet, « qui n'envisagerait l'analyse des discours qu'en termes de continuité temporelle serait nécessairement amené à l'analyser et à l'envisager comme la transformation

Ce que nous avons nommé « positivité » de l'espace géographique devient souvent aujourd'hui la figure de l'érosion en extériorité de ce que nous voudrions ramener à nous-mêmes – ou d'ailleurs à toute forme de « Soi »[1]. Mais cette désappropriation est aussi bien la condition pour penser les véritables rapports de propriété, qui sont constitués et acquis, déterminés comme sur une carte précisément par les brisures de leurs limites. De l'abstrait d'une propriété universelle, on passe alors au concret du droit des rapports de propriété, dans tous les sens, métaphoriques ou non, du terme.

C'est ce que Foucault a recherché dans une certaine forme de spatialisation de nos concepts : une articulation renouvelée du rapport entre savoirs et pouvoirs, qui permette d'appréhender les uns comme formes de mises en œuvre des autres – ou, plutôt comme constituant eux-mêmes une certaine forme de pouvoirs, pensés alors spatialement selon la métaphore de l'appropriation. La spatialisation aurait à charge de nous permettre de « saisir le processus par lequel le savoir fonctionne comme un pouvoir »[2].

En cela, quoi qu'il en dise (tout au moins au début) dans l'entretien en question, Foucault retrouve une intuition profondément géographique, ou, plus exactement, le caractère éminemment problématique de l'intuition géographique.

Nous avons en effet joué de celle-ci jusqu'ici dans ce qu'elle peut comporter d'immédiateté et d'évidence – ce en quoi elle reste, de toute façon, une intuition (aspect indéclinable de son identité géographique). Mais cette référence à une « intuition » peut avoir quelque chose de trompeur. La question est alors bien sûr celle du statut du type de représentation du monde que pourrait cautionner, d'après l'item précédent, une philosophie attachée au modèle géographique.

Il est bien évident que le risque d'une représentation « géographique » du monde, c'est son naturalisme naïf, pour ne pas dire son « dogmatisme » au sens kantien. Se ressourcer dans l'intuition, n'est-ce pas enregistrer tels quels tous les partages qu'on a placés dans le monde comme s'ils venaient de lui, sous prétexte précisément de leur positivité (de leur caractère « descriptible »), c'est-à-dire de leur représentabilité dans la positivité – celle d'un espace où on les projette et les « cartographie » ?

Or la géographie est une école en ce point aussi : elle est en effet dans cette situation paradoxale d'avoir *des objets purement intuitifs* – il faut qu'ils le demeurent pour rester objets de connaissance géographique – *et en*

interne d'une conscience individuelle », « Questions à Michel Foucault sur la géographie », *Dits et écrits*, t. III, p. 33.

1. Cf. la conférence « Des espaces autres », prononcée en 1967 au Cercle d'études architecturales, mais éditée seulement en 1984, reprise dans *Dits et écrits*, t. IV, p. 754-755.

2. « Questions à Michel Foucault sur la géographie », p. 33.

même temps hautement constitués, voire purement arbitraires (« conventionnels », comme on dit).

On l'a déjà entr'aperçu en interrogeant l'image frégéenne du nombre, qui est objectif « comme la mer du Nord », donc pour ainsi dire d'une objectivité géographique : le propre de l'objet géographique « mer du Nord » est (d'où quelques contorsions platonisantes de Frege pour rendre sens à sa comparaison) qu'il est éminemment conventionnel et fluctuant, soumis et à l'histoire générale de la nature et à l'arbitraire des décisions humaines. Il n'a même à vrai dire de sens que de ce dernier point de vue : en tant que mer que les pays limitrophes s'entendent, explicitement ou non, à considérer précisément comme une et une seule mer, pourvue de son unité et de son sens géographique propre, et à laquelle comme telle ils donnent un nom – éventuellement le même nom. La question déborde de très loin celle de la simple imposition, par définition arbitraire, de tel ou tel nom : c'est la délimitation de l'objet géographique lui-même, *sa reconnaissance comme objet*, qui est en question.

Dans le *Cahier bleu*, Wittgenstein évoque celui qui serait « tenté par exemple d'utiliser le nom 'Devonshire', non pour le comté avec ses frontières conventionnelles, mais pour une région délimitée différemment » et prétendrait connaître « le vrai Devonshire ». Une telle revendication reviendrait en fait à celle d'un pur changement de notation ; elle ne modifierait aucun « fait géographique »[1]. Mais est-ce si simple ? Un tel changement de notation ne constitue-t-il pas précisément aussi un changement de géographie – avec la constitution de nouveaux « objets » géographiques ? Ceux-ci demeurent bien géographiques, *car ils sont intuitionnables, et représentables sur une carte*. On touche alors du doigt le caractère « grammatical » (mais en deçà de toute « syntaxe ») de notre géographie, intuition du reste familière à Wittgenstein lui-même – la géographie philosophique qu'il rêverait n'en serait une en aucun autre sens : à la fois purement intuitive, et en même temps intrinsèquement grammaticale.

Il y a un niveau où les questions de notation font objets. C'est ce que Barry Smith a eu le mérite de poursuivre, dans une ontologie qui se découvre de ce point de vue point si « naïve » qu'elle pouvait le paraître de prime abord, et qui en même temps demeure purement intuitive. Dans ses essais de géographie formelle, il a esquissé une théorie de ce qu'il nomme les *fiat spatial objects*, objets de second degré dont la réalité, performativement déterminée par des énoncés humains, est fondée sur le présupposé

1. *Le Cahier bleu et le Cahier brun*, tr. fr. Marc Goldberg et Jérôme Sackur, Paris, Gallimard, 1996 (nouvelle édition), p. 111.

du *continuum* spatial – et de son éventuelle préorganisation physique – qu'ils découpent[1].

Cette conception a le mérite de rendre leur détermination humaine aux objets de la géographie, sans rien céder quant à leur caractère intuitif, et à la possibilité de les représenter de façon ostensive.

Certainement y a-t-il là matière à nourrir et complexifier le sens que peut avoir la référence géographique en philosophie. Dans son essai « On Drawing Lines on a Map », Barry Smith va très loin dans ce sens, jusqu'à esquisser, contre la théorie des modèles, ce qu'il appelle une « théorie jeffersonienne » de la vérité : comme Jefferson « créa » ces « objets » géographiques que constituent les premiers États de la République américaine en traçant purement et simplement des lignes sur une carte, ne pourrait-on pas admettre que chaque jugement empirique *vrai* a une valeur performative, en vertu de laquelle il partage la réalité en deux régions disjointes : l'une formée des entités qui ont un rapport avec la vérité du jugement en question, l'autre, complémentaire, formée de celles dont ce n'est pas le cas[2] ?

Une telle théorie de la vérité a évidemment une portée intuitionniste : la vérité d'énoncés est représentée comme quelque chose qui peut se figurer spatialement, ou en tout cas déterminer un découpage au moins métaphoriquement spatialisant. Ce faisant, elle pousse jusqu'au bout (jusqu'à une métaphysique !) les ressources de la métaphore géographique. Elle le fait également en ce qu'elle souligne le caractère institué – qui plus est performativement institué – de ce qui rend ou non vrai l'énoncé : chaque énoncé (peut-être la limite de cette conception est-elle précisément son atomisme apparent) ouvre et délimite par là-même (comme un fait pourtant objectif) les conditions de ce qu'on aurait appelé, au bon vieux temps, sa « vérification ». De même que la pertinence des découpages de la géographie n'est mesurée par rien d'autre que par ces découpages eux-mêmes, qui supposent toujours des opérations de *légitimation*. Le champ de la géographie comme conflit des légitimités (d'appropriation de l'espace) est alors ouvert.

Au delà de toute « naturalisation » en un sens trop violent (« métaphysique »), la métaphore géographique permet alors de représenter ce que,

1. Cf. « Fiat objects », *in* N. Guarino, L. Vieu and S. Pribbenow (eds.), *Parts and Wholes : Conceptual Part-Whole Relations and Formal Mereology, 11th European Conference on Artificial Intelligence, Amsterdam, 8 August 1994*, Amsterdam, European Coordinating Committee for Artificial Intelligence, p. 15-23 ; « On Drawing Lines on a Map », *in* Andrew U. Frank and Werner Kuhn (eds.), *Spatial Information Theory. A Theoretical Basis for GIS*, Berlin-Heidelberg-New York, Springer, 1995, p. 475-484 ; « More Things in Heaven and Earth », in *Grazer Philosophische Studien*, vol. 50, 1995, p. 187-201.

2. « On Drawing Lines on a Map », p. 483.

en un sens, la géographie elle-même a toujours eu pour vocation de thématiser : *la naturalité de ce qui n'est pas naturel*.

C'est à partir de là sans doute que peut se déployer le dernier aspect de l'influence, toute positive, que la géographie peut avoir sur la philosophie : à savoir, en tant que science du découpage par excellence, conduire à une interrogation et une mise en question systématique des découpages qu'on opère.

UN EFFET DE CRITIQUE

Et c'est en effet le dernier effet qu'on puisse attendre d'un certain emploi de la référence géographique en philosophie que d'induire un discours *critique*. Nous terminerons là-dessus.

La vocation critique de la géographie tient à ce destin naturel qui est le sien, d'être, plus que toute autre science, un discours de la *limite*. Tout occupée à dresser des frontières et à penser les différents sens sous lesquels celles-ci peuvent être établies – comme transgressées d'ailleurs : la géographie a dû apprendre à être autant vouée aux échanges et aux flux qu'aux territoires[1] – elle représente par là même un modèle pour la philosophie à chaque fois que celle-ci a voulu se faire critique.

Cette question est assurément liée à celle, posée sous la rubrique précédente, du pouvoir et de son rapport aux configurations qu'on examine. Elle ne s'y réduit cependant pas, ni ne la recouvre entièrement. Toute critique en effet n'est pas critique du pouvoir, et les critiques classiques (sauf à lire par exemple Hobbes comme une critique de la raison politique) ne le sont pas : elles demeurent dans l'abstraction de la « connaissance ». De ce point de vue-là, les limites qu'elles tracent sont probablement encore sujettes à un soupçon de naturalité : elles n'ont pas été dénaturalisées jusqu'au bout. Cela dit, il faudrait se garder premièrement d'ignorer que le pouvoir a bien des formes, et ne s'identifie pas forcément au Pouvoir en majesté de l'État. Il se pourrait que toute critique fût politique par son seul pouvoir de délimitation intrinsèque, y compris sur de pures « connaissances ». C'est probablement l'idée de Foucault, dans l'entretien cité, et la métaphore géographique peut bien sûr se prêter avec un bonheur particulier à la véhiculer, puisque les images qui sont les siennes, ayant trait aux modes de spatialisation des sociétés humaines, nous installent inévitablement dans ce qu'il faudra bien appeler le cambouis des pouvoirs concrets (c'est l'aspect « concret » de la géographie, qui la fait un peu plus qu'empirique, et dont nous parlions au 1). Cela dit, nous ne sommes pas sûrs de pouvoir le suivre sur ce terrain : tout au plus reconnaîtrons-nous qu'il est question de

1. Cf. déjà la « géographie mercantile » de Kant (*Physische Geographie*, § 5, p. 164-165).

« pouvoir » dans la critique dans la mesure où il y va bien d'une « législation de la raison » au sens classique du terme, et, en dernier ressort, du mode de contrôles de nos connaissances et de nos énoncés. C'est à ce niveau, abstrait, que nous cantonnerons, quant à nous, l'idée de critique, en acceptant du reste qu'elle puisse avoir aussi une application et une signification politique en un sens sans doute à la fois plus riche, mais aussi plus restreint.

Or, déjà à ce niveau, la métaphore géographique s'impose pour représenter l'activité critique de la philosophie.

Il faudra évidemment faire des distinctions, selon la nature de la critique considérée : la « géographie mentale » de Hume est bien une géographie aussi en ce qu'il s'agit d'y tracer des limites et des zones de visibilité (en elles-mêmes plus importantes que tel ou tel contenu qu'il y aurait à décrire) ; mais ses limites sont des limites de fait, rencontrées et en quelque sorte naturalisées – d'un naturalisme sceptique et problématique – comme des frontières qu'on trouverait sur le terrain et dont on essaierait tant bien que mal de dresser la carte, sans pouvoir en rendre raison. Distinction transcendantale entre « bornes » et « limites » oblige, le projet kantien d'une « géographie de la raison humaine » se veut au contraire en mesure d'établir *apriori*, de façon déductive, les frontières. On pourrait probablement opposer un discours critique pour lequel il n'y a de limites du champ (épistémologique, discursif) qu'il considère qu'*internes* à ce champ, et elles demeurent par là-même de l'ordre de la nature qu'elles norment et relèvent donc elles-mêmes directement de l'œil du géographe – le découpage du réel est lui-même ostensible – et un autre pour lequel ces limites sont *externes*, et ne peuvent être fixées que par un œil transcendantal, extérieur à la toile et en quelque sorte méta-géographique. Sans doute de ce point de vue, le projet humien, ou celui de Wittgenstein tel qu'il affleure dans *De la certitude*, très proche de Hume, sont-ils beaucoup plus fidèles à la métaphore géographique qui les entretient, c'est-à-dire au modèle d'une science, qui dans ses capacités grammaticalisantes même (aptitude à définir des partages et des limites sur lesquels nous faisons fond[1]), demeure pourtant une science de fait et qui se déploie essentiellement dans l'élément d'une *nature* : comme nous avons pu le dire, son propos est précisément de *naturaliser ce qui n'est pas naturel*, c'est-à-dire de le saisir comme donné et intuitif même. Il n'en reste pas moins, qu'au fil conducteur de la métaphore géographique, la philosophie se voit de part et d'autre affrontée à la question des limites, de celles qu'elle a à tracer

1. Cf. *De la certitude*, § 162 et 234 sur la « certitude » historico-géographique. On pourrait trouver des textes tout à fait analogues chez Hume.

comme des siennes propres. La question reste posée de savoir si elle a une autre manière de le faire que dans ces termes paradigmatiques.

La géographie, modèle directeur d'une pratique de la philosophie résolument descriptive, et qui le resterait jusqu'au bout, dans son aptitude renouvelée à accepter le donné, *c'est-à-dire toutes les formes de donné*, devient aussi bien alors le moyen théorique qu'une telle philosophie aurait de poser la question de ses propres conditions épistémologiques : celle des limites dans lesquelles telle ou telle chose peut être décrite. Interroger les clés et les partages implicites du descriptible, les raisons de l'inventaire, et la *méthode de projection* même qui lui est sous-jacente, voilà ce que pourrait et devrait apporter aujourd'hui, après l'échec des constructions spéculatives, et à l'heure d'assumer en philosophie un choix résolument intuitionniste (revenir à la pure évidence du « donné », dans ce que celui-ci peut avoir d'insaisissable et de polymorphe même, et dans la diversité des règles du jeu qui peut être le sien), ce qui pourrait se présenter comme une *critique de la raison géographique*.

Jocelyn BENOIST
Université de Paris-I, Archives-Husserl de Paris

INDEX

TABLE DES MATIÈRES

LES AUTEURS

Jocelyn BENOIST est maître de conférences à l'Université de Paris-I, actuellement en délégation au CNRS auprès des Archives-Husserl de Paris. Il travaille sur la phénoménologie et son rapport avec la philosophie analytique. Il s'intéresse aussi à la philosophie de l'histoire et à l'épistémologie des sciences humaines. Il a co-édité, avec Fabio Merlini, *Après la fin de l'histoire. Temps, monde, historicité*, Vrin, « Problèmes et controverses » 1998, et, prochainement à paraître aux PUF (collection : « Fondements de la politique »), avec Bruno Karsenti : *Phénoménologie et Sociologie. Au-delà du dialogue*.

Jean-François BRAUNSTEIN est maître de conférences à l'Université de Paris-I et membre de l'Institut d'histoire et de philosophie des sciences et des techniques. Ses travaux portent sur les rapports entre médecine, sciences humaines et philosophie au XIXe siècle. Il a ainsi été conduit à s'intéresser à l'œuvre d'Idéologues comme Volney, Degérando ou Broussais (il est notamment l'auteur de *Broussais et le matérialisme. Médecine et philosophie au XIXe siècle*, Méridiens-Klincksieck, 1986).

Marc CRÉPON, né en 1962, ancien élève de l'École Normale supérieure, chercheur au CNRS (Archives Husserl de Paris). Auteur des *Géographies de l'esprit* (Payot, 1996) et du *Malin génie des langues* (Vrin, 2000), directeur du cahier de L'Herne *Nietzsche*, traducteur de Leibniz, de Nietzsche et de Rosenzweig. Son travail porte aujourd'hui sur les promesses (eschatologiques, révolutionnaires, etc.) investies dans le rapport à la ou aux langues(s) (Nietzsche, Heidegger, Rosenzweig, Benjamin, Derrida). En préparation : *Les promesses du langage*, à paraître aux éditions Vrin en 2001.

Stéphane HABER est maître de conférences en philosophie à l'Université de Besançon. Il a publié *Habermas et la sociologie* (PUF), *Habermas : une introduction* (Pocket) ainsi que divers articles sur l'épistémologie des sciences sociales et la théorie morale et politique.

Panos MANTZIARAS (né en 1967) :

Diplôme d'architecte-ingénieur, École Polytechnique d'Athènes (1991); Master's of Architecture, Université de Pennsylvanie (1993); DEA Projet Architectural et Urbain, École d'Architecture de Paris-Belleville/IFU/EHESS (1994); Doctorat en achèvement, Urbanisme et Aménagement, Université de Paris 8 (1994-2000). Expérience professionnelle : Athènes (1991-92), Tokyo (1993), Paris.

Expositions : Athènes (1988), Paris (1990), Valencia (1992).

Recherches en architecture : Venise (1990), Philadelphie (1992-93), Tokyo (1993), Paris (1994-2000), Hambourg (1995-97).

Enseignement en Histoire de l'Architecture et Projet Urbain : Ecoles d'Architecture de Paris-La Villette (1995-97) et de Clermont-Ferrand (1999-2000); Ecole des Beaux-Arts, Hambourg (1995-96).

Consultant UNESCO pour la base des données du Prix "Villes pour la Paix" (1999-2000).

Chargé de mission auprès d'EUROPAN Europe sur le thème des mutations urbaines en Europe (2000).

Max MARCUZZI, maître de conférences à l'Université d'Aix-Marseille I, traducteur de Kant et Nietzsche, auteur de divers travaux sur le corps (*Les corps artificiels*, 1995).

Fabio MERLINI, Professeur invité de philosophie des sciences humaines à l'Université de Lausanne. Co-fondateur de la Revue de philosophie *Oltrecorrente* éditée à Milan. Ses principales publications portent sur la temporalité (*L'incerto raccontare del sé*, 1990), l'ontologie de l'histoire (*Incanti della storia, patologie della memoria*, 1997), l'herméneutique (*Mondo, soggetto, senso. Sulla storicità senza storia*, 2000). Il a édité (avec Jocelyn Benoist) le volume *Après la fin de l'histoire. Temps, monde, historicité*, Vrin, « Problèmes et controverses » 1998).

Jean-Claude MONOD, ancien élève de l'École Normale Supérieure (Ulm), agrégé de philosophie, a consacré sa thèse à la thématique de la sécularisation, telle qu'elle a traversé la philosophie et la sociologie allemandes, de Hegel à Blumenberg. Il a publié plusieurs articles sur la philosophie politique et les sciences humaines au XXe siècle (Max Weber, Merleau-Ponty, Bourdieu...), ainsi qu'un essai sur Foucault et le droit (*Foucault. La Police des conduites*, Michalon, 1997). Il enseigne actuellement à l'Université d'Amiens.

Claude RAFFESTIN, né en 1936, est professeur à l'Université de Genève en géographie humaine et en écologie humaine. Il est l'auteur, seul ou en collaboration, d'une douzaine d'ouvrages, dont *Pour une géographie du pouvoir*, et de plus de 200 articles scientifiques. Il a assumé des fonctions rectorales à l'Université de Genève et a été Conseiller à la recherche au FNRS pendant 8 ans. Il dirige actuellement le Centre universitaire d'écologie humaine.

Maël RENOUARD, né en 1979, est élève à l'École Normale Supérieure (Ulm).

ACHEVÉ D'IMPRIMER
EN MAI 2001
PAR L'IMPRIMERIE
DE LA MANUTENTION
A MAYENNE
N° 131-01

Dépôt légal : 2e trimestre 2001